D0744561

DISCARD

TAMBIÉN DE GABRIEL GARCÍA MÁRQUEZ

La hojarasca (1955)

El coronel no tiene quien le escriba (1961)

La mala hora (1962)

Los funerales de la Mamá Grande (1962)

Cien años de soledad (1967)

Monólogo de Isabel viendo llover en Macondo (1969)

Relato de un náufrago (1970)

*La increíble y triste historia de la cándida
Eréndira y de su abuela desalmada* (1972)

Chile, el golpe y los gringos (1974)

Ojos de perro azul (1974)

Cuando era feliz e indocumentado (1975)

El otoño del patriarca (1975)

Todos los cuentos (1975)

Crónica de una muerte anunciada (1981)

El rastro de tu sangre en la nieve (1983)

Viva Sandino (1982)

El secuestro (guion, 1982)

*El asalto: El operativo con que el FSLN se lanzó al mundo. Un relato
cinematográfico* (1983)

Eréndira (guion, 1983)

El amor en los tiempos del cólera (1985)

La aventura de Miguel Littín clandestino en Chile (1986)

El general en su laberinto (1989)

Doce cuentos peregrinos (1992)

Del amor y otros demonios (1994)

Diatriba de amor contra un hombre sentado
(obra de teatro, 1994)

Noticia de un secuestro (1997)

Vivir para contarla (2002)

Memoria de mis putas tristes (2004)

El escándalo del siglo

Textos en prensa y revistas (1950–1984)

GABRIEL GARCÍA MÁRQUEZ

Prólogo de Jon Lee Anderson
Edición de Cristóbal Pera

Farmington Public Library
2101 Farmington Avenue
Farmington, NM 87401

VINTAGE ESPAÑOL
Una división de Penguin Random House LLC
Nueva York

002000499513

PRIMERA EDICIÓN VINTAGE ESPAÑOL, OCTUBRE 2018

Copyright © 1981, 1982, 1983, 1974–1995,
1991–1999 por Gabriel García Márquez
Copyright © 2018 del prólogo por Jon Lee Anderson
Copyright © 2018 de la compilación por Cristóbal Pera

Todos los derechos reservados. Publicado en coedición con Penguin Random House Grupo Editorial, S.A., Barcelona, y en los Estados Unidos de América por Vintage Español, una división de Penguin Random House LLC, Nueva York, y distribuido en Canadá por Random House of Canada, una división de Penguin Random House Canada Limited, Toronto. Originalmente publicado en España por Penguin Random House Grupo Editorial, S.A., Barcelona, en 2018. Copyright de la presente edición © 2018 por Penguin Random House Grupo Editorial, S.A., Barcelona.

Vintage es una marca registrada y Vintage Español y su colofón son marcas de Penguin Random House LLC.

Información de catalogación de publicaciones disponible en la Biblioteca del Congreso de los Estados Unidos.

Vintage Español ISBN en tapa dura: 978-0-525-56671-7
eBook ISBN: 978-0-525-56677-9

Para venta exclusiva en EE.UU., Canadá, Puerto Rico y Filipinas.

www.vintageespanol.com

Impreso en los Estados Unidos de América
10 9 8 7 6 5 4 3 2

ÍNDICE

EL ESCÁNDALO DEL SIGLO

PRÓLOGO

El mundo reconoce a Gabriel García Márquez como un novelista extraordinario: el amado creador del coronel Aureliano Buendía y de Macondo, del épico amor de Fermina Daza y Florentino Ariza, de la muerte de Santiago Nasar, y del colosal y solitario dictador en *El otoño del patriarca*. Por todo eso le concedieron en vida el máximo reconocimiento a un literato, el premio Nobel, y todo Hispanoamérica se regocijó al ver a «uno de los dieciséis hijos del telegrafista de Aracataca» en su ceremonia de aceptación ante los reyes de Suecia.

Gabo (nombre afectuoso con el que se le conoce en todo el mundo hispano) es conocido también como amigo y confidente de Fidel Castro y de Bill Clinton, así como de Cortázar, Fuentes y sus otros colegas del boom, además de marido de Mercedes Barcha y padre de dos hijos, Gonzalo y Rodrigo. A su muerte, acaecida en 2014, a los ochenta y siete años, todo el mundo acudió a su funeral, celebrado en el hermoso palacio de Bellas Artes de la capital de su país de residencia, México. Cuando Juan Manuel Santos, entonces presidente de Colombia, su tierra natal, dijo que era el mejor colombiano de todos los tiempos, nadie lo puso en duda.

Pero, aparte de todo esto, Gabo fue periodista; el periodismo fue en cierto modo su primer amor y, como todos los primeros amores, el más duradero. Esta profesión le aportó el primer sustento como escritor, algo que él recordó siempre; su admiración por el periodismo llegó al punto de proclamar en alguna ocasión, con su característica generosidad, que era «el mejor oficio del mundo».

Esta hipérbole fue inspirada por un sentimiento de respeto y afecto hacia una profesión que hizo suya al mismo tiempo que daba los primeros pasos como escritor. En 1947, en su primer año en la Universidad Nacional de Bogotá, Gabo vio publicados sus primeros cuentos cortos en el diario *El Espectador*. Quería ser escritor, pero había ingresado en la facultad de Derecho para complacer a su padre.

La violencia política irrumpió bruscamente en la vida de Gabo en abril de 1948, cuando el asesinato del carismático líder liberal Jorge Eliécer Gaitán provocó varios días de revuelta popular. Durante la conmoción, recordada como «el Bogotazo», la residencia estudiantil de Gabo fue incendiada y la propia universidad fue cerrada *sine die*. Ese fue el comienzo de una guerra civil –denominada «La Violencia»– entre liberales y conservadores que duraría una década y costaría la vida a unas 200.000 personas.

Colombia nunca sería la misma, y tampoco la vida de Gabo. Para poder continuar sus estudios, se trasladó a Cartagena de Indias, se matriculó en la universidad y comenzó a colaborar en mayo de 1948 con el nuevo diario local, *El Universal*. Poco tiempo después, dejó los estudios para dedicarse plenamente a la escritura. Intentó ganarse la vida escribiendo artículos para *El Heraldo* de Barranquilla, ciudad adonde se mudó en 1950. Fueron años felices y formativos: rodeado de otros jóvenes creadores –escritores, artistas, bohemios– que llegaron a ser grandes amigos y formaron el llamado «Grupo de Barranquilla». En esa época, Gabo vivía en un hotel de paso, firmaba una columna bajo el pseudónimo Septimus, y terminó su primera novela, *La hojarasca*.

Esta antología, tan bienvenida como necesaria, resalta el legado del periodista Gabriel García Márquez por medio de una selección de sus artículos publicados. Arranca con el joven y bohemio Gabo de la etapa costeña, que apenas despega como escritor, y sigue unos cuarenta años, hasta mediados de los ochenta, siendo ya un autor maduro y consagrado. Esta antología nos revela un escritor de pluma amena en sus orígenes, bromista y desenfadado, cuyo periodismo es poco distinguible de su ficción. En «Tema para un tema», por ejemplo, escribe sobre la dificultad de encontrar un tema apropiado para empezar una nota. «Hay quienes convierten la falta de tema en tema para una nota periodística», dice, y, después de revisar un abanico de historias pintorescas que aparecen en los diarios —que la hija del dictador español Franco se casa y que al novio le llaman el «Yernísimo», que unos chicos resultan quemados por jugar con platillos voladores—, deja claro que es posible escribir un artículo entretenido sobre nada en particular. En «Una equivocación explicable», Gabo narra cómo un hombre profundamente borracho se suicidó tirándose por la ventana de su hotel al ver pescados caer desde el cielo. Con el hecho consumado, el remate de Gabo tiene un tono gótico *noir* tipo Edgar Allan Poe que revela un periodista motivado sobre todo por el deseo de «echar un cuento bien contado», como él mismo solía decir con su estilo costeño: «Cali. Abril 18. Una extraordinaria sorpresa tuvieron en el día de hoy los habitantes de la capital del valle del Cauca, al observar en las calles centrales de la ciudad la presencia de centenares de pescaditos plateados, de cerca de dos pulgadas de longitud, que aparecieron regados por todas partes».

En 1954, Gabo regresó a Bogotá para trabajar en *El Espectador*, el mismo diario que había publicado sus primeros cuentos cortos. Empezó haciendo críticas de cine y se dedicó al reportaje como enviado especial, pero también publicó notas de su interés —algunas recogidas en este volumen—, crónicas sobre leyendas populares de la costa, o reflexiones sobre acontecimientos que le intrigaban: en «Literaturismo», menciona un horripilante homicidio cometido en Antioquia. Con un tono de amonestación rebajado por su característico humor negro, Gabo anota: «La noticia no ha merecido —al cambio actual del peso periodístico— más de dos columnas en la página de las noticias departamentales. Es un hecho de sangre, como cualquiera. Con la diferencia de que en este tiempo no tiene nada de extraordinario, pues como noticia es demasiado corriente y como novela es demasiado truculento. Convendría recomendar un poco de discreción a la vida real». En otro artículo, «El cartero llama mil veces», Gabo vuelve a demostrar que es posible construir una noticia de la nada con una deliciosa crónica sobre la casita de Bogotá adonde van a parar las cartas que nunca llegan a su destino.

Durante su estancia en Bogotá, Gabo no tardó en consagrarse como cronista de renombre nacional con su dramática crónica serializada «Relato de un náufrago», publicada en 1955. Basada en entrevistas con Luis Alejandro Velasco, único superviviente del barco *ARC Caldas*, de la marina colombiana, que se había hundido a causa de una tormenta en su viaje de vuelta de Mobile, Alabama, la historia de Gabo fue todo un éxito. Publicada en catorce entregas, la serie rompió el récord de ventas de *El Espectador*, al tiempo que suscitó un fuerte escándalo por lo que Gabo afirmaba allí: que el buque se había hundido a causa de la sobrecarga derivada del contrabando subido a bordo por oficiales y tripulación; el resultado fue que el editor, para alejar a Gabo del ojo del huracán, lo envió a Europa. Era la primera vez que Gabo salía de Colombia.

En los dos años y medio que pasó en Europa, moviéndose como corresponsal itinerante del *El Espectador* por París, Italia, Viena e incluso los países de Europa oriental, al otro lado del Telón de Acero, Gabo escribió una serie de crónicas acerca de todo lo que le parecía digno de interés, desde una cumbre política de alto nivel en Ginebra hasta las supuestas trifulcas entre dos célebres actrices del cine italiano o la neblina de Londres. Su prosa era fresca, y sus crónicas siempre agudas y cargadas de ironía; era un gran «mamador de gallo», como dicen de los bromistas en Colombia, y la cohorte de fieles seguidores adquirida gracias a «Relato de un náufrago» estaba dispuesta a leer cualquier cosa que saliese de su pluma.

En uno de sus trabajos europeos, «S.S. se va de vacaciones», Gabo se explaya sobre el recorrido habitual del Papa desde el Vaticano hasta su palacio de Castelgandolfo, a las afueras de Roma. Planteando la escena como un guionista de cine, Gabo escribió: «El Papa se fue de vacaciones. Esta tarde, a las cinco en punto, se instaló en un Mercedes particular, con placas SCV-7, y salió por la puerta del Santo Oficio, hacia el palacio de Castelgandolfo, a 28 kilómetros de Roma. Dos gigantescos guardias suizos lo saludaron en la puerta. Uno de ellos, el más alto y fornido, es un adolescente rubio que tiene la nariz aplanada, como la nariz de un boxeador, a consecuencia de un accidente de tránsito». La historia está cargada de suspense gracias al truco de agregar a la crónica secciones interiores con títulos propios: uno sobre el calor de ese día, «35 grados a la sombra», y otro, «Accidentes del camino», en el que explica el retraso de diez minutos de Su Santidad en llegar a su palacio a causa de un camión atravesado. La eventual llegada del Papa la comparte en tono irónico: «Nadie se dio cuenta en Castelgandolfo por qué lado entró el Papa a su palacio de vacaciones. Entró por el oeste, a un jardín con una avenida bordeada de árboles centenarios».

Cuando volvió a América Latina, a finales de 1957, Gabo llegó reclutado por Plinio Apuleyo Mendoza, un amigo colombiano, para trabajar en *Momento*, una revista de Caracas. Mendoza también lo había acompañado en su viaje a los países de Europa del Este. Su llegada coincidió con una nueva etapa de convulsión política: al poco tiempo de llegar, en enero de 1958, se produjo la caída del dictador venezolano Marcos Pérez Jiménez. Fue el primer derrocamiento popular de un dictador en una época en que América Latina estaba gobernada casi exclusivamente por dictadores. Lo que Gabo vivió durante el siguiente año en el volátil ambiente venezolano supuso para él un despertar político.

Regresó brevemente a Barranquilla para casarse con Mercedes Barcha, una bella joven de Magangué, una ciudad en las orillas del río Magdalena, de la cual se había enamorado años antes, durante su etapa costeña. Volvieron juntos a Caracas. Cuando su amigo Mendoza dejó *Momento* a causa de un desacuerdo con el dueño, Gabo se solidarizó con él y renunció. Como freelance, empezó a escribir artículos para otras publicaciones. Dos de ellos, recogidos aquí, «Caracas sin agua» y «Sólo doce horas para salvarlo», son clásicos del emergente estilo periodístico de Gabo, en el cual la narración, reconstrucción minuciosa de dramas de la vida real, es vehiculada por un tono de suspense a veces casi hitchcockiano, y con un desenlace que solo se revela al final.

En enero de 1959, dos semanas después de que el ejército rebelde de Fidel Castro derrocase al dictador Fulgencio Batista y tomase el poder en Cuba, Gabo y Mendoza lograron viajar a la isla a bordo de un destartalado avión enviado a Caracas por los triunfantes barbudos para traer periodistas. A partir de ahí empezó una relación con la Revolución cubana que duró toda su vida. Sobre esa primera experiencia cubana escribió memorablemente en «No se me ocurre ningún título».

En su texto, Gabo situó la recién estrenada revolución en el contexto político de aquel momento a través de una viñeta genial sobre el poeta cubano Nicolás Guillén, a quien había conocido en París cuando ambos se alojaban en el mismo hotel de mala muerte en el Barrio Latino, unos años antes. «[…] aun en los tiempos más crueles del invierno —escribió

Gabo–, Nicolás Guillén conservaba en París la costumbre muy cubana de despertarse (sin gallo) con los primeros gallos, y de leer los periódicos junto a la lumbre del café arrullado por el viento de maleza de los trapiches y el punteo de guitarras de los amaneceres fragosos de Camagüey. Luego abría la ventana de su balcón, también como en Camagüey, y despertaba la calle entera gritando las nuevas noticias de la América Latina traducidas del francés en jerga cubana.»

La situación del continente en aquel momento quedaba perfectamente expresada en el retrato oficial de la conferencia de jefes de Estado que se había reunido el año anterior en Panamá: «Apenas si se vislumbra un civil escuálido en medio de un estruendo de uniformes y medallas de guerra. Incluso el general Dwight Eisenhower, que en la presidencia de los Estados Unidos solía disimular el olor a pólvora de su corazón con los vestidos más caros de Bond Street, se había puesto para aquella fotografía histórica sus estoperoles de guerrero en reposo. De modo que una mañana Nicolás Guillén abrió su ventana y gritó una noticia única: "¡Se cayó el hombre!". Fue una conmoción en la calle dormida porque cada uno de nosotros creyó que el hombre caído era el suyo. Los argentinos pensaron que era Juan Domingo Perón, los paraguayos pensaron que era Alfredo Stroessner, los peruanos pensaron que era Manuel Odría, los colombianos pensaron que era Gustavo Rojas Pinilla, los nicaragüenses pensaron que era Anastasio Somoza, los venezolanos pensaron que era Marcos Pérez Jiménez, los guatemaltecos pensaron que era Castillo Armas, los dominicanos pensaron que era Rafael Leónidas Trujillo, y los cubanos pensaron que era Fulgencio Batista. Era Perón, en realidad. Más tarde, conversando sobre eso, Nicolás Guillén nos pintó un panorama desolador de la situación de Cuba. "Lo único que veo en el porvenir –concluyó– es un muchacho que se está moviendo mucho por los lados de México". Hizo una pausa de vidente oriental, y concluyó: "Se llama Fidel Castro"».

Y su propia llegada a La Habana en plena efervescencia revolucionaria, Gabo la recordó de la siguiente manera: «Antes del mediodía aterrizamos entre las mansiones babilónicas de los ricos más ricos de La Habana: en el aeropuerto de Campo Columbia, luego bautizado con el nombre de Ciudad Libertad, la antigua fortaleza batistiana donde pocos días antes había acampado Camilo Cienfuegos con su columna de guajiros atónitos. La primera impresión fue más bien de comedia, pues salieron a recibirnos los miembros de la antigua aviación militar que a última hora se habían pasado a la Revolución y estaban concentrados en sus cuarteles mientras la barba les crecía bastante para parecer revolucionarios antiguos».

Con la publicación y el espectacular éxito de *Cien años de soledad*, el año 1968 fue uno de los grandes hitos en la vida de Gabriel García Márquez. A partir de entonces, Gabo y su familia gozaron de estabilidad económica y él fue internacionalmente aclamado, con total merecimiento, como uno de los grandes novelistas contemporáneos. Gabo no abandonó las cimas literarias en los siguientes veinte años —en ese lapso publicó sus otras obras mayores, incluidas *El otoño del patriarca* y *El amor en los tiempos del cólera*—, pero paralelamente, y aunque esta faceta fuese mucho menos conocida por sus millones de lectores más allá de América Latina, Gabo siguió ejerciendo de periodista, y con un enfoque cada vez más políticamente comprometido.

En la década de los setenta, en medio del ambiente de creciente tensión en America Latina propiciado por el triunfo de la revolución cubana y la política de violenta contención impulsada por Estados Unidos, Gabo entró en una etapa de periodismo militante. Cuando, en 1973, el presidente socialista chileno Salvador Allende fue brutalmente derrocado por el general Augusto Pinochet llegó a declarar que no volvería a publicar ningún libro hasta la caída del régimen. Aunque no cumplió dicha promesa, sí empezó a expresar de un modo cada vez más claro sus simpatías con las causas de izquierdas.

Junto con algunos amigos periodistas colombianos, impulsó *Alternativa*, una revista de izquierdas; escribía artículos y columnas críticas con la política norteamericana y a favor de Cuba y de Fidel Castro, con quien empezó a desarrollar una duradera amistad. Escribió una larga crónica alabando la histórica expedición militar cubana en Angola, y otra, incluida en este volumen, que tituló «El golpe sandinista. Crónica del asalto a la "Casa de los Chanchos"» y que trataba como una epopeya heroica el secuestro masivo de parlamentarios nicaragüenses por parte de un grupo de guerrilleros sandinistas.

En la crónica «Los cubanos frente al bloqueo», incluida en esta antología, Gabo utilizó sus dotes narrativas para hacer comprender a sus lectores las implicaciones del famoso «embargo» —«bloqueo» para los cubanos— que Estados Unidos aplicó sobre Cuba a partir de 1961. Escribió: «Aquella noche, la primera del bloqueo, había en Cuba unos 482.560 automóviles, 343.300 refrigeradores, 549.700 receptores de radio, 303.500 televisores, 352.900 planchas eléctricas, 286.400 ventiladores, 41.800 lavadoras automáticas, 3.510.000 relojes de pulsera, 63 locomotoras y 12 barcos mercantes. Todo eso, salvo los relojes de pulso que eran suizos, había sido hecho en los Estados Unidos. Al parecer, había de pasar un cierto tiempo antes de que los cubanos se dieran cuenta de lo que significaban en su vida aquellos números mortales. Desde el punto de vista de la producción, Cuba se encontró de pronto con que no era un país distinto sino una península comercial de los Estados Unidos».

A causa de textos como estos, Gabo fue muy criticado por la prensa de derechas en Estados Unidos y America Latina, y algunos llegaron a tildarlo de propagandista del régimen cubano, o incluso de tonto útil de Fidel Castro. Gabo siguió apoyando las causas en que creía, ejerciendo además un papel diplomático al involucrarse personalmente en esfuerzos de diálogo entre Estados Unidos y Cuba, así como entre líderes guerrilleros colombianos y los sucesivos gobiernos de su país.

Pero la obra de Gabo trascendía también sus ideas políticas. En 1987, ante la abrumadora noticia del asesinato, por orden de Pablo Escobar, de Guillermo Cano, su amigo y editor al frente de *El Espectador* durante décadas, Gabo escribía esta sentida y conmovedora alabanza: «Durante casi cuarenta años, a cualquier hora y desde cualquier parte, cada vez que ocurría algo en Colombia, mi reacción inmediata era llamar a Guillermo Cano por teléfono para que me contara la noticia exacta. Siempre, sin una sola falla, salía al teléfono la misma voz: "Hola, Gabo, qué hay de vainas". Un mal día del diciembre pasado, María Jimena Duzán me llevó a La Habana un mensaje suyo, con la solicitud de que escribiera algo especial para el centenario de *El Espectador*. Esa misma noche, en mi casa, el presidente Fidel Castro estaba haciéndome un relato absorbente en el curso de una fiesta de amigos, cuando oí, casi en secreto, la voz trémula de Mercedes: "Mataron a Guillermo Cano". Había ocurrido quince minutos antes, y alguien se había precipitado al teléfono para darnos la noticia escueta. Apenas si tuve alientos para esperar, con los ojos nublados, el final de la frase de Fidel Castro. Lo único que se me ocurrió entonces, ofuscado por la conmoción, fue el mismo impulso instintivo de siempre: llamar por teléfono a Guillermo Cano para que me contara la noticia completa, y para compartir con él la rabia y el dolor de su muerte».

Hacia finales de los noventa, Gabo, diagnosticado de cáncer linfático (aunque se recuperaría de dicha enfermedad), empezó a debilitarse inexorablemente en la última década y media de su vida.

En 1996, antes que empezaran sus problemas de salud, publicó el libro *Noticia de un secuestro*, uno de sus escasos trabajos periodísticos de envergadura ampliamente conocido a nivel internacional; trata del espeluznante calvario de un grupo de influyentes colombianos, la mayoría periodistas, que fueron tomados como rehenes por Pablo Escobar en su esfuerzo por convencer al gobierno colombiano de abandonar el acuerdo de extradición para narcotraficantes que había firmado con Estados Unidos.

En 1998, Gabo utilizó parte del dinero de su premio Nobel para comprar la revista *Cambio*, que pertenecía a una amiga suya, y volver a lanzarla con un nuevo equipo de reporteros y editores. En *Cambio* publicó algunas de sus últimas piezas periodísticas; por ejemplo, un perfil de la cantante barranquillera Shakira y otro del caudillo venezolano Hugo Chávez. La revista finalmente tuvo que cerrar pero, mientras duró, Gabo disfrutó de la experiencia, encantado de vivir nuevamente a fondo ejerciendo el «mejor oficio del mundo».

En la misma época, desde 1995, Gabo impartió talleres en la Fundación Gabriel García Márquez para el Nuevo Periodismo Iberoamericano, con sede en Cartagena de Indias, y creada con el propósito de divulgar nuevas técnicas periodísticas e incentivar a una nueva generación de periodistas latinoamericanos. En una conversación que mantuvimos en 1999, me invitó a ser uno de los profesores de la Fundación y me describió la futura fraternidad hemisférica de cronistas y reporteros como «una mafia genial de amigos» que no solo elevaría el nivel periodístico de América Latina, sino que fortalecería sus democracias.

En los años transcurridos desde entonces, miles de periodistas han pasado por los talleres y participado en los premios de la Fundación, y muchos de ellos han atribuido su posterior éxito profesional a «la Fundación de Gabo», como suelen llamarla. Algunos han fundado revistas y portales dedicados a la crónica y el periodismo de investigación; otros han escrito libros; muchos han ganado grandes premios. Seguramente es una genialidad singular que un autor emblemático del boom de la ficción latinoamericana deje como uno de sus legados más palpables ser padrino de un nuevo boom latinoamericano, el de la crónica. Tras la muerte de Gabriel García Márquez,

NOTA DEL EDITOR

Gabriel García Márquez se encargó de repetir que el periodismo es «el mejor oficio del mundo» y que se consideraba antes periodista que escritor: «Soy un periodista, fundamentalmente. Toda la vida he sido un periodista. Mis libros son libros de periodista, aunque se vea poco».

Esta selección de cincuenta textos de Gabriel García Márquez, publicados en periódicos y revistas entre 1950 y 1987 y escogidos de entre la monumental *Obra periodística* en cinco volúmenes compilados por Jacques Gilard, tiene el propósito de acercar a los lectores de su ficción una muestra de su labor en prensa y revistas, fruto del oficio que siempre consideró como la fundación de su obra. Los lectores de su ficción encontrarán en muchos de estos textos una voz reconocible, la formación de esa voz narrativa a través de su trabajo periodístico.

Quienes quieran profundizar en el tema cuentan con la obra de Gilard, reeditada en Literatura Random House. En sus prólogos hallarán una apasionante y erudita explicación histórica y temática de sus textos y de su oficio como periodista. Como afirma Gilard, «el periodismo de García Márquez fue principalmente una escuela de estilo, y constituyó el aprendizaje de una retórica original». En *Gabo periodista*, edición no venal publicada por la Fundación para el Nuevo Periodismo Iberoamericano y por el Conaculta de México, se encuentra una selección diferente realizada por importantes colegas periodistas y una cronología detallada de su carrera.

Aunque algunos de sus primeros cuentos preceden a sus notas en la prensa, el periodismo fue el oficio que permitió al joven García Márquez dejar sus estudios de Derecho, comenzar a escribir en *El Universal* de Cartagena y en *El Heraldo* de Barranquilla, y viajar a Europa como corresponsal de *El Espectador* de Bogotá (para quitarlo de en medio tras el conflicto que provocó su gran primer reportaje sobre el marinero náufrago). A su regreso, y gracias a su amigo y colega periodista Plinio Apuleyo Mendoza, prosiguió su labor en Venezuela en revistas como *Élite* o *Momento*, hasta instalarse en Nueva York como corresponsal de la agencia cubana Prensa Latina. Unos meses después llega con su esposa, Mercedes Barcha, y su hijo Rodrigo a México, donde abandonará el oficio temporalmente para encerrarse a escribir *Cien años de soledad*, cuya prehistoria también se encuentra en un texto aquí recogido, «La casa de los Buendía». Aunque su trabajo como escritor ocuparía la mayor parte de su tiempo, siempre volvió a su pasión por el periodismo y llegó a fundar seis medios, entre ellos *Alternativa* y *Cambio*: «No quiero que se me recuerde por *Cien años de soledad*, ni por lo del premio Nobel, sino por el periódico», declaró al respecto.

El escándalo del siglo toma el título del gran reportaje central de esta antología, enviado desde Roma y publicado en trece entregas consecutivas en *El Espectador* de Bogotá en septiembre de 1955. En esas cuatro palabras encontramos condensados el titular periodístico y la exageración que tiende a la literatura. El subtítulo es ya una perla con la firma del autor: «Muerta, Wilma Montesi pasea por el mundo».

Entre los textos se encuentran notas de prensa, columnas, comentarios, crónicas, reportajes, artículos de opinión y perfiles. El lector encontrará también algunos textos literarios publicados paralelamente en prensa o en revistas literarias.

El criterio de la selección ha sido personal y trata de sortear cualquier categorización académica, estilística o histórica. Como lector y editor de García Márquez, he escogido textos donde aparece latente esa tensión narrativa entre periodismo y literatura, donde las costuras de la realidad se estiran por su incontenible impulso narrativo, ofreciendo a los lectores la posibilidad de disfrutar una vez más del «contador de historias» que fue García Márquez.

Pero al mismo tiempo García Márquez escribía su obra de ficción empleando los recursos de su profesión de periodista, como dejó dicho en una entrevista: «Pero esos libros tienen tal cantidad de investigación y de comprobación de datos y de rigor histórico, de fidelidad a los hechos, que en el fondo son grandes reportajes novelados o fantásticos, pero el método de investigación y de manejo de la información y los hechos es de periodista».

El lector encontrará textos juveniles de prensa en los que el narrador en ciernes trata de hallar un motivo que le permita cruzar la línea hacia lo literario, como el comentario humorístico sobre el barbero del presidente que abre la selección; tempranos fragmentos de narraciones donde aparece ya la familia Buendía o Aracataca; crónicas desde Roma en las que sigue la muerte de una joven italiana cuyo posible asesinato implica a las élites políticas y artísticas del país y donde ensaya el relato policiaco y una crónica de sociedad que nos recuerda a *La Dolce Vita*; reportajes sobre trata de blancas de mujeres desde París a América Latina que terminan con una interrogación; notas reelaboradas sobre noticias de cable de otros países; reflexiones sobre su oficio de escritor, como muchos de los apasionantes artículos escritos para la «tribuna» de *El País* en su última y prolífica etapa de 1980, y decenas de otras narraciones que nos devuelven al García Márquez que seguimos echando de menos. Parafraseando a Gilard, son textos de «un periodista colombiano suelto por el mundo».

Tengo una deuda especial con Carmen Balcells y Claudio López de Lamadrid, quienes confiaron en mi trabajo editorial para llevar adelante este proyecto cuando ya había trabajado con García Márquez en la edición de sus memorias y lo visitaba con frecuencia en su estudio de El Pedregal mientras armábamos juntos *Yo no vengo a decir un discurso*. A Mercedes, Rodrigo y Gonzalo, cuyas sugerencias y consejos me han acompañado en estos años de lecturas y relecturas de estos textos, el agradecimiento de siempre por su inmensa generosidad. El legado de la obra periodística de la que aquí se presenta una muestra sigue creciendo gracias a la Fundación Gabriel García Márquez para el Nuevo Periodismo Iberoamericano, dirigida por Jaime Abello, a través de talleres donde se han formado y especializado centenares de periodistas de todo el mundo y donde se otorga cada año el premio que lleva su nombre. Finalmente, mi mayor agradecimiento se lo debo al propio Gabo, por su confianza en mi trabajo y, sobre todo, por su amistad.

CRISTÓBAL PERA

EL ESCÁNDALO DEL SIGLO

EL BARBERO PRESIDENCIAL

En la edición de un periódico de gobierno apareció hace algunos días el retrato del Excmo. Sr. Presidente de la República, Mariano Ospina Pérez, en el acto inaugural del servicio telefónico directo entre Bogotá y Medellín. El jefe del Ejecutivo, serio, preocupado, aparece en la gráfica rodeado por diez o quince aparatos telefónicos, que parecen ser la causa de ese aire concentrado y atento del presidente. Creo que ningún objeto da una impresión más clara de hombre atareado, de funcionario entregado por entero a la solución de complicados problemas disímiles, como este rebaño de teléfonos (y pido, entre paréntesis, un aplauso para la metáfora, surrealistamente cursi) que decora la gráfica presidencial. Por el aspecto de quien hace uso de ellos, parece que cada receptor comunicara con uno distinto de los múltiples problemas de estado y que el señor presidente se viera precisado a estar durante las doce horas del día tratando de encauzarlos a larga distancia desde su remoto despacho de primer magistrado. Sin embargo, a pesar de esta sensación de hombre incalculablemente ocupado, el señor Ospina Pérez sigue siendo, aun en la fotografía de que me ocupo, un hombre correcto en el vestir, cuidadosamente peinados los hilos de sus nevadas cumbres, suave y liso su mentón afeitado, como un testimonio de la frecuencia con que el señor presidente acude a la íntima y eficaz complicidad del barbero. Y en realidad, es esta la pregunta que me he formulado al contemplar la última fotografía del mandatario mejor afeitado de América: ¿Quién es el barbero de palacio?

El señor Ospina es hombre cauto, astuto, precavido, que parece conocer profundamente la índole de quienes le sirven. Sus ministros son hombres de su entera confianza, en quienes no es posible imaginar pecados contra la amistad presidencial, ya sean éstos de palabra o de pensamiento. El cocinero de palacio, si es que palacio tiene un cocinero, debe ser funcionario de irrevocable convicción ideológica, que prepara con exquisito cuidado los guisos que pocas horas después irán a servir de factor altamente nutritivo para la primera digestión de la República, que debe de ser buena y despreocupada digestión. Además, dado el caso de que hasta la cocina de palacio penetren, clandestinamente, las malintencionadas calumnias de la oposición, no faltará un honesto probador en la mesa de los presidentes. Si todo ello sucede con los ministros, con el cocinero, con el ascensorista, ¿cómo será con el barbero, el único mortal sufragante que puede permitirse la libertad democrática de acariciar el mentón del presidente con el afilado acero de una navaja barbera? Por otra parte, ¿quién será ese caballero influyente a quien todas las mañanas el señor Ospina comunica sus preocupaciones de la noche anterior, a quien relata, con cuidadosa minuciosidad, la trama de sus pesadillas, y quien es, al fin y al cabo, un consejero eficaz como debe de serlo todo barbero digno?

Muchas veces la suerte de una república depende más de un solo barbero que de todos sus mandatarios, como en la mayoría de los casos —según el poeta— la de los genios depende del comadrón. El señor Ospina lo sabe y por eso, tal vez, antes de salir a inaugurar el servicio telefónico directo entre Bogotá y Medellín, el primer mandatario, con los ojos cerrados y las piernas estiradas, se entregó al placer de sentir muy cerca de su arteria yugular el frío e irónico contacto de la navaja, mientras por su cabeza pasaban, en apretado desfile, todos los complicados problemas que sería necesario resolver durante el día. Es posible que el presidente hubiera informado a su barbero de que esa mañana iba a inaugurar un servicio telefónico perfecto, honra de su gobierno. «¿A quién llamaré en Medellín?», debió de preguntar, mientras sentía subir la afilada orilla por su garganta. Y el barbero, que es hombre discreto, padre de familia, transeúnte en las horas de reposo, debió guardar un prudente, pero significativo silencio. Porque en realidad –debió de pensar el barbero– si él en lugar de ser lo que es, fuera presidente, habría asistido a la inauguración del servicio telefónico, habría tomado el receptor y, visiblemente preocupado, habría dicho con voz de funcionario eficiente: «Operadora, comuníqueme con la opinión pública».

16 de marzo de 1950, *El Heraldo*, Barranquilla

TEMA PARA UN TEMA

Hay quienes convierten la falta de tema en tema para una nota periodística. El recurso es absurdo en un mundo como el nuestro, donde suceden cosas de inapreciable interés. A quien pretenda sentarse a escribir sobre nada, le bastaría con hojear desprevenidamente la prensa del día, para que el problema inicial se convierta en otro completamente contrario: saber qué tema se prefiere entre los muchos que se ofrecen. Véase, por ejemplo, la primera plana de un periódico cualquiera. «Dos niños jugaron con platillos voladores y resultaron quemados». Enciéndase un cigarrillo. Repásese, con todo cuidado, el revuelto alfabeto de la Underwood y comiéncese con la letra más atractiva. Piénsese –una vez leída la información– el doloroso desprestigio en que han caído los platillos voladores. Recuérdese la cantidad de notas que se han escrito sobre ellos, desde cuando se vieron por primera vez –hace casi dos años en los alrededores de Arkansas– hasta ahora, cuando ya se han convertido en un simple aunque peligroso juguete infantil. Considérese la situación de los pobres platillos voladores, a quienes, como a los fantasmas, la humanidad les falta al respeto sin ninguna consideración por su elevada categoría de elemento interplanetario. Enciéndase otro cigarrillo y considérese, finalmente, que es un tema inservible por exceso de velocidad.

Léase luego la información internacional. «El Brasil no dispondrá este año de un sobrante de café». Pregúntese:

«¿A quién puede importarle esto?». Y sígase adelante. «El problema de los colonos de Mares no es un simple caso legal». «El Carare, una gran sorpresa». Léanse las notas editoriales. En cada adjetivo, encuéntrase la huella de un censor implacable. Todo, en realidad, de un innegable interés. Pero no parece un tema apropiado. ¿Qué hacer? Lo más lógico: véanse las tiras cómicas. Pancho no puede salir de su casa. El Tío Barbas asiste a un duelo a pistola mordida. Clark Kent tiene que luchar contra Superman y viceversa. Tarzán está hecho un negociante de calaveras. Avivato se robó, como de costumbre, un sartal de pescados. Penny asiste a una clase de filosofía. ¡Qué horror! Y ahora qué: la página social. Dos que se casan estando la vida tan cara y el clima tan caliente. La hija del general Franco se casa con un caballero que será nada menos que «yernísimo» del dictador. Uno que se muere y siete que nacen. Enciéndase otro cigarrillo. Piénsese que está acabando el periódico y aún no se decide por un tema. Acuérdese de la mujer, del cuadro de hijos que lo espera, muerto de hambre, y que seguirá muriendo indefinidamente mientras no haya un tema apropiado. ¡Terrible cosa! Nos empezamos a volver sentimentales. ¡No! Aún faltan los avisos de cine. ¡Ah!, pero ayer hablamos de cine. ¡Después de esto, el diluvio!

Enciéndase otro cigarrillo y descúbrase –con horror– que era el último de la cajetilla. ¡Y el último fósforo! Está anocheciendo y el reloj gira, gira, gira, ejecutando la danza de las horas (Calibán). ¿Y ahora qué? ¿Tirar la toalla como los boxeadores mediocres? El periodismo es la profesión que más se parece al boxeo, con la ventaja de que siempre gana la máquina y la desventaja de que no se permite tirar la toalla. Nos quedaremos sin jirafa. Qué bien, cuántos aplaudirían la idea. Sin embargo, alguna vez se ha oído decir una frase que ya es cursi y gastada a fuerza de uso y abuso: «Nunca es tarde para quien bien comienza». Es decir, que lo difícil es comenzar. Empecemos, pues, ya sin cigarrillos, sin fósforos, a buscar un tema. Escribamos una frase inicial: «Hay quienes convierten la falta de tema en tema para una nota periodística». El recurso es absurdo… ¡Caramba, pero muy fácil! ¿No es cierto?

11 de abril de 1950, *El Heraldo*, Barranquilla

UNA EQUIVOCACIÓN EXPLICABLE

Era martes en Cali. El caballero, para quien el fin de semana fue un borrascoso período sin tiempo –tres días sin huellas–, había estado con el codo decoroso y obstinadamente empinado hasta la medianoche del lunes. En la mañana del martes, cuando abrió los ojos y sintió que su habitación estaba totalmente ocupada por un gran dolor de cabeza, el caballero creyó que sólo había estado de fiesta la noche anterior y que estaba despertando a la mañana del domingo. No recordaba nada. Sin embargo, sentía un digno remordimiento de algún pecado mortal que pudo haber cometido, sin saber exactamente a cuál de los siete capitales correspondía aquel remordimiento. Era un remordimiento en sí. Remordimiento solo, sin condiciones, rabiosamente independiente e insobornablemente anarquista.

Lo único que sabía con exactitud el caballero era que estaba en Cali. Por lo menos –debió pensar– mientras ese edificio que se levantaba a su ventana fuera el hotel Alférez Real y mientras alguien no le comprobara matemáticamente que el edificio había sido trasladado para otra ciudad en la noche del sábado, podía asegurar que estaba en Cali. Cuando abrió los ojos por completo, el dolor de cabeza que llenaba la habitación se sentó junto a su cama. Alguien llamó al caballero por su nombre, pero él no se volvió a mirar. Simplemente pensó que alguien, en la pieza vecina, estaba llamando a una persona que le era absolutamente desconocida. La orilla izquierda de la laguna empezaba en la tarde del sábado. La otra orilla, en ese amanecer desapacible. Eso era todo. Trató de preguntarse quién era él, en realidad. Y sólo cuando recordó su nombre se dio cuenta de que era a él a quien estaban llamando en la pieza vecina. Sin embargo, estaba demasiado ocupado con su remordimiento para preocuparse por una llamada sin importancia.

De pronto, una lámina diminuta y espejeante penetró por la ventana y golpeó contra el piso, a corta distancia de su cama. El caballero debió pensar que se trataba de una hoja traída por el viento, y continuó con los ojos fijos en el techo que se había vuelto móvil, flotante, envuelto por la niebla de su dolor de cabeza. Pero algo estaba zapateando en el entablado, junto a su cama. El caballero se incorporó, miró del otro lado de la almohada y vio un pez diminuto en el centro de su cuarto. Sonrió burlonamente; dejó de mirar y se dio vuelta hacia el lado de la pared. «¡Qué rigidez! −pensó el caballero−. Un pez en mi habitación, en un tercer piso, y con el mar a muchos kilómetros de Cali». Y siguió riendo burlonamente.

Pero de pronto, bruscamente saltó de la cama. «Un pez −gritó−. Un pez, un pez en mi cuarto». Y huyó jadeante, exasperado, hacia el rincón. El remordimiento le salió al encuentro. Siempre se había reído de los alacranes con paraguas, de los elefantes rosados. Pero ahora no podía caberle la menor duda. ¡Lo que saltaba, lo que se debatía, lo que espejeaba en el centro de su cuarto, era un pez!

El caballero cerró los ojos, apretó los dientes y midió la distancia. Después fue el vértigo, el vacío sin fondo de la calle. Se había arrojado por la ventana.

Al día siguiente, cuando el caballero abrió los ojos, estaba en una pieza del hospital. Recordaba todo, pero ahora se sentía bien. Ni siquiera le dolía lo que estaba debajo de las vendas. Al alcance de su mano había un periódico del día. El caballero deseaba hacer algo. Tomó el periódico distraídamente y leyó:

«Cali. Abril 18. Hoy, en las horas de la mañana, un desconocido se arrojó por la ventana de su apartamento situado en el tercer piso de un edificio de la ciudad. Parece que la determinación se debió a la excitación nerviosa producida por el alcohol. El herido se encuentra en el hospital y parece que su estado no es de gravedad».

El caballero se reconoció en la noticia, pero se sentía ahora demasiado tranquilo, demasiado sereno, para preocuparse por la pesadilla del día anterior. Dio vuelta a la página y siguió leyendo las noticias de su ciudad. Allí había otra. Y el caballero, sintiendo otra vez el dolor de cabeza que rondaba su cama, leyó la siguiente información:

«Cali. Abril 18. Una extraordinaria sorpresa tuvieron en el día de hoy los habitantes de la capital del valle del Cauca, al observar en las calles centrales de la ciudad la presencia de centenares de pescaditos plateados, de cerca de dos pulgadas de longitud, que aparecieron regados por todas partes».

20 de abril de 1950, *El Heraldo*, Barranquilla

EL ASESINO DE LOS CORAZONES SOLITARIOS

Cuando Raymond Fernández y Martha Beck se conocieron en Nueva York, hace algunos años, nació uno de esos idilios sobresaltados, cuya estación propicia son los hotelitos de segunda clase, entre besos largos y pesadillas de pistolas mordidas; Martha y Raymond –dos nombres magníficos para la próxima novela de don Arturo Suárez– debieron llegar al estado de pureza espiritual en que los sorprendió la policía, mediante un escrupuloso chequeo de los mutuos sentimientos, comprobadas las aficiones comunes y las facultades comunes. La vida no era buena con ellos. Era una especie de perro amarrado en el corredor del edificio en que vivían, que durante el día les mostraba los fulgurantes dientes de ferocidad y de hambre y que durante las noches les aullaba, les intranquilizaba el sueño y amenazaba, hora tras hora, con romper las cadenas. Eso era la vida para Martha y Raymond, dos amantes que tal vez, durante el noviazgo, no deshojaban nostálgicas margaritas como los protagonistas de las novelas románticas, sino que descargaban una ametralladora contra los muros de la casa repitiendo el clásico ritornello: «Me quiere, no me quiere…».

Después, cuando se fueron a vivir al pisito donde estaba el perro amarrado, descubrieron la manera de echarle un poco de combustible digestivo a ese amor que, de no ser por ese recurso providencial, habría terminado por enfriarse, a falta de un poco de sopa caliente en el corazón. Raymond y Martha descubrieron el flanco vulnerable de una viuda, la señora

Janet Flay, inscrita en uno de esos melancólicos clubes llamados poéticamente de los corazones solitarios. La señora Flay parecía tener lo que a Martha y a Raymond les hacía falta para triunfar sobre el perro y parecía faltarle, en cambio, lo que a ellos les sobraba en sus noches de lecho y espanto compartidos.

La cosa debió ponerse seria cuando Raymond se comunicó con la viuda y le propuso el cambio. Ella contribuiría con dinero y él con una siquiera de las innumerables fibras enamoradas que ya se le estaban endureciendo en el corazón, a falta de una taza de caldo. El plan quedó perfeccionado —al menos en la manera que Raymond veía las cosas— y se fue desenvolviendo, lentamente, poniendo en movimiento sus innumerables piececillas secretas, hasta el día en que algo falló, algo obstaculizó el perfecto mecanismo ideado, y Raymond y Martha, sin que ellos mismos pudieran saber cómo, fueron a parar a la cárcel con su amor de pistolas mordidas, su perro y todo lo demás.

Esta sentimental historia hubiera terminado allí, si no es porque Martha, la abnegada, sufre la contagiosa dolencia de los corazones solitarios y comienza a coquetear con el guardia de la prisión de Sing Sing. William Ritcher, abogado de Fernández, logró que el juez federal, Sylvester Ryan, expidiera un auto de *habeas corpus* ordenando el traslado del preso a Nueva York, en vista de que los inesperados sentimientos que Martha ha manifestado hacia su carcelero lo han sometido a una «tortura mental», que no figuraba en la condena.

Pero el viaje —según el cable— no logró mitigar la dolencia de Raymond. Se le ha visto deambular por su celda, hablando solo, atormentado por los recuerdos de aquellas noches en el hotelito de segunda clase, que ahora le parecen dichosas a pesar del perro y a pesar de las ratas que se disputaban una página editorial debajo del lecho amoroso. «El asesino de los corazones solitarios», como se le dice ahora, se ha convertido en uno de los miembros de ese club, en la cárcel de Nueva York, y ha pedido que se le aplique la terapéutica eficaz para su dolencia. Una terapéutica de alto voltaje, que sin duda transformará al quejumbroso Raymond de hoy en un nuevo Raymond eufórico, cuando los funcionarios de la prisión pongan en funcionamiento el eficaz mecanismo de la silla eléctrica.

27 de septiembre de 1950, *El Heraldo*, Barranquilla

LA MUERTE ES UNA DAMA IMPUNTUAL

Leyendo una noticia procedente de Middlesboro, Kentucky, he recordado la hermosa parábola del esclavo que huyó a Samara porque se encontró con la muerte en el mercado y ésta le hizo un gesto que el esclavo consideró como «una señal de amenaza». Pocas horas después el amo del esclavo que al parecer era amigo personal de la muerte, se encontró con ella y le preguntó: «¿Por qué hiciste un gesto de amenaza, esta mañana cuando viste a mi esclavo?». Y la muerte respondió: «No fue un gesto de amenaza sino de sorpresa. Me sorprendió verlo aquí, siendo que esta tarde tenía una cita conmigo en Samara».

Esa parábola, es en cierta medida el otro extremo del hecho ocurrido hace dos días en Middlesboro, Kentucky, de un hombre que tenía esa mañana una cita con la muerte y por razones que aún no ha sido posible establecer, fue la muerte, y no el hombre, quien dejó de concurrir a la cita. Porque James Longworth, un montañés de 69 años, se levantó ese día más temprano que nunca, tomó un baño y se preparó como para hacer un viaje. Luego se acostó en su lecho, cerró los ojos y rezó todo lo que sabía, mientras afuera, apretujadas contra la ventana, más de doscientas personas aguardaban a que llegara el anunciado barco invisible que se lo llevaría para siempre.

La expectativa había empezado hace tres años, una mañana en que el montañés habló de sus sueños a la hora del desayuno y dijo que en uno de ellos se le había aparecido la muerte y había prometido venir en su busca a las ocho y veinte minutos del 28 de junio de 1952. El anuncio trascendió a la población y después al distrito y después a todo el estado de Kentucky. Tarde o temprano todos los ciudadanos habían de morir. Pero la mortalidad de James Longworth fue desde ese día diferente a la de sus vecinos, porque él era ya un mortal emplazado en hombre que habría podido hacerlo todo, incluso imponerse una dieta a base de sublimado corrosivo, en la seguridad de que la palabra de honor de la muerte, tan gravemente empeñada, no sería echada atrás después de tan precisa y perentoria notificación. Desde ese día, James Longworth, más que como cualquier otra cosa, era conocido en las calles y en el distrito de Middlesboro y en el estado de Kentucky, sencillamente como «el hombre que se va a morir».

Así que al despertar, hace dos días, todos los habitantes del distrito recordaron que era 28 de junio y que dentro de dos horas la muerte vendría a cumplir su cita con James Longworth. La que había debido ser una mañana de duelo, fue en cierta manera una mañana de fiesta, en la que los curiosos ciudadanos retardaron su asistencia al trabajo para caminar un trecho y asistir a la muerte de un hombre. En realidad, no es probable que la gente hubiera pensado que la de James Longworth había de ser una muerte distinta. Pero de todos modos, en ella estaba en juego algo que a los mortales nos ha interesado comprobar desde el principio del mundo: la fidelidad de la muerte a su palabra de honor. Y a comprobarlo fueron hombres, mujeres y niños, mientras James Longworth se despedía de ellos desde el lecho como si lo hiciera desde el estribo de ese vehículo invisible que, tres años antes, le había permitido conocer uno de los innumerables millones de casillas que tiene su interminable itinerario.

De pronto, con el corazón en el puño, los espectadores comprobaron que eran exactamente las ocho y veinte minutos y que aún la muerte no llegaba. Hubo una especie de soberbia desolación, de esperanza defraudada en las doscientas cabezas que se apretujaban contra la ventana. Pero el minuto transcurrió. Y transcurrió el siguiente y nada sucedió. Entonces James Longworth, desconcertado, se sentó en la cama y dijo: «Me sentiré desilusionado si no muero pronto». Y es posible que a estas horas, las doscientas personas que madrugaron y caminaron un largo trecho y jadearon bajo la luminosa mañana de este verano abrasante, estén ahora en la mitad de la plaza llamando a la muerte. No para dejarse arrastrar por ella sino para lincharla.

1 de julio de 1952, *El Heraldo*, Barranquilla

LA EXTRAÑA IDOLATRÍA DE LA SIERPE

LA EXTRAVAGANTE VENERACIÓN A JESUSITO.
UN SINDICATO DE ÍDOLOS. SANTA TABLA Y SAN RIÑÓN.
LA PACHA PÉREZ

La idolatría ha adquirido en La Sierpe un extraordinario prestigio desde la remota fecha en que una mujer creyó descubrir poderes sobrenaturales en una tabla de cedro. La mujer transportaba una caja de jabón, cuando una de las tablas se desprendió y fueron inútiles todos los esfuerzos para reponerla en su sitio; los clavos se doblaron aun en los lugares menos fuertes de la madera. Por último, la mujer observó detenidamente el listón y descubrió en sus rugosidades, según dijo, la imagen de la virgen. La consagración fue instantánea y la canonización directa, sin metáforas ni circunloquios: Santa Tabla, un listón de cedro que hace milagros y que es paseado en rogativas cuando el invierno amenaza las cosechas.

El hallazgo dio origen a un extravagante y numeroso santoral, integrado por pezuñas y cuernos de res, adorados por quienes aspiran a desterrar la peste de sus animales; calabazos especialistas en asegurar a los caminantes contra los peligros de las fieras; pedazos de metal o utensilios domésticos que proporcionan a las doncellas novios sobre medidas. Y entre tantos, San Riñón, canonizado por un matarife que creyó descubrir en un riñón de res un asombroso parecido con el rostro de Jesús coronado de espinas, y al cual se encomiendan quienes sufren afecciones de los órganos internos.

Elemento indispensable en las fiestas que todos los años se celebran en los villorrios cercanos a La Sierpe, es un altarcillo que se instala en un rincón de la plaza. Hombres y mujeres concurren a ese lugar para depositar limosnas y solicitar milagros. Es un nicho fabricado con hojas de palmas reales, en cuyo centro, sobre una cajita forrada en papel de colores brillantes, está el ídolo más popular y el que mejor clientela tiene en la región: un hombrecillo negro, tallado en un trozo de madera de dos pulgadas de altura y montado sobre un anillo de oro. Tiene un nombre sencillo y familiar: Jesusito. Y es invocado por los habitantes de La Sierpe en cualquier emergencia, bajo el grave compromiso de depositar a sus pies un objeto de oro, conmemorativo del milagro. De ahí que en el altar de Jesusito hay hoy un montón de figuras doradas que valen una fortuna: ojos de oro donados por uno que fue ciego y recobró la vista; piernas de oro, de uno que fue paralítico y volvió a caminar; tigres de oro, depositados por viajeros que se libraron de los peligros de las fieras, e innumerables niños de oro, de distintos tamaños y formas varias, porque a la imagen del hombrecillo negro montado en un anillo se encomiendan de preferencia las parturientas de La Sierpe.

Jesusito es un santo antiguo, sin origen conocido. Se ha transmitido de generación en generación y ha sido a lo largo de muchos años el medio de subsistencia de quienes han sido sus diferentes propietarios. Jesusito está sometido a la ley de la oferta y la demanda. Es un codiciado objeto, susceptible de apropiación mediante transacciones honradas, que responde en forma adecuada a los sacrificios de sus compradores. Por tradición, el propietario de Jesusito es también propietario de las limosnas y exvotos de oro, pero no de los animales con que se obsequie al ídolo para enriquecer su patrimonio particular. La última vez que Jesusito fue vendido, hace tres años, lo adquirió un ganadero de excelente visión comercial, que resolvió cambiar de negocios, remató sus reses y sus tierras, y se echó a vagar por los villorrios llevando de fiesta en fiesta su próspera tienda de milagros.

La noche que se robaron a Jesusito

Hace ocho años se robaron a Jesusito. Era la primera vez que eso ocurría y seguramente será la última, porque al autor de semejante acción lo conoce y lo compadece todo aquel que desde entonces ha estado más allá de los pantanos de La Guaripa. La cosa ocurrió el 20 de enero de 1946, en La Ventura, cuando se festejaba la noche de El Dulce Nombre. En las horas de la madrugada, cuando el entusiasmo empezaba a decaer, un jinete desbocado irrumpió en la plaza del villorrio e hizo saltar la mesa con la banda de músicos entre un estrépito de cacharros y ruletas esparcidos y bailarines revolcados. Fue una tempestad de un minuto. Pero cuando cesó, Jesusito había desaparecido de su altar. En vano lo buscaron entre los objetos arrastrados, entre los alimentos vertidos. En vano desarmaron el nicho y sacudieron trapos y requisaron minuciosamente a los perplejos habitantes de La Ventura. Jesusito había desaparecido y eso era no sólo un motivo de inquietud general, sino un síntoma de que el ídolo no estaba conforme con las rogativas de El Dulce Nombre.

Tres días después, un hombre de a caballo, con las manos monstruosamente hinchadas, atravesó la larga y única calle de La Ventura, descabalgó frente al puesto de policía y depositó en manos del inspector el minúsculo hombrecillo montado en un anillo de oro. No tuvo fuerzas para subir de nuevo al caballo ni valor para desafiar la furia del grupo que se agolpó a la puerta. Lo único que necesitaba y pedía a gritos era un platero que fabricara de urgencia un par de manecitas de oro.

El santo perdido

En una ocasión anterior Jesusito estuvo extraviado durante un año. Para localizarlo estuvieron en actividad, durante trescientos sesenta y cinco días con sus noches, todos los habitantes de la región. Las circunstancias en que desapareció esa vez fueron semejantes a las que circundaron su extravío la noche de El Dulce Nombre en La Ventura. Un conocido buscapleitos de la región, sin mediar motivo alguno, se apoderó intempestivamente del ídolo y lo arrojó a una huerta vecina. Sin permitir que la perplejidad o el desconcierto les ganara un tramo, los devotos se empeñaron inmediatamente en la limpieza de la huerta, centímetro a centímetro. Doce horas después no había una brizna de hierba, pero Jesusito continuaba extraviado. Entonces empezaron a raspar la tierra. Y rasparon inútilmente durante esa semana y la siguiente. Por último, después de quince días de búsqueda, se dispuso que la colaboración en aquella empresa constituyera una penitencia y que el hallazgo de Jesusito determinara indulgencia. La huerta se convirtió desde entonces en un lugar de romería, y más tarde en un mercado público. Se instalaron ventorrillos en torno de ella, y hombres y mujeres de los más remotos lugares de La Sierpe vinieron a raspar la tierra, a cavar, a revolver el suelo numerosas veces revuelto, para localizar a Jesusito. Dicen quienes lo saben de primera mano que el Jesusito extraviado siguió haciendo milagros, menos el de aparecer. Fue un mal año para La Sierpe. Las cosechas disminuyeron, decayó la calidad del grano y las ganancias fueron insuficientes para atender a las necesidades de la región, que nunca como en ese año fueron tantas.

La multiplicación de Jesusito

Hay un anecdotario rico y muy pintoresco de ese mal año en que se extravió Jesusito. En alguna casa de La Sierpe apareció un Jesusito falsificado, tallado por un gracioso antioqueño que desafió en esa forma la indignación popular y estuvo a punto de salir mal librado de su aventura. Ese episodio dio principio a una serie de falsificaciones, a una producción en grande escala de Jesusitos apócrifos, que aparecían en cualquier parte y llegaron a confundir los ánimos hasta el extremo de que en determinado momento se preguntaron si entre aquella considerable cantidad de ídolos falsos no estaría el auténtico. El instinto que tienen los habitantes de La Sierpe para distinguir lo artificial de lo legítimo fue al principio el único recurso de que pudo valerse el propietario de Jesusito para identificar su imagen. La gente examinaba la estatuilla y decía, simplemente: «Éste no es». Y el propietario la rechazaba, porque aunque hubiera sido aquél el Jesusito legítimo, de nada le habría servido si sus devotos aseguraban que era uno de los falsos. Pero hubo un momento en que se originaron controversias en torno de la identidad de los ídolos. Ocho meses después de extraviado, el prestigio de Jesusito empezó a ponerse en tela de juicio. La fe de sus devotos tambaleó y el montón de ídolos de discutida reputación fue incinerado, porque alguien aseguró que el Jesusito legítimo era invulnerable al fuego.

Sindicato de ídolos

Resuelto el problema de los numerosos Jesusitos falsos, la imaginación de los fanáticos concibió nuevos recursos para localizar al ídolo. Santa Tabla, San Riñón, toda la complicada galería de cuernos, pezuñas, argollas y utensilios de cocina que constituye el próspero santoral de La Sierpe, fue traída a la huerta en rotativa para que reforzara, en apretada solidaridad sindical, la agotadora búsqueda de Jesusito. Pero también ese recurso fue inútil.

Exactamente cuando había transcurrido un año desde la noche de la pérdida, algún experto en las exigencias y resabios de Jesusito concibió un recurso providencial; dijo que lo que Jesusito deseaba era una gran fiesta de toros.

Los ganaderos de la región contribuyeron con dineros y con reses bravas y con cinco días de vacaciones remuneradas para sus peones. La fiesta fue la más concurrida, intensa y bulliciosa de cuantas se recuerdan en La Sierpe, pero transcurrieron sus cinco días sin que apareciera Jesusito. Una mañana, después de la última noche, cuando los peones regresaban a sus labores y los fanáticos de la región inventaban nuevos recursos y extravagantes penitencias para que apareciera Jesusito, una mujer que pasó a seis leguas de la huerta encontró un hombrecillo negro tirado en medio del camino. En el patio de la casa más próxima se encendió una hoguera y a ella fue arrojada la figura. Cuando el fuego se extinguió, el ídolo estaba allí, perfecto en su integridad de Jesusito auténtico.

La hacienda particular de Jesusito

Aquel fue el comienzo de las riquezas particulares de Jesusito. El propietario de la huerta le traspasó sus derechos, a condición de que el terreno fuera considerado como un patrimonio particular de la imagen y no de su propietario. Desde entonces Jesusito recibe de sus devotos cabezas de ganado y tierras con buen pasto y agua corriente. Desde luego que el administrador de estos bienes es el propietario del ídolo. Pero en la actualidad no se le pueden señalar irregularidades en el manejo de la hacienda. En esta forma Jesusito es dueño de una huerta, de dos casas, y de un potrero bien cuidado en el que pacen vacas, bueyes, caballos y mulos, distinguidos con su hierro particular. Algo semejante a lo que ocurre con el Cristo de la Villa de San Benito, contra quien se instruyó hace algunos años un sumario por abigeato, porque unas reses ajenas aparecieron marcadas con su hierro.

Un velorio en La Sierpe

Las amas de casa, en La Sierpe, salen de compras cada vez que muere una persona. El velorio es el centro de una actividad comercial y social de una región cuyos habitantes no tienen otra oportunidad de encontrarse, reunirse y divertirse que la que eventualmente les proporciona la muerte de una persona conocida. Por eso el velorio es un pintoresco y bullicioso espectáculo de feria, donde lo menos importante, lo circunstancial y anecdótico es el cadáver.

Cuando una persona muere en La Sierpe, otras dos salen de viaje en sentidos contrarios: una hacia La Guaripa, a comprar el ataúd, y otra hacia el interior del pantano, a divulgar la noticia. Los preparativos comienzan en la casa con la limpieza del patio y la recolección de cuanto objeto pueda obstaculizar esa noche y en las ocho siguientes el libre movimiento de los visitantes. En el rincón más apartado, donde no constituya obstáculo, donde estorbe menos, es acostado el muerto a ras de tierra, puesto de largo sobre dos tablas. La gente comienza a llegar al atardecer. Van directamente al patio de la casa e instalan contra la cerca ventorrillos de cachivaches, de frituras, de lociones baratas, de petróleo, de fósforos. El patio anochece transformado en un mercado público, en cuyo centro hay una gigantesca artesa rebosante de aguardiente destilado en la región, en la que flotan numerosas totumas pequeñas, fabricadas con calabazas verdes. Esta última, y el pretexto del muerto, son las únicas contribuciones de la familia.

El colegio del amor

A un lado del patio, junto a la mesa más amplia, se congregan las doncellas a envolver hojas de tabaco. No todas: sólo las que aspiran a conseguir marido. Las que prefieren por lo pronto continuar en actividades menos arriesgadas, pueden hacer lo que deseen en el velorio, menos doblar tabaco. Aunque, por lo general, las doncellas que no aspiren a conseguir marido no asisten a la feria.

Para los hombres que aspiran a conseguir mujer hay también un sitio reservado, junto al molino de café. Las mujeres de La Sierpe sienten una irresistible atracción, muy convencional, pero también muy simbólica, por los hombres que son capaces de moler a velocidades excepcionales grandes cantidades de café. Los participantes en aquel concurso agotador van accediendo en turnos a la mesa del molino, donde procuran convertir en polvo, por partida doble, el corazón de las doncellas que envuelven tabaco y las desmedidas cantidades de café tostado con que un juez imparcial y oportunista mantiene repleto el recipiente del molino. Más que los diligentes galanes, los aprovechados son casi siempre los propietarios del café, que han aguardado durante muchos días una oportunidad de que un muerto y un optimista les resuelvan el nudo más apretado y difícil de su industria.

Distribuidos en grupos, los otros hombres hablan de negocios, discuten, perfeccionan y cierran transacciones, y celebran los acuerdos o hacen menos ásperas las controversias con periódicos viajes a la gigantesca artesa de aguardiente. Hay asimismo un sitio para los ociosos, para quienes no tienen nada que comprar ni nada que vender; se sientan en grupos, en torno a un mechero, a jugar dominó o al «9» con baraja española.

La Pacha Pérez

Llorar al muerto –una de las actividades que en el litoral atlántico ofrece más curiosos y extravagantes matices– es para los nativos de La Sierpe una ocupación que no corresponde a la familia del muerto, sino a una mujer que a costa de vocación y experiencia se convierte en una plañidera profesional. La rivalidad entre las de este oficio reviste caracteres más alarmantes y tiene consecuencias más sombrías que la alegre competencia de los molineros de café.

Genio de plañideras entre las plañideras de La Sierpe fue la Pacha Pérez, una mujer autoritaria y escuálida, de quien se dice que fue convertida en serpiente por el diablo a la edad de 185 años. Como a La Marquesita, a la Pacha Pérez se la tragó la leyenda. Nadie ha vuelto a tener una voz como la suya, ni ha vuelto a nacer en los enmarañados pantanos de La Sierpe una mujer que tenga como ella la facultad alucinante y satánica de condensar toda la historia de un hombre muerto en un alarido. La Pacha Pérez estuvo siempre al margen de la competencia. Cuando de ella se habla, las plañideras de ahora tienen una manera de justificarla, que es a la vez una manera de justificarse a sí mismas: «Es que la Pacha Pérez tenía pacto con el diablo».

El teatro de las plañideras

Las plañideras no intervienen para dolerse del muerto, sino en homenaje a los visitantes notables. Cuando la concurrencia advierte la presencia de alguien que por su posición económica es considerado en la región como un ciudadano de méritos excepcionales, se notifica a la plañidera de turno. Lo que viene después es un episodio enteramente teatral: las propuestas comerciales se interrumpen, las doncellas suspenden el doblaje del tabaco y sus aspirantes la molienda de café; los hombres que juegan al «9» y las mujeres que atienden los fogones y los ventorrillos se vuelven en silencio, expectantes, hacia el centro del patio, donde la plañidera, con los brazos en alto y el rostro dramáticamente contraído se dispone a llorar. En un largo y asaetado alarido, el recién llegado oye entonces la historia; con sus instantes buenos y sus instantes malos, con sus virtudes y sus defectos, con sus alegrías y sus amarguras; la historia del muerto que se está pudriendo en el rincón, rodeado de cerdos y gallinas, boca arriba sobre dos tablas.

Lo que al atardecer era un alegre y pintoresco mercado, en la madrugada empieza a voltear hacia la tragedia. La artesa ha sido llenada varias veces y varias veces consumido su torcido aguardiente. Entonces se le forman nudos a las conversaciones, al juego y al amor. Nudos apretados, indesatables que romperían para siempre las relaciones de aquella humanidad intoxicada, si en este instante no saliera a flote, con su tremendo poderío la contrariada importancia del muerto. Antes del amanecer alguien recuerda que hay un cadáver dentro de la casa. Y es como si la noticia se divulgara por primera vez, porque entonces se suspenden todas las actividades y un grupo de hombres borrachos y de mujeres fatigadas, espantan los cerdos, las gallinas, ruedan las tablas con el muerto hacia el centro de la habitación, para que rece Pánfilo.

Pánfilo es un hombre gigantesco, arbóreo y un tanto afeminado, que ahora tiene alrededor de cincuenta años y durante treinta ha asistido a todos los velorios de La Sierpe y ha rezado el rosario a todos sus muertos. La virtud de Pánfilo, lo que lo ha hecho preferible a todos los rezadores de la región, es que el rosario que él dice, sus misterios y sus oraciones, son inventados por él mismo en un original y enrevesado aprovechamiento de la literatura católica y las supersticiones de La Sierpe. Su rosario total, bautizado por Pánfilo, se llama «Oración a nuestro Señor de todos los poderíos». Pánfilo, que no tiene residencia conocida, sino que vive en la casa del último muerto hasta cuando tiene noticia de uno nuevo, se planta frente al cadáver llevando con la mano derecha levantada la contabilidad de los misterios. Hay un instante de grandes diálogos entre el rezador y la concurrencia, que responde en coro: «Llévatelo por aquí», cada vez que Pánfilo pronuncia el nombre de un santo, casi siempre de su invención. Como remate de la «Oración a nuestro Señor de todos los poderíos», el rezador mira hacia arriba, diciendo: «Ángel de la guarda, llévatelo por aquí». Y señala con el índice hacia el techo.

Pánfilo tiene apenas cincuenta años y es corpulento y saludable como una ceiba, pero —como aconteció en sus tiempos con La Marquesita y la Pacha Pérez— ya está con la leyenda al cuello.

28 de marzo de 1954,
Magazín Dominical, *El Espectador*, Bogotá

UN HOMBRE VIENE BAJO LA LLUVIA

Otras veces había experimentado el mismo sobresalto cuando se sentaba a oír la lluvia. Sentía crujir la verja de hierro; sentía pasos de hombre en el sendero enladrillado y ruido de botas raspadas en el piso, frente al umbral. Durante muchas noches aguardó a que el hombre llamara a la puerta. Pero después, cuando aprendió a descifrar los innumerables ruidos de la lluvia, pensó que el visitante imaginario no pasaría nunca del umbral y se acostumbró a no esperarlo. Fue una resolución definitiva, tomada en esa borrascosa noche de septiembre, cinco años atrás, en que se puso a reflexionar sobre su vida, y se dijo: «A este paso, terminaré por volverme vieja». Desde entonces cambiaron los ruidos de la lluvia y otras voces reemplazaron a los pasos de hombre en el sendero de ladrillos.

Es cierto que a pesar de su decisión de no esperarlo más, en algunas ocasiones la verja de hierro volvió a crujir y el hombre raspó otra vez sus botas frente al umbral, como antes. Pero para entonces ella asistía a nuevas revelaciones de la lluvia. Entonces oía otra vez a Noel, cuando tenía quince años, enseñándole lecciones de catecismo a su papagayo; y oía la canción remota y triste del gramófono que vendieron a un corredor de baratijas, cuando murió el último hombre de la familia. Ella había aprendido a rescatar de la lluvia las voces perdidas en el pasado de la casa, las voces más puras y entrañables. De manera que hubo mucho de maravillosa y sorprendente novedad esa noche de tormenta en que el hombre que tantas veces había abierto la verja de hierro caminó por el sendero enladrillado, tosió en el umbral y llamó dos veces a la puerta.

Oscurecido el rostro por una irreprimible ansiedad, ella hizo un breve gesto con la mano, volvió la vista hacia donde estaba la otra mujer y dijo: «Ya está ahí».

La otra estaba junto a la mesa, apoyados los codos en las gruesas tablas de roble sin pulir. Cuando oyó los golpes, desvió los ojos hacia la lámpara y pareció sacudida por una tenebrante ansiedad.

—¿Quién puede ser a estas horas? —dijo.

Y ella, serena otra vez, con la seguridad de quien está diciendo una frase madurada durante muchos años:

—Eso es lo de menos. Cualquiera que sea debe estar emparamado.

La otra se puso en pie, seguida minuciosamente por la mirada de ella. La vio coger la lámpara. La vio perderse en el corredor. Sintió, desde la sala en penumbras y entre el rumor de la lluvia que la oscuridad hacía más intenso, sintió los pasos de la otra, alejándose, cojeando en los sueltos y gastados ladrillos del zaguán. Luego oyó el ruido de la lámpara que tropezó con el muro y después la tranca, descorriéndose en las argollas oxidadas.

Por un momento no oyó nada más que voces distantes. El discurso remoto y feliz de Noel, sentado en el barril, dándole noticias de Dios a su papagayo. Oyó el crujido de la rueda en el patio, cuando papá Laurel abría el portón para que entrara el carro de los dos bueyes. Oyó a Genoveva alborotando la casa, como siempre, porque siempre, «siempre encuentro este bendito baño ocupado». Y después otra vez a papá Laurel, desportillando sus palabrotas de soldado, tumbando golondrinas con la misma escopeta que utilizó en la última guerra civil para derrotar, él solo, a toda una división del gobierno. Hasta llegó a pensar que esta vez el episodio no pasaría de los golpes en la puerta, como antes no pasó de las botas raspadas en el umbral; y pensaba que la otra mujer había abierto y sólo había visto los tiestos de flores bajo la lluvia, y la calle triste y desierta.

Pero luego empezó a precisar voces en la oscuridad. Y oyó otra vez las pisadas conocidas y vio las sombras estiradas en la pared del zaguán. Entonces supo que después de muchos años de aprendizaje, después de muchas noches de vacilación y arrepentimiento, el hombre que abría la verja de hierro había decidido entrar.

La otra mujer regresó con la lámpara, seguida por el recién llegado; la puso en la mesa, y él —sin salir de la órbita de claridad— se quitó el impermeable, vuelto hacia la pared el rostro castigado por la tormenta. Entonces, ella lo vio por primera vez. Lo miró sólidamente al principio. Después lo descifró de pies a cabeza, concretándolo miembro a miembro, con una mirada perseverante, aplicada y seria, como si en vez de un hombre hubiera estado examinando un pájaro. Finalmente volvió los ojos hacia la lámpara y comenzó a pensar: «Es él, de todos modos. A pesar de que lo imaginaba un poco más alto».

La otra mujer rodó una silla hasta la mesa. El hombre se sentó, cruzó una pierna y desató el cordón de la bota. La otra se sentó junto a él, hablándole con espontaneidad de algo que ella, en el mecedor, no alcanzaba a entender. Pero frente a los gestos sin palabras ella se sentía redimida de su abandono y advertía que el aire polvoriento y estéril olía de nuevo como antes, como si fuera otra vez la época en que había hombres que entraban sudando a las alcobas, y Úrsula, atolondrada y saludable, corría todas las tardes a las cuatro y cinco, a despedir el tren desde la ventana. Ella lo veía gesticular y se alegraba de que el desconocido procediera así; de que entendiera que después de un viaje difícil, muchas veces rectificado, había encontrado al fin la casa extraviada en la tormenta.

El hombre empezó a desabotonarse la camisa. Se había quitado las botas y estaba inclinado sobre la mesa, puesto a secar al calor de la lámpara. Entonces, la otra mujer se levantó, caminó hacia el armario y regresó a la mesa con una botella a medio empezar y un vaso. El hombre agarró la botella por el cuello, extrajo con los dientes el tapón de corcho y se sirvió medio vaso del licor verde y espeso. Luego bebió sin respirar, con una ansiedad exaltada. Y ella, desde el mecedor, observándolo, se acordó de esa noche en que la verja crujió por primera vez −¡hacía tanto tiempo…!− y ella pensó que no había en la casa nada que darle al visitante, salvo esa botella de menta. Ella le había dicho a su compañera: «Hay que dejar la botella en el armario. Alguien puede necesitarla alguna vez». La otra le había dicho: «¿Quién?». Y ella: «Cualquiera −había respondido−. Siempre es bueno estar preparados por si viene alguien cuando llueve». Habían transcurrido muchos años desde entonces. Y ahora el hombre previsto estaba allí, vertiendo más licor en el vaso.

Pero esta vez el hombre no bebió. Cuando se disponía a hacerlo, sus ojos se extraviaron en la penumbra, por encima de la lámpara, y ella sintió por primera vez el contacto tibio de su mirada. Comprendió que hasta ese instante el hombre no había caído en la cuenta de que había otra mujer en la casa; y entonces empezó a mecerse.

Por un momento el hombre la examinó con una atención indiscreta. Una indiscreción tal vez deliberada. Ella se desconcertó al principio, pero luego advirtió que también esa mirada le era familiar y que no obstante su escrutadora y algo impertinente obstinación había en ella mucho de la traviesa bondad de Noel y también un poco de la torpeza paciente y honrada de su papagayo. Por eso empezó a mecerse, pensando: «Aunque no sea el mismo que abría la verja de hierro, es como si lo fuera, de todos modos». Y todavía meciéndose, mientras él la miraba, pensó: «Papá Laurel lo habría invitado a cazar conejos en la huerta».

Antes de la medianoche la tormenta arreció. La otra había rodado la silla hasta el mecedor y las dos mujeres permanecían silenciosas, inmóviles, contemplando al hombre que se secaba junto a la lámpara. Una rama suelta del almendro vecino golpeó varias veces contra la ventana sin ajustar y el aire de la sala se humedeció invadido por una bocanada de intemperie. Ella sintió en el rostro la cortante orilla de la granizada, pero no se movió, hasta cuando vio que el hombre escurrió en el vaso la última gota de menta. Le pareció que había algo simbólico en aquel espectáculo. Y entonces se acordó de papá Laurel, peleando solo, atrincherado en el corral, tumbando soldados del gobierno con una escopeta de perdigones para golondrinas. Y se acordó de la carta que le escribió el coronel Aureliano Buendía y del título de capitán que papá Laurel rechazó, diciendo: «Dígale a Aureliano que esto no lo hice por la guerra, sino para evitar que esos salvajes se comieran mis conejos». Fue como si en aquel recuerdo hubiera escanciado ella también la última gota de pasado que le quedaba a la casa.

—¿Hay algo más en el armario? —preguntó sombríamente.

Y la otra, con el mismo acento, con el mismo tono en que suponía que él no habría podido oírla, dijo:

—Nada más. Acuérdate que el lunes nos comimos el último puñado de habichuelas.

Y luego, temiendo que el hombre las hubiera oído, miraron de nuevo hasta la mesa, pero sólo vieron la oscuridad, sin la mesa y el hombre. Sin embargo, ellas sabían que el hombre estaba ahí, invisible junto a la lámpara exhausta. Sabían que no abandonaría la casa mientras no acabara de llover, y que en la oscuridad la sala se había reducido de tal modo que no tenía nada de extraño que las hubiera oído.

9 de mayo de 1954, *El Espectador*, Bogotá

LA CASA DE LOS BUENDÍA
(Apuntes para una novela)

La casa es fresca; húmeda durante las noches, aun en verano. Está en el norte, en el extremo de la única calle del pueblo, elevada sobre un alto y sólido sardinel de cemento. El quicio alto, sin escalinatas; el largo salón sensiblemente desamueblado, con dos ventanas de cuerpo entero sobre la calle, es quizá lo único que permite distinguirla de las otras casas del pueblo. Nadie recuerda haber visto las puertas cerradas durante el día. Nadie recuerda haber visto los cuatro mecedores de bejuco en sitio distinto ni posición diferente: colocados en cuadro, en el centro de la sala, con la apariencia de que hubieran perdido la facultad de proporcionar descanso y tuvieran ahora una simple e inútil función ornamental. Ahora hay un gramófono en el rincón, junto a la niña inválida. Pero antes, durante los primeros años del siglo, la casa fue silenciosa, desolada; quizá la más silenciosa y desolada del pueblo, con ese inmenso salón ocupado apenas por los cuatro […] (ahora el tinajero tiene un filtro de piedra, con musgo) en el rincón opuesto al de la niña.

Al lado y lado de la puerta que conduce al dormitorio único, hay dos retratos antiguos, señalados con una cinta funeraria. El aire mismo, dentro del salón, es de una severidad fría, pero elemental y sana, como el atadillo de ropa matrimonial que se mece en el dintel del dormitorio o como el seco ramo de sábila que decora por dentro el umbral de la calle.

Cuando Aureliano Buendía regresó al pueblo, la guerra civil había terminado. Tal vez al nuevo coronel no le quedaba nada del áspero peregrinaje. Le quedaba apenas el título militar y una vaga inconsciencia de su desastre. Pero le quedaba también la mitad de la muerte del último Buendía y una ración entera de hambre. Le quedaba la nostalgia de la domesticidad y el deseo de tener una casa tranquila, apacible, sin guerra, que tuviera un quicio alto para el sol y una hamaca en el patio, entre dos horcones.

En el pueblo, donde estuvo la casa de sus mayores, el coronel y su esposa encontraron apenas las raíces de los horcones incinerados y el alto terraplén, barrido ya por el viento de todos los días. Nadie hubiera reconocido el lugar donde hubo antes una casa. «Tan claro, tan limpio estaba todo», ha dicho el coronel, recordando. Pero entre las cenizas donde estuvo el patio de atrás reverdecía aún el almendro, como un Cristo entre los escombros, junto al cuartito de madera del excusado. El árbol, de un lado, era el mismo que sombreó el patio de los viejos Buendía. Pero del otro, del lado que caía sobre la casa, se estiraban las ramas funerarias, carbonizadas, como si medio almendro estuviera en otoño y la otra mitad en primavera. El coronel recordaba la casa destruida. La recordaba por su claridad, por la desordenada música, hecha con el desperdicio de todos los ruidos que la habitaba hasta desbordarla. Pero recordaba también el agrio y penetrante olor de la letrina junto al almendro y el interior del cuartito cargado de silencios profundos, repartido en espacios vegetales. Entre los escombros, removiendo la tierra mientras barría, encontró doña Soledad un san Rafael de yeso con un ala quebrada, y un vaso de lámpara. Allí construyeron la casa, con el frente hacia la puesta del sol; en dirección opuesta a la que tuvo la de los Buendía muertos en la guerra.

La construcción se inició cuando dejó de llover, sin preparativos, sin orden preconcebido. En el hueco donde se pararía el primer horcón, ajustaron el san Rafael de yeso, sin ninguna ceremonia. Tal vez el coronel no lo pensó así cuando hacía el trazado sobre la tierra, pero junto al almendro, donde estuvo el excusado, el aire quedó con la misma densidad de frescura que tuvo cuando ese sitio era el patio de atrás. De manera que cuando se cavaron los cuatro huecos y se dijo: «Así va a ser la casa, con una sala grande para que jueguen los niños», ya lo mejor de ella estaba hecho. Fue como si los hombres que tomaron las medidas del aire hubieran marcado los límites de la casa exactamente donde terminaba el silencio del patio. Porque cuando se levantaron los cuatro horcones, el espacio cercado era ya limpio y húmedo, como es ahora la casa. Adentro quedaron encerrados la frescura del árbol y el profundo y misterioso silencio de la letrina. Afuera quedó el pueblo, con el calor y los ruidos. Y tres meses más tarde, cuando se construyó el techo, cuando se embarraron las paredes y se montaron las puertas, el interior de la casa siguió teniendo –todavía– algo de patio.

3 de junio de 1954, *Revista Crónica*, Barranquilla

LITERATURISMO

Hay todavía quienes protestan de la truculencia de esos dramas de alto viaje folletinesco, en los que hay más sangre que protagonistas por kilómetro cuadrado, y cuyos lectores o espectadores deben tomar precauciones para no ser ellos también víctimas de la tragedia. Sin embargo, la vida real es en ocasiones más truculenta.

Allí está el caso ocurrido en el municipio de San Rafael, Antioquia, que cualquier crítico literario condenaría por su exageración y por no parecerse a la vida. En primer término se trata de un caso de rivalidad entre dos familias, recurso que parece descalificado literariamente, porque muy pocas personas están dispuestas a atribuirle validez a una situación que la tenía hace dos siglos. Sin embargo, el sangriento folletón de San Rafael se originó por una rivalidad entre familias, y a quienes esta situación parezca falsa no les quedará otro remedio que condenar a la vida por su pobre imaginación y su excesiva afición a los convencionalismos.

Como era de esperarse, hubo un crimen. Pero no un crimen sencillo, sino un homicidio espectacular, en el que el victimario, para empezar, disparó su escopeta contra la víctima. Y allí fue Troya para la literatura: descargada el arma en el cuerpo de la víctima, el victimario la emprendió a machetazos contra el cadáver, y finalmente, en un exceso de impiedad que permite pensar de alguna manera en la ascendencia tártara de algunos colombianos, le cercenó la lengua sin detenerse a pensar qué iba a hacer con ella, como en efecto nada hizo.

La noticia no ha merecido –al cambio actual del peso periodístico– más de dos columnas en la página de las noticias departamentales. Es un hecho de sangre, como cualquiera. Con la diferencia de que en este tiempo no tiene nada de extraordinario, pues como noticia es demasiado corriente y como novela es demasiado truculento.

Convendría recomendar un poco de discreción a la vida real.

23 de junio de 1954, *El Espectador*, Bogotá

LOS PRECURSORES

Sin duda la primera noticia sensacional que se produjo –después de la creación– fue la expulsión de Adán y Eva del Paraíso. Habría sido una primera página inolvidable: ADÁN Y EVA EXPULSADOS DEL PARAÍSO (a ocho columnas). «Ganarás el pan con el sudor de tu frente», dijo Dios. – «Un ángel con espada de fuego cumplió ayer la sentencia y monta guardia en el Edén. – Una manzana, causa de la tragedia».

¿Cuántos años hace que ocurrió esa noticia? Tan difícil es responder a esa pregunta como predecir cuándo llegará el momento de escribir el último gran reportaje sensacional: el del Juicio Final, que será una especie de balance definitivo de la humanidad. Pero antes de que llegue esa hora, quién sabe cuántas modificaciones sufrirá el periodismo, esa agobiadora actividad que comenzó cuando un vecino le contó a otro lo que hizo un tercero la noche anterior, y que tiene una curiosa variedad en nuestros pueblos, donde un hombre que lee los periódicos todos los días comenta por escrito la noticia, en un artículo con inequívoco tono editorial o en el ligero e intrascendente estilo de una nota, según su importancia, y lo lee esa tarde en la farmacia, donde la opinión pública se considera en el deber de sentirse orientada.

Ese comentador del hecho cotidiano, que por lo menos puede encontrarse en el cuarenta por ciento de nuestros pueblos, es el periodista sin periódico, un hombre que ejerce su profesión contra la dura e inmodificable circunstancia de no tener ni siquiera una prensa de mano para expresar sus ideas y las expresa en la vía pública, con tan evidentes resultados que acaso sea ésa una demostración incontrovertible de que el periodismo es una necesidad biológica del hombre, que por lo mismo está en capacidad de sobrevivir incluso a los mismos periódicos. Siempre habrá un hombre que lea un artículo en la esquina de una farmacia, y siempre —porque ésa es la gracia— habrá un grupo de ciudadanos dispuesto a escucharlo, aunque sea para sentir el democrático placer de no estar de acuerdo.

10 de agosto de 1954, *El Espectador*, Bogotá

EL CARTERO LLAMA MIL VECES

UNA VISITA AL CEMENTERIO DE LAS CARTAS PERDIDAS

CUÁL ES EL DESTINO DE LA CORRESPONDENCIA QUE
NUNCA PUEDE SER ENTREGADA. LAS CARTAS PARA EL
HOMBRE INVISIBLE. UNA OFICINA DONDE EL DISPARATE ES
ENTERAMENTE NATURAL. LAS ÚNICAS PERSONAS CON AUTORIZACIÓN
LEGAL PARA ABRIR LA CORRESPONDENCIA

Alguien puso una carta que no llegó jamás a su destino ni regresó a su remitente. En el instante de escribirla, la dirección era correcta, el franqueo intachable y perfectamente legible el nombre del destinatario. Los funcionarios del correo la tramitaron con escrupulosa regularidad. No se perdió una sola conexión. El complejo mecanismo administrativo funcionó con absoluta precisión, lo mismo para esa carta, que no llegó nunca, que para el millar de cartas que fueron puestas el mismo día y llegaron oportunamente a su destino.

El cartero llamó varias veces, rectificó la dirección, hizo averiguaciones en el vecindario y obtuvo una respuesta: el destinatario había cambiado de casa. Le suministraron la nueva dirección, con datos precisos, y la carta pasó finalmente a la oficina de listas, en donde estuvo a disposición de su destinatario durante treinta días. Los millares de personas que diariamente van a las oficinas del correo a buscar una carta que no ha sido escrita jamás vieron allí la carta que sí había sido escrita y que nunca llegaría a su destino.

La carta fue devuelta a su remitente. Pero también el remitente había cambiado de dirección. Treinta días más estuvo su carta devuelta aguardándolo en la oficina de lista, mientras él se preguntaba por qué no había recibido respuesta. Finalmente ese mensaje sencillo, esos cuatro renglones que acaso no decían nada de particular o acaso eran decisivos en la vida de un hombre, fueron metidos dentro de un saco, con otro confuso millar de cartas anónimas, y enviadas a la pobre y polvorienta casa número 567, de la carrera octava. Ése es el cementerio de las cartas perdidas.

Detectivismo epistolar

Por esa casa de una sola planta, de techo bajo y paredes desconchadas donde parece que no viviera nadie, han pasado millones de cartas sin reclamar. Algunas de ellas han dado vueltas por todo el mundo y han regresado a su destino, en espera de un reclamante que acaso haya muerto esperándola.

El cementerio de las cartas se parece al cementerio de los hombres. Tranquilo, silencioso, con largos y profundos corredores y oscuras galerías llenas de cartas apelotonadas. Sin embargo, a diferencia de lo que ocurre en el cementerio de los hombres, en el cementerio de las cartas transcurre mucho tiempo antes de que se pierda la esperanza. Seis funcionarios metódicos, escrupulosos, cubiertos por el óxido de la rutina, siguen haciendo lo posible por encontrar pistas que les permitan localizar a un destinatario desconocido.

Tres de esas seis personas son las únicas que en el país pueden abrir una carta sin que se les procese por violación de la correspondencia. Pero aun ese recurso legal es inútil en la mayoría de los casos: el texto de la carta no denuncia ninguna pista. Y algo más extraño: de cada cien sobres franqueados y tramitados con la dirección errada, por lo menos dos no tienen nada por dentro. Son cartas sin cartas.

¿Dónde vive el hombre invisible?

El cambio de dirección del destinatario y del remitente, aunque parezca rebuscado, es el más sencillo y frecuente. Los encargados de la oficina de rezagos –así se llama oficialmente el cementerio de las cartas perdidas– han perdido la cuenta de las situaciones que pueden presentarse en el confuso laberinto de los mensajes extraviados. Del promedio de cien cartas rezagadas que se reciben todos los días por lo menos diez han sido bien franqueadas y tramitadas en consecuencia, pero los sobres están perfectamente en blanco. «Cartas para el hombre invisible», se las llama, y han sido introducidas en el buzón por alguien que ha tenido la ocurrencia de escribir una carta para alguien que no existe y que por consiguiente no vive en ninguna parte.

Cartas a Ufemia

«José. Bogotá», dice en el sobre una de las cartas perdidas. El sobre ha sido abierto y dentro de él ha sido hallada una carta de dos pliegos, manuscrita y firmada por «Diógenes». La única pista para encontrar al destinatario es su encabezamiento: «Mi querido Enrique».

Se cuentan por millares las cartas que han llegado a la oficina de rezagos y en cuyos sobres sólo ha sido escrito un nombre o un apellido. Millares de cartas para Alberto, para Isabel, para Gutiérrez y Medina y Francisco José. Es uno de los casos más corrientes.

En esa oficina donde el disparate es algo enteramente natural, hay una carta dentro de un sobre de luto, donde no ha sido escrito el nombre ni la dirección del destinatario, sino una frase en tinta violeta: «Se la mando en sobre negro para que llegue más ligero».

¡Quién es quién!

Estos despropósitos, multiplicados hasta el infinito, que bastarían para enloquecer a una persona normal, no han alterado el sistema nervioso de los seis funcionarios que durante ocho horas al día hacen lo posible por encontrar a los destinatarios del millar de cartas extraviadas. Del leprocomio de Agua de Dios, especialmente por los días de la Navidad, llegan cientos de cartas sin nombre. En todas se solicita un auxilio: «Para el señor que tiene una tiendecita en la calle 28-Sur, dos casas más allá de la carnicería», dice en su sobre. El cartero descubre que no sólo es imposible precisar la tienda a todo lo largo de una calle de 50 cuadras, sino que en todo el barrio no existe una carnicería. Sin embargo, de Agua de Dios llegó una carta a su destino, con los siguientes datos: «Para la señora que todas las mañanas va a misa de cinco y media a la Iglesia de Egipto». Insistiendo, haciendo averiguaciones, los empleados y mensajeros de la oficina de rezagos lograron identificar al anónimo destinatario.

A pesar de todo...

Las cartas que se declaran definitivamente muertas no constituyen la mayoría de las que diariamente llegan a la oficina de rezagos. Don Enrique Posada Ucrós, un hombre parsimonioso, de cabeza blanca, que después de cinco años de estar al frente de esa oficina ya no se sorprende ante nada, tiene los sentimientos agudizados en el fabuloso oficio de localizar pistas donde no existen en apariencia. Es un fanático del orden en una oficina que existe solamente en virtud del desorden abismal de los corresponsales del país. «Nadie va a leer las listas del correo», dice el jefe de la oficina de rezagos. Y quienes van a leerlas constituyen precisamente un escaso porcentaje de quienes realmente tienen una carta sin dirección. La oficina de listas de la administración de correos de Bogotá está constantemente llena de gente que espera recibir una carta. Sin embargo, en una lista de 170 cartas con la dirección errada, sólo seis fueron retiradas por sus destinatarios.

Homónimos

La ignorancia, el descuido, la negligencia y la falta de sentido de cooperación del público son las principales causas de que una carta no llegue a su destino. Es muy escaso el número de colombianos que cambian de dirección y hacen el correspondiente anuncio a la oficina de correos. Mientras esa situación se prolongue, serán inútiles los esfuerzos de los empleados de la oficina de rezagos, a donde hay una carta sin reclamar desde hace muchos años, y que está dirigida en la siguiente forma: «Para usted, que se la manda su novia». Y allí mismo, paquetes procedentes de todo el mundo, con periódicos, revistas, reproducciones de cuadros famosos, diplomas académicos y extraños objetos sin aplicación aparente. Dos habitaciones se encuentran atiborradas de esos rezagos procedentes de todo el mundo, cuyos destinatarios no han podido ser localizados. Allí se han visto paquetes para Alfonso López, Eduardo Santos, Gustavo Rojas, Laureano Gómez, que no son los mismos ciudadanos que cualquiera se puede imaginar. Y entre ellos, un paquete de revistas y boletines filosóficos para el abogado y sociólogo costeño, doctor Luis Eduardo Nieto Artesa, actualmente en Barranquilla.

El cartero llama mil veces

No todos los paquetes que se encuentran en la oficina de rezagos tienen la dirección equivocada. Muchos de ellos han sido rechazados por sus destinatarios. Hombres y mujeres que hacen compras por correo y luego se arrepienten, se obstinan en no recibir el envío. Se niegan al mensajero. Son indiferentes a los llamados del señor Posada Ucrós, que localiza el teléfono del destinatario en el directorio, y le implora que reciba un paquete procedente de Alemania. El mensajero, acostumbrado a esta clase de incidentes, recurre a toda clase de artimañas para conseguir que el destinatario firme el correspondiente recibo y conserve el envío. En la mayoría de los casos resultan inútiles todos los esfuerzos. Y el paquete, que también en muchos casos no tiene remitente, pasa definitivamente al archivo de los objetos sin reclamar.

En este caso se encuentran también los artículos de prohibida importación que llegan a las aduanas, y los de admitida importación cuyos destinatarios no los reclaman porque los gravámenes son superiores al precio de la mercancía. En el último cuarto del cementerio de las cartas perdidas, hay nueve bultos remitidos por la aduana de Cúcuta. Nueve bultos que contienen toda clase de valiosos objetos, pero que llegaron sin documentos de remisión y que por consiguiente no existen legalmente. Mercancía que no se sabe de dónde viene ni para dónde va.

El mundo es ancho y ajeno

A veces falla el complejo mecanismo del correo mundial y a la oficina de rezagos de Bogotá llega una carta o un paquete que no debía recorrer sino 100 kilómetros, y ha recorrido 100.000. Del Japón llegan cartas con mucha frecuencia, especialmente desde cuando el primer grupo de soldados colombianos regresó de Corea. Muchas de ellas son cartas de amor, escritas en un español indescifrable, en donde se mezclan confusamente los caracteres japoneses con grabados latinos. «Cabo 1.º La Habana», era la única dirección que traía una de esas cartas.

Hace apenas un mes, fue devuelta a París una carta que iba dirigida, con nombre y dirección perfectamente legibles, a un remoto pueblecito de los Alpes italianos.

1 de noviembre de 1954, *El Espectador*, Bogotá

EL TIGRE DE ARACATACA

Aracataca, en la zona bananera de Santa Marta, no tiene muchas oportunidades de salir en letras de molde, y no porque se le acaben las aes a los linotipos, sino porque es una población rutinaria y pacífica, desde cuando pasó la verde tempestad del banano. En estos días ha vuelto a aparecer su nombre en los periódicos relacionadas sus cinco repetidas y trepidantes vocales con las dos sílabas de un tigre que acaso sea uno de los tres tristes tigres del conocido trabalenguas, metido ahora en el mismo trabalenguas de Aracataca.

Aunque sea cierta, como indudablemente lo es, la noticia del tigre de Aracataca no parece serlo. En Aracataca no hay tigres, y quien lo ha dicho tiene motivos de sobra para saberlo. Los tigres de la región cayeron hace muchos años, fueron vendidos para fabricar alfombras en distintos lugares de la tierra, cuando Aracataca era un pueblo cosmopolita donde nadie se bajaba del caballo para recoger un billete de cinco pesos. Después, cuando se acabó la fiebre del banano y los chinos, los rusos, los ingleses y los emigrantes de todo el mundo se fueron para otra parte, no dejaron ni rastros del antiguo esplendor, pero tampoco dejaron tigres. En Aracataca no dejaron nada.

Sin embargo, valdría la pena de que fuera cierto el cuento del tigre para que los linotipos volvieran a insistir cinco veces sobre una misma letra y alguien se acordara otra vez de Aracataca —la tierra de Radragaz, como ha dicho un autor profesional de chistes— y alguien pensara en ella como tarde o temprano se piensa en todos los municipios de Colombia, inclusive en los que no tienen nombres tan difíciles de olvidar.

Hay que acordarse de Aracataca antes de que se la coma el tigre.

1 de febrero de 1955, El Espectador, Bogotá

S.S. VA DE VACACIONES
(Fragmento)

El Papa se fue de vacaciones. Esta tarde, a las cinco en punto, se instaló en un Mercedes particular, con placas SCV-7, y salió por la puerta del Santo Oficio, hacia el palacio de Castelgandolfo, a 28 kilómetros de Roma. Dos gigantescos guardias suizos lo saludaron en la puerta. Uno de ellos, el más alto y fornido, es un adolescente rubio que tiene la nariz aplanada, como la nariz de un boxeador, a consecuencia de un accidente de tránsito.

Muy pocos turistas esperaban el paso de la berlina papal en la plaza de San Pedro. Discretamente, los periódicos católicos anunciaron esta mañana el viaje de Su Santidad. Pero dijeron que el automóvil saldría de los patios del Vaticano a las seis y media de la tarde, y salió a las cinco. Como siempre, Pío XII iba adelantado: sus audiencias colectivas, sus viajes y bendiciones a los turistas ocurren siempre con un poco de anticipación a la hora anunciada.

35 grados a la sombra

El viajero iba solo en su berlina, en el puesto de atrás, naturalmente. En el puesto de adelante un conductor uniformado parecía indiferente a las manifestaciones de devoción y simpatía de los romanos y los turistas, que saludaron la berlina, al pasar por Gianicolo, donde están las estatuas de Garibaldi –que parece un pirata de Salgari– y la de su mujer, que también parece un pirata de Salgari, montada como un hombre sobre un caballo.

Por primera vez en todo el año, esta tarde estuvo el Papa al alcance de los niños, perfectamente visible a través del cristal cerrado de la berlina. Adentro del vehículo debía de hacer un calor tremendo, porque el automóvil pontificio no tiene aire acondicionado. Sin embargo, el Papa no parecía incómodo con la temperatura, a pesar de que no llevaba lo que podría llamarse «ropa de vacaciones». Mientras, por las calles de Roma los sólidos obreros corren como locos en sus Vespas, sin camisa y con pantalones cortos. Su Santidad iba de vacaciones en su automóvil herméticamente cerrado impartiendo bendiciones a diestra y siniestra, sin preocuparse del calor.

El ama de llaves

Otras dos berlinas, iguales a las de Su Santidad, seguían el automóvil pontificio. En una de ellas iba sor Pascualina, la anciana y dinámica administradora de la vida privada de Su Santidad. Es una monja alemana, fuerte de cuerpo y espíritu, que se encarga personalmente de la ropa del Papa, que vigila sus alimentos y sobre él ejerce una inflexible soberanía. Ella, más que nadie, y más aún que los médicos de cabecera de Su Santidad, puede decir cómo amaneció el Papa. Y es ella quien lo ha ayudado a reponerse de sus dolencias de hace algunos meses, hasta el extremo de que en la actualidad el Sumo Pontífice ha aumentado de peso, ha recuperado la espontaneidad de los movimientos de los brazos. Y ha vuelto a trabajar normalmente. En la primera página de *L'Osservatore Romano* aparece hoy un anuncio:

«El despacho del maestro de cámara de Su Santidad hace saber que, durante su permanencia en Castelgandolfo, el Santo Padre se dignará conceder audiencia a los fieles y peregrinos, dos veces por semana. Estas audiencias tendrán lugar los miércoles y sábados, a las seis de la tarde. Quienes deseen participar en estas audiencias deberán proveerse del acostumbrado tiquete, en el despacho del maestro de cámara de Su Santidad».

Ese anuncio se ha considerado como un indicio de la buena salud del Papa. Se sabe, además, que en la tercera berlina viajaban funcionarios de la Ciudad del Vaticano, con una maleta llena de los papeles de negocios que Su Santidad debe estudiar durante las vacaciones.

Accidentes del camino

La última vez que el Papa pasó por la hermosa carretera de Castelgandolfo, se creyó que ésa sería en realidad la última vez. Fue a fines del verano del año pasado, y su salud estaba alarmantemente quebrantada. Sin embargo, hoy ha vuelto a pasar, y ha acercado varias veces su rostro aceitunado y enjuto a los cristales de la berlina, para bendecir a los numerosos italianos que salieron disparados en sus Vespas a esperar su paso por la carretera.

Pero no todos lo esperaron en el camino. La mayoría estaba concentrada en la estrecha placita de Castelgandolfo, una placita rodeada de árboles y con almacenes que exhiben su vistosa mercancía en los marcos de la puerta, como en Girardot. El Papa llegó al palacio un poco después de las seis. Su viaje tuvo una interrupción de diez minutos: un enorme camión cargado de ladrillos se había atravesado en la vía Apia Nuova y el tránsito estaba interrumpido. Cuando llegó a ese lugar la berlina del Papa, un colosal chofer en calzoncillos estaba desportillando palabrotas en medio del camino.

Sábado en el Tolima

Nadie se dio cuenta en Castelgandolfo por qué lado entró el Papa a su palacio de vacaciones. Entró por el oeste, a un jardín con una avenida bordeada de árboles centenarios. La placita del pueblo estaba llena de banderas, como la placita del Espinal el día de San Pedro. Y exactamente como en el Espinal antes de que empiece la corrida de toros, en un palco de madera estaban las autoridades y en otro palco de madera estaba la banda de músicos. Cuando se supo que Su Santidad estaba en el palacio, la banda —una típica papayera rural— se soltó a tocar a pleno pulmón. Sólo que no tocó un bunde tolimense, sino un himno emocionante: «Blanco Padre». Los niños de las escuelas, sudando la gota gorda dentro de sus uniformes de lana, agitaban los banderines amarillo y blanco —los colores del Vaticano— en una tarde de sábado que no fue de vacaciones para ellos porque tuvieron que asistir a las vacaciones del Papa.

La cabeza de una mujer

Tradicionalmente Su Santidad inicia su período de reposo en los primeros días de julio. Esta vez tiene casi un mes de retraso, y son muchas y muy diversas las interpretaciones que se han hecho de ese aplazamiento. Una de esas interpretaciones tiene mucho que ver con la crónica roja. Hace veinte días apareció el cuerpo decapitado de una mujer a orillas del lago de Castelgandolfo. La policía llevó el cuerpo a una nevera. Lo examinaron milímetro a milímetro y se estudiaron los datos de 300 mujeres desaparecidas en los últimos días. Una a una, las 300 mujeres han ido apareciendo. Sin proponérselo, se han descubierto muchas cosas, como ganancia adicional en la actividad investigativa: adulterios, violaciones, fugas sin importancia. Pero la cabeza de la decapitada de Castelgandolfo no ha aparecido por ninguna parte a pesar de que los buzos del gobierno, trabajando durante veinticuatro horas todos los días, han sondeado el lago milímetro a milímetro.

Mañana, en su primer día de vacaciones, el Papa se asomará a la ventana de su palacio de verano para contemplar la superficie azul del hermoso lago de Castelgandolfo. Y aunque no se tienen noticias de que Su Santidad se interese por la fecunda y escandalosa crónica roja de los periódicos de Roma, acaso no pueda evitar la visión de los buzos y de las lanchas de la policía. Y acaso sea la única persona que pueda ver –desde una ventana que domina toda la superficie del lago– lo que todos los romanos están desesperados por conocer: la cabeza que, tarde o temprano, los buzos rescatarán de las aguas de Castelgandolfo.

8 de agosto de 1955, *El Espectador*, Bogotá

EL ESCÁNDALO DEL SIGLO

La noche del jueves 9 de abril de 1953 el carpintero Rodolfo Montesi esperaba en su casa el regreso de su hija Wilma. El carpintero vivía con su esposa, Petti María; con su hijo, Sergio, de diecisiete años, y con otra hija soltera, Wanda, de veinticinco años, en el número 76 de la vía Tagliamento, en Roma. Es una enorme casa de tres pisos, de principios de siglo, con 400 departamentos construidos en torno a un hermoso patio circular, lleno de flores y con una pequeña fuente en el centro. Sólo hay una entrada al edificio: un portón gigantesco con arcos de vidrios rotos y polvorientos. Al lado izquierdo del portón de ingreso al edificio está el cuarto de la portera, y encima de la portería, una imagen del Corazón de Jesús, alumbrado por una bombilla eléctrica. Desde las seis de la mañana hasta las once de la noche la portera controla rigurosamente la entrada al edificio.

El primer paso

Rodolfo Montesi esperó a su hija, Wilma, de veintiún años, hasta las 8.30. La prolongada ausencia era alarmante, porque la muchacha había salido desde la tarde. Cansado de esperar, el carpintero se dirigió en primer término a la policlínica cercana, donde no se tenía noticia de ninguna desgracia ocurrida ese día. Posteriormente, de a pie, se dirigió al Lungotevere, donde buscó a su hija por espacio de dos horas. A las 10.30, cansado de la infructuosa búsqueda y temiendo una desgracia, Rodolfo Montesi se presentó a la comisaría de seguridad pública en vía Salaria, a pocas cuadras de su casa, a pedir ayuda para localizar a Wilma.

«No me gusta esa película»

Al oficial de servicio, Andrea Lomanto, el carpintero manifestó que aquel día, después del almuerzo, y aproximadamente a la una de la tarde, había regresado como de costumbre a su taller de carpintería, situado en vía de Sebino, número 16. Dijo que había dejado en casa a toda su familia y que al volver, su esposa y su hija Wanda le habían manifestado que Wilma aún no había regresado. Aquellas dos, según el carpintero dijo que le habían dicho, fueron al teatro Excelsior, en el cercano valle Legi, a ver la película intitulada *La carroza de oro*. Salieron de su casa a las 4.30, pero Wilma no quiso acompañarlas porque, según dijo, no le gustaba esa clase de películas.

A las 5.30 —según dijo Rodolfo Montesi en la comisaría— la portera del edificio vio salir a Wilma, sola, con una bolsa de cuero negro. Contrariamente a lo habitual, Wilma no llevaba los aretes y el collar de perlas que pocos meses antes le había regalado su novio. El novio de Wilma era Angelo Giuliani, un agente de la policía de Potenza.

La llamada de un extraño

Debido a que su hija había salido sin arreglarse, contrariando su costumbre, y también desprovista de dinero y de documentos de identificación, Rodolfo Montesi formuló en la comisaría la hipótesis de que Wilma se había suicidado. La muchacha tenía, según dijo su padre, un motivo para suicidarse: estaba desesperada por la perspectiva de tener que abandonar a su familia y trasladarse a Potenza, después de su inminente matrimonio con el agente de la policía.

Sin embargo, Wanda, la hermana de Wilma, era de otro parecer: manifestó que la muchacha había salido sin arreglarse, sencillamente porque no había tenido tiempo. Tal vez, pensaba, había tenido que abandonar la casa a la carrera, después de una llamada telefónica urgente.

Sin embargo, había una tercera hipótesis: Wilma se había fugado con su novio y había viajado a Potenza esa misma noche. Para establecer este hecho, Rodolfo Montesi llamó por teléfono a Giuliani, el viernes 10 de abril, a las siete de la mañana. Pero el desconcertado carpintero no recibió otra cosa que la estupefacta respuesta de su futuro yerno. Giuliani no tenía ninguna noticia de Wilma, salvo una carta que había recibido la tarde anterior. Esa carta no ofrecía ninguna pista. Era una carta de amor convencional.

Preocupado con la desaparición de su novia, Giuliani se dispuso a viajar inmediatamente a Roma. Pero necesitaba una excusa urgente para presentarla a sus superiores. Por eso le dijo por teléfono a Rodolfo Montesi que le pusiera un telegrama. Y Rodolfo Montesi le puso al mediodía un telegrama dramático. En cuatro palabras, le decía que Wilma se había suicidado.

Un cadáver en la playa

Durante la noche del 10, la familia Montesi y la policía de Roma prosiguieron la búsqueda. Fue una búsqueda inútil, a la cual se unió después de la medianoche el novio de Wilma, que se vino inmediatamente de Potenza. Nada se había podido averiguar hasta las siete de la mañana del día siguiente, sábado, cuando el albañil Fortunato Bettini se presentó en su bicicleta al puesto de policía, a decir que había una mujer muerta en la playa de Torvajanica, a 42 kilómetros de Roma.

Bettini contó a la policía que cuando se dirigía a su trabajo había visto el cuerpo en la playa, en posición casi paralela a la orilla, con la cabeza inclinada sobre el hombro derecho, y el brazo de ese mismo lado levantado y con la mano a la altura de la barba. El brazo izquierdo estaba extendido a lo largo del tronco. Al cuerpo le hacían falta la falda, los zapatos y las medias. Estaba vestido apenas con una combinación de punto color marfil, unos calzoncillos ajustados, de piqué blanco con pequeños bordados, y un *sweater* ligero. Atado al cuello por un solo botón, tenía un saco de fondo amarillo oscuro con hexágonos verdes. El saco estaba casi totalmente cubierto de arena, y abierto como un ala en dirección de las olas.

Los muertos cambian de posición

La revelación de Bettini fue conocida por el agente de turno, Andreozzi Gino. A las 9.30 de la mañana, se encontraban en el lugar del macabro hallazgo el carabinero Amadeo Tondi, el sargento Alessandro Carducci y el médico de la localidad Agostino di Giorgio. Encontraron que el cadáver no estaba en la misma posición en que dijo haberlo hallado el albañil: estaba casi perpendicular a la orilla, con la cabeza hacia el mar y los pies hacia la playa. Pero no se pensó que el albañil hubiera mentido, sino que las olas lo habían hecho cambiar de posición.

Después de un sumario examen del cadáver, el doctor Di Giorgio comprobó:

a) Que se encontraba en estado de semirrigidez progresiva.

b) Que sus características externas permitían pensar que la muerte se había debido al ahogamiento, ocurrido aproximadamente dieciocho horas antes del hallazgo.

c) Que la conservación de la ropa y el aspecto exterior del cuerpo permitían descartar la posibilidad de una larga permanencia en el agua.

«¡Es ella!»

A las 11.30 el sargento Carducci puso un telegrama al procurador general de la República, anunciándole el hallazgo. Pero a las siete de la noche, en vista de que no recibía ninguna respuesta, decidió hacer una llamada telefónica. Media hora después se impartió la orden de levantar el cadáver y de conducirlo al anfiteatro de Roma. Allí llegó a la medianoche.

Al día siguiente, domingo, a las diez de la mañana, Rodolfo Montesi y Angelo Giuliani fueron al anfiteatro a ver el cadáver. El reconocimiento fue inmediato: era el cadáver de Wilma Montesi.

EL LECTOR DEBE RECORDAR

a) Que la portera vio salir a Wilma a las 5.30, según lo reveló a Rodolfo Montesi y éste lo declaró a la policía.
b) Que en la noche del nueve de abril nadie habló en casa de la familia Montesi de un probable viaje de la muchacha a Ostia.
c) Que Wanda Montesi habló de una misteriosa llamada telefónica.

En su informe del 12 de abril, el sargento Carducci expresó la opinión, con base en las conclusiones del médico Di Giorgio, de que la muerte de Wilma Montesi había sido ocasionada por la asfixia del ahogamiento y que no se encontraban lesiones causadas por actos de violencia. Manifestó asimismo que, con base en el mismo informe, podían establecerse tres hipótesis: accidente, suicidio u homicidio. Formuló asimismo la creencia de que el cadáver, proveniente del sector de Ostia, había sido arrastrado por el mar y restituido a la playa en las primeras horas de la noche del 10 de abril. El mismo informante manifestó que en la noche del 10 de abril se había desencadenado un violento temporal en el sector, y que posteriormente el mar se había mantenido en estado de agitación, por el efecto del viento que siguió soplando en dirección noroeste.

Media hora esencial

A su turno, el 14 de abril, la comisaría de seguridad pública de Salaria rindió su informe sobre la familia Montesi. De acuerdo con ese informe, la familia del carpintero gozaba de buena reputación. Wilma era conocida como una joven seria de carácter reservado y sin amistades, y estaba oficialmente comprometida, desde septiembre de 1952, con el agente Giuliani, trasladado, pocos meses antes de la muerte de su novia, de Marino a Potenza.

De acuerdo con ese informe, el comportamiento de Wilma con su familia había sido siempre excelente. Escribía con frecuencia a su novio, y la última de esas cartas, con fecha 8 de abril, copiada por ella en un cuaderno que fue secuestrado por la policía, revelaba un afecto reposado y sereno.

La portera del edificio decía haber visto a Wilma Montesi la tarde del 9 de abril en el tren de Ostia. Y el 9 de abril el tren de Ostia salió exactamente a las 5:30.

Las llaves de la casa

La doctoresa Passarelli, habiendo visto en los periódicos la noticia de la muerte y las fotografías de Wilma Montesi, se presentó el lunes 13, muy temprano, a la casa de la familia, a contar lo que había visto el jueves. Dijo que Wilma había viajado con ella a Ostia, en el mismo compartimento del tren, y que la muchacha no llevaba ningún acompañante. Nadie se le había acercado ni había conversado con ella durante el viaje. Según la doctoresa Passarelli, Wilma descendió en el lido de Ostia, sin apresurarse, tan pronto como se detuvo el tren.

La policía averiguó con la familia cuáles eran las otras prendas de vestir que llevaba Wilma cuando salió de casa, además de las que fueron encontradas en el cadáver. Llevaba medias y zapatos de cuero de venado con tacones altos. Llevaba también una falda corta, de lana, de la misma tela del saco hallado en el cadáver, y ligas elásticas. La familia confirmó que al salir de casa había dejado no sólo todos los objetos de oro regalados por su novio, sino también la fotografía de éste. Confirmó asimismo lo que había dicho la portera: Wilma llevaba una cartera de cuero negra en forma de cubo, con mango de metal dorado. Dentro de la cartera llevaba una peinillita blanca, un pequeño espejo y un pañuelito blanco. También llevaba la llave de la casa.

Nadie sabe nada

Este primer informe de la policía manifestó que no se había podido suponer ninguna razón para el suicidio. Por otra parte, en la carta que había escrito a su novio el día anterior, no había ningún indicio de que hubiera pensado tomar una determinación semejante. Se estableció asimismo que ningún miembro de la familia, ni por el lado de la madre ni por el lado del padre, había sufrido trastornos mentales. Wilma gozaba de muy buena salud. Pero se suministraba un dato que podría ser de extraordinaria importancia en la investigación: el 9 de abril Wilma se encontraba en fase postmenstrual inmediata.

A pesar de las numerosas investigaciones, no pudo establecerse que la familia de Wilma tuviera conocimiento de un posible viaje suyo a Ostia. Su padre la había buscado insistentemente en el Lungotevere, creyendo que se había arrojado al río, pero no pudo dar una explicación distinta de un presagio. Se estableció claramente que la familia ignoraba que la muchacha tuviera alguna persona conocida en Ostia. Se aseguró inclusive que ignoraba el camino y las conexiones de buses o tranvías que debía tomar para dirigirse a la estación de San Pablo, que es de donde parten los trenes de Ostia.

Enigma para peritos

En la tarde del 14 de abril, en el Instituto de Medicina Legal de Roma, los profesores Frache y Carella, del mismo instituto, practicaron la autopsia a Wilma Montesi. La policía presentó a los peritos un cuestionario, con el propósito de establecer la fecha y las causas precisas de la muerte. Y, especialmente, se les encomendó la misión de determinar si el deceso había sido ocasionado efectivamente por el ahogamiento o si la muchacha estaba muerta cuando se le arrojó al agua. Debía establecerse, asimismo, la naturaleza de las irregularidades anatómicas descubiertas en el cadáver, y la presencia eventual en las vísceras de sustancias venenosas o hipnóticas.

Se solicitó, también, a los peritos precisar, en caso de que la muerte hubiera ocurrido en realidad a causa del ahogamiento, la distancia de la playa a que Wilma cayó al agua. Se les pidió establecer al mismo tiempo si la muerte pudo ser una consecuencia de condiciones fisiológicas especiales, o del estado de la digestión. Esta averiguación era importante, pues podría relacionarse con el hecho de que Wilma hubiera deseado lavarse los pies en el mar durante el proceso de la digestión.

Seis cosas para recordar

El 2 de octubre de 1953 los peritos dieron respuestas al cuestionario en la siguiente forma:

1.º La muerte de Wilma Montesi había ocurrido el «nueve de abril», entre las cuatro y las seis horas de la última comida. De acuerdo con el examen, la última comida (que debió ser el almuerzo en su casa) se había verificado entre las 2 y 3.30 de la tarde. De manera que la muerte debió ocurrir entre las seis y las ocho de la noche, pues el proceso digestivo estaba completamente concluido. El peritazgo estableció que poco antes de morir, Wilma Montesi se había comido un helado.

2.° La muerte había sido ocasionada por la asfixia de la inmersión total y no por síncope dentro del agua. No se encontraron en las vísceras rastros de sustancias venenosas o hipnóticas.

3.° En el momento de la muerte, la Montesi se encontraba en fase postmenstrual inmediata, es decir, en circunstancias de mayor sensibilidad a un imprevisto baño de agua fría en las extremidades inferiores.

4.° La presencia de arena en los pulmones, en el aparato gastrointestinal, debía interpretarse como una prueba de que la asfixia había ocurrido en las proximidades de la playa, donde el agua marina tiene una notable cantidad de arena en suspensión. Pero al mismo tiempo, el contenido ferruginoso de esa arena no era el mismo del de la arena de la playa de Torvajanica, sino el de la arena de otro punto cercano.

5.° Observaron, entre otras cosas, la presencia de pequeñas equimosis, de forma casi redonda, en la superficie lateral del muslo derecho y en el tercio superior de la cara superior de la pierna izquierda. Se consideró que aquellas equimosis habían sido causadas antes de la muerte, pero no se les atribuyó ninguna importancia médico-legal.

6.° No se encontraron elementos que permitieran determinar si se trató de «una desgracia accidental», un suicidio o un homicidio. La hipótesis de un accidente se fundó exclusivamente en la posibilidad de que Wilma Montesi hubiera sufrido un desvanecimiento cuando tomaba un baño de pies en las condiciones fisiológicas especiales en que se encontraba aquel día.

Cuatro días después de identificado el cadáver de Wilma Montesi —el 16 de abril— se consideró definitivamente concluida la investigación, calificado el hecho como «un infortunado accidente». La familia de la víctima, que el día de su desaparición presentó ante la policía suficientes argumentos para sustentar la hipótesis de un suicidio, contribuyó a destruir esa hipótesis en los días siguientes a la identificación del cadáver.

En contradicción con todo lo que había dicho el primer día, Wanda Montesi declaró ante los instructores del sumario que su hermana muerta le había invitado a Ostia en la mañana del nueve, «únicamente» para tomar un baño de pies. Se trataba, según dijo Wanda, de someter a la acción del agua de mar una irritación ocasionada por los zapatos en sus talones. Para confirmar esa declaración, Wanda recordó a última hora que aquella mañana había ido al taller de su padre, por encargo de Wilma, a buscar un par de zapatos más cómodos. Dijo que con anterioridad ambas habían sufrido la misma irritación y habían tratado de curarla con tintura de yodo. Después, habiendo resultado inútil el alcohol desnaturalizado, habían resuelto viajar «un día de éstos» a las playas de Ostia, con la esperanza de que el yodo natural del agua de mar les proporcionara la apetecida mejoría. Pero no habían vuelto a hablar de ese viaje. Sólo en la mañana del nueve, según dijo Wanda, su hermana había vuelto a acordarse del viaje. Pero Wanda se negó a efectuarlo, porque estaba interesada en ver *La carroza de oro*.

Haberlo dicho antes

Ante su negativa, dijo Wanda que Wilma no volvió a hablar del viaje a Ostia, sino que prefirió permanecer en casa mientras ella iba al cine con su madre. Y al contrario de lo que dijo la primera vez, Wanda explicó a la policía que su hermana había dejado en casa los objetos de oro porque su madre se lo había suplicado así reiteradamente, para evitar que se perdieran o se deterioraran. Declaró, asimismo, que no había llevado consigo el retrato del novio porque no era su costumbre llevarlo a la calle. Por último, suministró dos datos importantes para descartar la hipótesis del suicidio: en primer término, Wilma se había manifestado muy serena en la mañana del nueve. Y en segundo término, antes de salir había lavado su ropa interior, después de cambiarse la que tenía puesta, por una muda limpia.

El misterio de la liga

En la encuesta realizada entre los familiares, vecinos y conocidos de Wilma, se estableció otra verdad importante: Wilma no sabía nadar. Por eso el año anterior, cuando estuvo con su familia en Ostia, durante las vacaciones, se había limitado a permanecer en la playa con su traje de baño y a lavarse los pies en el mar.

También el padre de Wilma echó pie atrás en su original versión de que la muchacha se había suicidado. Rodolfo Montesi justificó su primera impresión de que Wilma se había quitado la vida, con una explicación muy cómoda: dijo que cuando salió a buscarla, en la noche del nueve, no sabía que ella había invitado a su hermana a viajar a Ostia a tomar un baño de pies. Y explicó que el dramático telegrama que le había puesto a Giuliani había sido sugerido por éste en el telefonema: sólo en esa forma espectacular podía conseguir un permiso rápido para viajar a Roma esa misma noche.

Faltaba una cosa por establecer: la opinión de Rodolfo Montesi sobre el hecho de que el cadáver de su hija hubiera sido encontrado sin la liga, que es una prenda íntima, y de la cual no era indispensable deshacerse para tomar un baño de pies. Rodolfo Montesi explicó: Wilma era una muchacha de formas exuberantes y no disfrutaba de suficiente libertad de movimientos cuando estaba sometida a la presión de la liga.

Un par de guantes

La señora Montesi también descartó la hipótesis de que su hija se había suicidado. Y expuso un argumento de fuerza: Wilma había llevado consigo las llaves de la casa, lo que demostraba que estaba dispuesta a regresar. Pero, en cambio, no estuvo de acuerdo con la hipótesis del accidente, sino que trató de reforzar la del homicidio. Según la señora Montesi, su hija había sido víctima de un seductor, que se había visto precisado a despojarla de la liga para poder llevar a cabo sus brutales propósitos. Y para demostrar cómo es de difícil quitarle una liga a una mujer, exhibió ante el investigador una liga de Wanda, semejante a la que llevaba Wilma y que no fue encontrada en el cadáver. Era una liga de raso negro, con veinte centímetros de altura en el lado anterior, decreciente hacia el lado posterior, con una abotonadura metálica de ganchos a presión. E hizo caer a la policía en la cuenta de que no sólo la liga, la falda y los zapatos habían desaparecido. También había desaparecido la cartera de cuero negro.

EL LECTOR DEBE RECORDAR

a) Que el cuaderno en el cual transcribió Wilma la carta que envió a su novio fue secuestrado.
b) Que en el informe de la comisaría de Salaria se afirmó que la portera vio salir a Wilma a las 5, y no a las 5.30, como había dicho Rodolfo Montesi.
c) Que los peritos observaron las pequeñas equimosis, pero no sugirieron la hipótesis de que Wilma hubiera sido agarrada por la fuerza.
d) Que el análisis para establecer la presencia de sustancias venenosas o hipnóticas sólo se hizo en las vísceras.
e) La declaración de la doctoresa Passarelli.

En esa ocasión, la señora Montesi enriqueció el inventario de la ropa de su hija con otros objetos. Según ella, Wilma llevaba un par de guantes negros a la mosquetera y un reloj pulsera de metal dorado.

El silencioso admirador

Sin embargo, no se concedió suficiente fuerza a los argumentos de la señora Montesi y se le atribuyó mayor importancia a las razones expuestas por Wanda para descartar la hipótesis del homicidio. Wanda explicó que, cuando dijo a la policía que su hermana había salido después de un telefonema urgente, había olvidado dos cosas: la conversación sobre el viaje a Ostia y la circunstancia de que no había nada en la vida de Wilma que no fuera de su conocimiento. Y a propósito, recordó un caso reciente, cinco días antes de la muerte. Wilma le contó que un joven la había seguido en su automóvil desde la plaza Quadrata hasta su casa, pero sin dirigirle la palabra. Según pensaba Wanda, su hermana no había vuelto a ver a su silencioso admirador, pues seguramente se lo habría contado.

Nadie le mandaba flores

Después de esa investigación, adelantada en cuatro días, la policía llegó a la conclusión de que Wilma era una muchacha excepcionalmente seria y retraída, que no había tenido en su vida un amor distinto al de Giuliani. Se aceptó que sólo salía a la calle en compañía de su madre y de su hermana, a pesar de que éstas admitieron que en los últimos meses —después de que su novio fue trasladado a Potenza— Wilma había adquirido el hábito de salir sola casi todos los días, y siempre a una misma hora: de las cinco y media a las siete y media de la noche.

La portera del edificio, Adalgisa Roscini, recordó a su vez no haber recibido nunca ningún ramo de flores para Wilma.

Y aseguró que la muchacha no había recibido nunca una carta que no fuera de su novio.

Aquí no ha pasado nada

Con base a esas declaraciones se concluye —en un informe fechado el 16 de abril— que no habiendo motivos para poner en duda las declaraciones de la familia Montesi, debía tenerse por cierto que, en efecto, Wilma había ido a Ostia para darse un baño de pies. Se suponía que la muchacha había escogido un sitio de la playa que conocía por haber estado el año anterior y había empezado a desnudarse, segura de que no estaba a la vista de nadie. La muchacha había perdido el equilibrio a causa de un hueco en el fondo arenoso, y se había ahogado accidentalmente. El informe terminaba diciendo que la muerte debió ocurrir entre las 6.15 y las 6.30, pues Wilma —que nunca llegaba a su casa después de las ocho— debió haber tomado el tren a las 7.30.

«El escándalo del siglo»

Eso habría sido el melancólico final del caso Montesi, si en la calle no hubieran estado los periódicos, diciéndole a la gente que había un enorme gato encerrado en aquel acontecimiento. La cosa empezó el mismo día del reconocimiento del cadáver, cuando Angelo Giuliani, el novio de Wilma, observó en el cuerpo las pequeñas equimosis de que hablaron los periódicos posteriormente, sin atribuirles ninguna importancia. Cuando salió del anfiteatro, Giuliani le contó su observación a un periodista y le manifestó su certidumbre de que Wilma había sido asesinada.

Mientras la policía consideraba que Wilma Montesi había muerto por accidente, la prensa seguía clamando justicia. Y el día 4 de mayo *Il Roma*, un periódico de Nápoles, soltó la bomba de dinamita que daría comienzo a «el escándalo del siglo». Según un artículo publicado por ese periódico, las prendas de vestir que hacían falta a Wilma Montesi habían sido depositadas en la central de policía de Roma, donde habían sido destruidas. Habían sido llevadas allí por un joven en compañía del cual Wilma Montesi había sido vista en la primera década de marzo, a bordo de un automóvil que se atascó en la arena, cerca a las playas de Ostia. El nombre del joven estaba publicado: Gian Piero Piccioni. Era nada menos que el hijo del ministro de relaciones exteriores de Italia.

ENTRA A ACTUAR LA OPINIÓN PÚBLICA

La espectacular publicación de *Il Roma*, periódico rabiosamente monárquico, fue acogida, arreglada y aumentada por todos los periódicos del país. Pero la policía andaba por otro lado. El 15 de mayo, los carabineros del lido de Ostia rindieron un informe sobre los únicos indicios encontrados para establecer la presencia de Wilma Montesi en Ostia, en la tarde del 9 de abril. Se trataba de las declaraciones de una niñera, Giovanna Capra, y de la administradora del puesto de periódicos de la estación de Ostia, Pierina Schiano.

Según la niñera, a las seis de la tarde del nueve de abril había visto dirigirse, hacia el establecimiento Marechiaro, una muchacha que se le parecía a Wilma Montesi, de acuerdo con los retratos publicados en los periódicos. Pero no se había fijado en el color del saco.

La administradora del puesto de periódicos dijo a la policía, sin vacilar, que Wilma Montesi había comprado una tarjeta postal en la estación de Ostia, la había escrito allí mismo y la había echado al buzón. Luego, según esta declaración, Wilma se había dirigido, siempre sola, hacia el canal de los pantanos. La tarjeta escrita por Wilma había sido dirigida «a un militar de Potenza».

La tarjeta no llegó nunca

Los investigadores interrogaron a los dos declarantes y echaron por tierra sus testimonios. Pero mientras la primera no recordó ninguna de las características personales de la muchacha que vio en las playas de Ostia, la segunda manifestó sin vacilaciones que llevaba un *sweater* blanco. Confirmó la administradora del puesto de periódicos que la tarjeta iba dirigida a «un militar de Potenza», pero no pudo suministrar ningún dato sobre la dirección.

En un nuevo interrogatorio a Giuliani, la policía confirmó que éste no había recibido ninguna tarjeta postal. Y la madre y la hermana de Wilma comprobaron que la muchacha no llevaba estilógrafo en la cartera. Finalmente se estableció que desde el lugar donde la niñera decía haber visto a Wilma a las seis, hasta el puesto de periódicos de la estación de Ostia, hay tres kilómetros y medio de distancia.

La muchacha del automóvil

Pero mientras la policía seguía destruyendo testimonios, los periódicos continuaban atizando el escándalo. Y se logró averiguar que el 14 de abril, dos días después de hallado el cadáver de Wilma, un mecánico de Ostia se había presentado a la inspección de policía a contar la historia del automóvil atascado en la arena de que habló *Il Roma* en su sensacional publicación. El mecánico se llamaba Mario Piccini. Y contó a la policía que en la primera década de marzo, cuando se encontraba al servicio de la estación del ferrocarril de Ostia, había sido llamado por un joven, un poco antes del amanecer, para que lo ayudara a remolcar su automóvil. Piccini dice que fue con mucho gusto, y que durante la maniobra notó la presencia de una muchacha a bordo de un automóvil atascado. Esa muchacha se parecía mucho a los retratos de Wilma Montesi, publicados por los periódicos.

La cosa es con príncipes

La policía de Roma no le prestó el menor interés a la espontánea declaración del mecánico. Pero la policía judicial hizo una investigación rápida y descubrió una cosa distinta. Descubrió que por ese mismo lugar había pasado, a la seis de la tarde del 9 o del 10 de abril, un automóvil conducido por un conocido joven de la aristocracia italiana, el príncipe Maurizio D'Assia. Según esa investigación, el distinguido caballero iba acompañado de una muchacha, que no era Wilma Montesi. El mencionado automóvil fue visto por el guardia Anastasia Lilli, el carabinero Lituri y el obrero Ziliante Triffelli.

¡La bomba!

La policía de Ostia se declaró vencida en la búsqueda de las prendas de vestir que faltaban en el cadáver. El abogado Scapucci y un hijo suyo, que paseaban por los alrededores de Castelporziano, encontraron un par de zapatillas de mujer, el 30 de abril. Creyendo que se trataba de las zapatillas de Wilma Montesi, se presentaron con ellas a la policía. Pero los familiares de la víctima declararon que no eran esas las zapatillas que llevaba puestas la muchacha la última vez que salió de casa.

En vista de que allí no había nada que hacer, la procuraduría general de la República se disponía a archivar el sumario, confirmada la hipótesis de la muerte accidental. Entonces fue cuando la modesta y escandalosa revista mensual *Actualidad*, en su entrega de octubre, puso otro taco de dinamita en la investigación. Con la firma de su director, esa revista publicó una crónica sensacional: «La verdad sobre la muerte de Wilma Montesi».

El director de *Actualidad* es Silvano Muto, un audaz periodista de treinta años, con cara de artista de cine y vestido como un artista de cine, con bufanda de seda y anteojos oscuros. Su revista, según se dice, era la menos leída de Italia y, por consiguiente, la más pobre. Muto la escribía desde la primera página hasta la última. Él mismo conseguía los anuncios y la sostenía con las uñas, nada más que por el puro deseo de tener una revista.

EL LECTOR DEBE RECORDAR

a) Que Wanda Montesi no se acordó de que Wilma la había invitado a Ostia sino varios días después del día de la desaparición.
b) Que la policía no interrogó al mecánico Mario Piccini.
c) El testimonio del carabinero Lituri relativo al paso del automóvil del príncipe D' Assia.
d) El nombre de Andrea Bisaccia.

Pero después de la entrega de octubre de 1953, *Actualidad* se convirtió en un monstruo enorme. Los lectores se daban trompadas todos los meses en las puertas de sus oficinas para conseguir un ejemplar.

Esa inesperada popularidad se debió al escandaloso artículo sobre el caso Montesi, que fue el primer paso en firme que dio la opinión pública para la averiguación de la verdad.

Sin nombre propio

En su artículo, Muto afirmaba:
a) El responsable de la muerte de Wilma Montesi era un joven músico de la radio italiana, hijo de una prominente personalidad política.
b) Por influencias políticas, la investigación se había adelantado de manera que poco a poco fuera cayendo sobre ella el silencio.

c) Se ponía en relieve la reserva mantenida en torno a los resultados de la autopsia.

d) Se acusaba a las autoridades de no haber querido identificar al culpable.

e) Se relacionaba la muerte de Wilma Montesi con el tráfico de estupefacientes, al cual se encontraba vinculada; se hablaba asimismo de las orgías de la zona, de Castelporziano y la Capacotta, con abuso de drogas, en una de las cuales había muerto la Montesi, por no estar habituada al uso de estupefacientes.

f) Las personas presentes en el festín trasladaron el cuerpo a las vecinas playas de Torvajanica, para evitar un escándalo.

Archivado el caso

El 24 de octubre de 1953 Silvano Muto fue llamado por la procuraduría de Roma para que rindiera cuentas por su artículo. Muto manifestó tranquilamente que todo lo afirmado era mentira, que había escrito el artículo solamente para aumentar la circulación de su revista y que reconocía haber procedido con ligereza. En vista de esa aplastante retractación, Muto fue llamado a juicio por «divulgación de noticias falsas y tendenciosas y por perturbar el orden público». Y el sumario de la Montesi fue archivado en enero de 1954, por orden de la procuraduría.

¿Otra vez?

Sin embargo, cuando Silvano Muto se presentó a responder ante la justicia por su escandaloso artículo, volvió a decir lo que en él había escrito y agregó nuevos datos. Y por primera vez dio nombres propios; dijo que el material de su artículo le había sido suministrado por Orlando Triffelli, según el cual su hermano había reconocido a la Montesi en un automóvil detenido el 9 o el 10 de abril de 1953, frente a la casa del guardián de la Capacotta. Además, dijo que había recibido la revelación confidencial de dos asistentes a las orgías de licores y drogas heroicas: Andrea Bisaccia y la actriz de la televisión, Ana María Caglio.

Empieza el baile

Andrea Bisaccia fue llamada a declarar. En un estado de nervios alarmante, negó haber dicho nada a Silvano Muto. Dijo que aquélla era una historia fantástica, inventada con el propósito de estropear su íntima amistad con Gian Piero Piccioni, el hijo del ministro de relaciones exteriores y conocido autor de música popular. Terminó diciendo que el engendro fantástico de Silvano Muto le había impresionado de tal manera, que el nueve de enero había tratado de suicidarse.

A Muto no le quedaba otro camino que la cárcel y al expediente de la Montesi una permanencia definitiva en los polvorientos archivos judiciales de Roma. Pero el 6 de febrero, Ana María Caglio se presentó ante la policía y muy serenamente, con su voz de locutora profesional, contó la dramática historia de su vida.

CITA SECRETA EN EL MINISTERIO DE GOBIERNO

Ana María Caglio era la amante de Ugo Montagna, un acaudalado caballero, amigo de personalidades notables y famoso por sus aventuras galantes. Se hacía llamar «el marqués de Montagna», y como marqués se le conocía y trataba en todos los círculos. Ana María Caglio le dijo a la policía que ella no conocía a Wilma Montesi. Pero había visto su retrato en los periódicos y la identificó como la muchacha morena, robusta y elegante, que en la tarde del 7 de enero de 1953 había salido de uno de los departamentos de Montagna en Roma, acompañada de éste. Ambos penetraron al automóvil conducido por el marqués.

Esa noche, Ana María Caglio —según contó a la policía— había protagonizado una violenta escena de celos cuando su amante regresó a casa.

«Aquí hay gato encerrado»

Cuando María Caglio leyó el artículo en *Actualidad*, creyó identificar al señor X de que se hablaba en ese artículo con su propio amante, el marqués de Montagna. Por eso le hizo una señal al periodista, y le dijo que cuanto decía en su artículo era la verdad. La noche del 26 de octubre estaba con su amante, a bordo de un automóvil. Ella le pidió explicaciones, según dijo a la policía. Y el marqués, irritado, y un poco nervioso, la amenazó con echarla fuera del automóvil.

Para calmar a su amante, Ana María Caglio lo invitó a su casa, a leer con serenidad el artículo de Muto; Montagna leyó el artículo de Muto y no dijo nada. Pero cuando Ana María Caglio fue a guardar la revista en el cajón de la mesita de noche, vio allí un paquete con dos cigarrillos dorados y un cenicero de piedras preciosas. Ese descubrimiento reforzó en la muchacha la sospecha de que su amante estaba en conexión con alguna banda de traficantes de estupefacientes.

Una cita misteriosa

La Caglio insistió ante la policía que había partido para Milán, su tierra natal, el 7 de abril, y había regresado el 10. Cuando llegó a Roma, su amante estaba visiblemente nervioso y contrariado por su intempestivo regreso. Sin embargo, la llevó a su casa, donde esa noche Montagna recibió una llamada del hijo del ministro de relaciones exteriores, Gian Piero Piccioni, quien se estaba preparando para un viaje.

Posteriormente, Ana María Caglio supo que en noviembre del año anterior, una cierta «Gioben Jo», había perdido 13 millones de liras jugando a las cartas en Capacotta con Montagna, Piccioni y un alto oficial de la policía.

El 29 de abril en la noche

Ana María Caglio cenaba con su amante en su lujoso departamento y se disponían a ir al cine, exactamente al Supercinema. Pocos días antes, dice la Caglio que Montagna le había dicho que Piccioni era «un pobre muchacho a quien había que ayudar, porque se había metido en un lío». Esa noche, cuando se estaba poniendo el abrigo para salir, Ana María Caglio se dio cuenta de que Piccioni llamó a Montagna por teléfono y le dijo que debía ir inmediatamente a hablar con el jefe de la policía de Roma. Montagna salió disparado y se encontró con Piccioni en el ministerio de gobierno.

EL LECTOR DEBE RECORDAR

a) La declaración de Ana María Caglio, de que Montagna y Piccioni habían visitado el ministerio de gobierno, el 29 de abril de 1953.
b) El papelito que dice: «Voy a la Capacotta y pasaré la noche allá. ¿Cómo terminaré?».
c) «La cierta Gioben Jo», que perdió 13 millones de liras jugando a las cartas.

«A volar»

Una hora y media después, cuando Montagna regresó al automóvil donde lo esperaba Ana María Caglio, dijo que habían estado tratando de suspender la investigación sobre la muerte de Wilma Montesi. Ana María Caglio le dijo que aquello era una infamia, pues el autor del crimen debía pagarlo, aunque fuera el hijo de un ministro. Montagna le respondió que Piccioni era inocente, puesto que el día del crimen se encontraba en Amalfi. Entonces la muchacha preguntó a Montagna:

—¿Y cuándo regresó Piccioni a Roma?

Y Montagna, indignado, no le respondió la pregunta. La miró a los ojos y le dijo:

—Niña, tú sabes demasiado. Es mejor que cambies de aire.

«Ti butto a mare»

En efecto, Ana María Caglio demostró que al día siguiente había sido enviada otra vez a Milán, con una carta especial para el director de la televisión. Regresó a Roma el 22 del mismo mes, a celebrar el primer aniversario de su encuentro con Montagna. El 27 de julio se fueron a vivir cada uno por su lado, pero siguieron viéndose en el departamento de vía Gennargentu. A fines de noviembre rompieron definitivamente, después de los incidentes ocasionados por el artículo de Muto.

Ana María Caglio manifestó a la policía que aquéllos habían sido días de terror para ella. Su amante se volvía cada vez más misterioso. Recibía extrañas llamadas telefónicas y parecía comprometido en oscuros negocios. Una noche, agotada por la tensión nerviosa, dice Ana María Caglio que le hizo a su amante una pregunta en relación con sus negocios y Montagna le respondió en tono amenazante:

—Si no te portas bien, te echo al mar.

El testamento

Ana María Caglio, en su dramático relato a la policía, dijo que desde esa noche abrigó la certidumbre de que sería asesinada.

El 22 de noviembre, después de haber cenado con Montagna en el restaurante Matriciana, en la vía Gracchi, tuvo la sensación de que la habían envenenado. Sola en su departamento, recordó que su amante había ido personalmente a la cocina, a colaborar en la elaboración de la cena.

Aterrorizada, Ana María Caglio partió al día siguiente para Milán. Tenía los nervios destrozados. No sabía qué hacer, pero tenía la certidumbre de que era preciso hacer algo. Por eso le hizo una visita al sacerdote jesuita Dall'Olio y le contó toda la historia de su vida con Montagna. El sacerdote, tremendamente impresionado con el relato de la muchacha, le repitió la historia al ministro de gobierno. Ana María Caglio, atormentada por el sentimiento de persecución, se refugió en el convento de vía Lucchesi. Pero había algo que no dijo a la policía: antes de salir para Milán, entregó a la dueña de la pensión donde vivía en Roma una carta cerrada con la siguiente recomendación: «En caso de que yo muera, haga llegar esta carta al procurador general de la República».

«¿Cómo terminaré?»

La dueña de la pensión, Adelmira Biaggioni, en cuyo poder Ana María Caglio había depositado la carta, fue llamada a declarar. Se presentó a la policía con tres cartas, escritas de su puño y letra por la Caglio, y un papelito que la muchacha le echó por debajo de la puerta antes de salir a la calle, el 29 de octubre de 1953. El papelito decía: «Voy a la Capacotta y pasaré la noche allá. ¿Cómo terminaré?».

Por Adelmira Biaggioni se supo que la noche en que Ana María Caglio creyó que Montagna la había envenenado, escribió la carta testamento que le entregó al día siguiente, antes de que partiera para Milán, con el encargo de hacerla llegar al procurador de la República, en caso de que fuera hallada muerta. La pensionista retuvo la carta por varios días.

Luego, no queriendo cargar con aquella responsabilidad, la metió dentro de otro sobre y la dirigió a Ana María Caglio, al convento donde se había refugiado.

La policía ordenó el secuestro de esa carta y llamó de nuevo a Ana María Caglio, a que la reconociera como suya. Entre otras muchas cosas, la carta decía: «Deseo que todo el mundo sepa que yo nunca he estado al tanto de los negocios de Ugo Montagna […] Pero estoy por demás convencida de que el responsable es Ugo Montagna (con la colaboración de muchas mujeres […]) Él es el cerebro de la organización, mientras que Piero Piccioni es el asesino».

LOS ATRONADORES FESTIVALES CON ALIDA VALLI

El dramático testamento de Ana María Caglio originó un terremoto en la opinión pública. La prensa, y especialmente los periódicos de la oposición, inició una carga de artillería pesada contra la organización judicial, contra la policía, contra todo el que tuviera algo que ver con el gobierno. Entre los estampidos, Ugo Montagna y Gian Piero Piccioni fueron llamados a declarar.

Bien vestido, con un oscuro traje a rayas y una sonriente seriedad, Ugo Montagna respondió a la indagatoria. Dijo que no había conocido nunca a Wilma Montesi. Negó que fuera ella la dama con quien Ana María Caglio dijo haberlo visto el 7 de enero de 1953 a bordo de un automóvil, en la puerta de su departamento. Negó enfáticamente que en la Capacotta hubieran tenido lugar las mencionadas «fiestas de placer». Dijo que no era cierto que Piccioni lo hubiera llamado por teléfono en la noche del 10 de abril. Terminó diciendo, sin perder la serenidad, con una voz segura y convincente, que no recordaba haber asistido a una entrevista con el jefe de la policía de Roma en el ministerio de gobierno, como lo afirmaba Ana María Caglio, y que era absolutamente falso que alguna vez hubiera estado en contacto con traficantes de estupefacientes.

Hizo también la observación de que Piccioni y el jefe de la policía eran viejos amigos y que no era necesario ni razonable, por tanto, que él tuviera que servir de intermediario entre ellos.

La fecha mortal

Menos sereno que Montagna, vestido un poco deportivamente y en un sonoro italiano con acento romanesco, Gian Piero Piccioni se declaró absolutamente extraño al caso Montesi. El día de la muerte, dijo, se encontraba en un breve reposo en Amalfi, de donde regresó a Roma, en automóvil, a las 3.30 de la tarde del 10 de abril. Luego manifestó que esa misma tarde tuvo que meterse a la cama con una fuerte amigdalitis. Para demostrarlo, prometió mostrar la receta del profesor Di Filippo, el médico que lo había visitado aquella tarde.

En relación con la supuesta visita suya al jefe de la policía de Roma en compañía de Montagna, manifestó Piccioni que no se había llevado a cabo en la forma maliciosa en que lo contó Ana María Caglio. Varias veces, dijo, lo había visitado solo o en compañía de Montagna, pero únicamente con el objeto de solicitar su intervención en la forma como la prensa estaba comprometiendo su nombre en el caso Montesi. «Aquellos ataques de la prensa –dijo– no tienen más que una finalidad política: el propósito de desprestigiar a mi padre».

¡Al archivo!

En vista de que los cargos no ofrecían ninguna perspectiva ni parecían lo suficientemente válidos como para destruir la hipótesis de la muerte accidental cuando tomaba un baño de pies, el sumario de Wilma Montesi fue por segunda vez archivado el 2 de marzo de 1954. Pero la prensa no archivó su campaña. El proceso contra el periodista Muto seguía adelante y cada vez que alguien se presentaba a declarar volvía a revolverse el caso Montesi.

EL LECTOR DEBE RECORDAR

a) La fecha en que Piero Piccioni dijo haber regresado de Amalfi.
b) La receta del profesor Di Filippo, que Piero Piccioni prometió mostrar a la policía.

Entre otros muchos, declaró un pintor, Franccimei, que había convivido una semana con Andrea Bisaccia, una de las dos mujeres que Muto señaló como fuente de sus informaciones. Franccimei contó a la policía una historia apasionante. Andrea Bisaccia —dijo— sufría de pesadillas. Hablaba angustiosamente mientras dormía. En una de esas pesadillas, comenzó a gritar aterrorizada: «¡Agua…! No… No quiero ahogarme… No quiero morir de la misma manera… ¡Suéltame!».

Mientras el pintor hacía su dramática declaración, una mujer enloquecida por el abuso de estupefacientes se tiró del tercer piso de un hotel de Alejandría. La policía encontró en su cartera, anotados en un papelito, dos teléfonos que no figuraban en el directorio telefónico de Roma. Ambos eran teléfonos privados. Uno pertenecía a Ugo Montagna. El otro a Piero Piccioni.

Toda una vida

La mujer que se tiró del tercer piso era Corinna Versolatto, una aventurera que en menos de un año había ejercido toda clase de oficios. Fue enfermera en una clínica respetable, encargada del guardarropa del club nocturno Piccolo Slam, clausurado posteriormente por la policía; y en sus ratos de ocio, prostituta clandestina.

En el momento de la tentativa de suicidio, Corinna Versolatto era secretaria privada de Mario Amelotti, un andariego venezolano sospechoso de ejercitar el tráfico de estupefacientes y la trata de blancas. En un momento de lucidez, Corinna declaró a los periodistas, en presencia del médico de la clínica a donde fue conducida y de un funcionario de la policía de Alejandría, que en los últimos meses había caído en desgracia con Amelotti, su jefe, porque ella se había negado a colaborar en sus negocios ilícitos. Dijo: «Es todo lo que puedo decir. Mario es un hombre sin escrúpulos. Se ha comprado a la policía y es amigo de muchas personas influyentes».

Por último, Corinna reveló que su jefe era amigo de alguien que fumaba cigarrillos de marihuana. Y que en colaboración de un fotógrafo amigo suyo, dirigía una fábrica de postales pornográficas.

Esto parece una película

Mientras esto ocurría, la prensa seguía gritando. Y la policía continuaba recibiendo anónimos. Cuando se archivó por segunda vez el sumario de Wilma Montesi, se recibieron más de 600 anónimos. Uno de ellos, firmado por Gianna la Rossa, decía textualmente: «Yo estoy al corriente de los acontecimientos ocurridos en abril de 1953, relacionados con la muerte de Wilma Montesi. Estoy aterrada de la crueldad de Montagna y Piccioni, que trataba de ponerla en contacto con los traficantes de estupefacientes de la provincia de Parma, precisamente de Traversetolo. Hice la correspondiente denuncia a la policía de Parma, oportunamente. Pero le echaron tierra. Hace algunos meses, consigné una segunda carta en el despacho de un párroco, en un pueblecito de la región de Traversetolo. Consigné aquella carta, porque estaba convencida de que sufriría la misma suerte de Wilma Montesi. El párroco entregará la carta a quien le presente el medio billete adjunto. La otra mitad está en su poder».

Gianna la Rossa proseguía su carta explicando las razones por las cuales prefería ampararse con un seudónimo. La carta terminaba: «Mi pellejo no vale nada, pero da la casualidad de que es el único que tengo».

¿Por dónde llega el agua?

La policía hizo una rápida investigación de los dos casos anteriores. En relación con los antecedentes de la suicida, se estableció que en Roma frecuentaba el club Víctor y en el hotel donde habitaba organizaba atronadores festivales de placer, a los cuales asistían notables personalidades y dos artistas de cine. Una de ellas era Alida Valli.

El hotel donde Corinna vivía en Alejandría y de una de cuyas ventanas se arrojó a la calle, fue requisado por la policía. En la pieza de la suicida se encontraron dos recortes de periódicos. Uno era la noticia de la clausura del Piccolo Slam. El otro era sobre el caso Montesi.

«Veamos, Padre»

En relación con la carta de Gianna la Rossa, la policía averiguó que el párroco era Tonnino Onnis, cura de Bannone di Traversetolo y estudiante de ingeniería. Y a donde el cura se fueron, con el medio billete incluido en la carta, una entrada de cincuenta liras de la dirección general de Antigüedades y Bellas Artes del Ministerio de Educación. El párroco mostró la carta, en cuyo sobre había escrito, de su puño y letra: «Depositada en mi mano el 16 de mayo de 1953, para ser entregada solamente a quien presente la otra mitad del billete adjunto, y que debe tener el número A.N.629190». Al respaldo del sobre había hecho una segunda anotación: «Sellada por mí. No conozco el nombre ni la dirección de la persona que la ha escrito».

La carta fue abierta y leído su texto sensacional.

LAS HISTORIAS NEGRAS DE LOS TESTIGOS

La carta entregada por el párroco a la policía tenía fecha 16 de mayo y decía, entre otras cosas: «Cuando se lea esta carta yo estaré muerta. Pero quiero que se sepa que no he muerto de muerte natural. He sido puesta fuera de combate por el marqués Montagna y Piero Piccioni… He vivido en los últimos meses bajo la pesadilla de sufrir la misma muerte de Wilma Montesi… Estoy poniendo en práctica un plan para desenmascarar la banda de los traficantes de estupefacientes… Si este plan fracasa, correré la misma suerte de Wilma… Esta carta sólo será entregada a quien esté en posesión de una contraseña especial…».

La trampa

Pero el padre Onnis no se conformó con mostrar la carta a la policía, sino que aprovechó la oportunidad para contar una historia, que parece una película de bandidos. Dijo que en agosto o septiembre de 1953, un viernes, cuando se disponía a abandonar a Parma en su motocicleta, se le acercaron dos individuos que descendieron de un automóvil con placas de Francia. Con un simulado acento extranjero, a través del cual el párroco creyó descubrir el acento de la Italia meridional, los dos individuos le rogaron llevar un paquete. Él se negó, puso en marcha el motor de su motocicleta y arrancó a toda velocidad. Pero al llegar al pueblo vecino fue detenido por la policía y conducido a la comisaría. Los funcionarios de turno requisaron el paquete que el párroco llevaba en el asiento trasero. Era una radio para reparar.

Entonces la policía le mostró un anónimo que se había recibido pocas horas antes y en el cual se señalaba el número de su motocicleta, la hora en que pasaría por el pueblo y se formulaba la acusación de que el padre Onnis estaba en contacto con una banda de traficantes de estupefacientes.

Alida Valli al teléfono

Los investigadores pusieron inmediatamente en claro algo muy importante: la carta presentada por el padre Onnis tenía fecha 16 de mayo, una época en que el nombre de Piero Piccioni no había sido todavía asociado con el de Montagna. Las declaraciones de Ana María Caglio fueron hechas en octubre.

Para esa misma época, los periódicos estaban empeñados en otro acontecimiento importante en el caso Montesi: la llamada telefónica que desde Venecia le hizo la actriz Alida Valli a Piero Piccioni, con quien conservaba una íntima amistad. Alida Valli había estado con Piccioni en Amalfi, en el viaje de que éste habló a la policía para descargarse. Luego la actriz viajó a Venecia, a trabajar en el rodaje de la película *La mano dello straniero*. Dos días después de haber llegado Alida Valli a Venecia, se armó el escándalo Montesi. Un periodista, un actor y un director de cine y un diputado, declararon que la actriz había telefoneado a Piccioni desde una tabaquería veneciana. La actriz negó la conversación.

Sin lugar a dudas

Según los declarantes, Alida Valli, en un evidente estado de excitación, le dijo a Piccioni:

—¿Qué diablos has hecho? ¿Qué fue lo que te pasó con aquella muchacha?

La actriz sostuvo el diálogo en voz alta, porque era una llamada a larga distancia.

Era un sitio público. Cuando terminó, estaba tan excitada, que dijo en voz alta, como si todavía estuviera hablando a larga distancia: «Vea usted el lío en que se ha metido aquel imbécil».

EL LECTOR DEBE RECORDAR

a) La llamada telefónica que Alida Valli hizo a Piero Piccioni desde Venecia.
b) Los resultados de la primera autopsia que se hizo a Wilma Montesi, publicados en la segunda crónica de esta serie.
c) Las declaraciones de la familia de Wilma Montesi, después de que se encontró su cadáver en las playas de Torvajanica.
d) Las prendas de vestir encontradas en el cadáver.

El órgano del partido comunista de Italia, *L'Unità*, se hizo cargo del escándalo del telefonema. Según ese periódico, la llamada se había efectuado el 29 de abril de 1953. La actriz escribió una carta a la redacción protestando por «la ligereza» con que se divulgaban «noticias fantásticas y tendenciosas». Y afirmó que el 29 de abril ella se encontraba en Roma. Pero la policía había secuestrado su libreta de telefonemas y establecido que, en efecto, la llamada había sido hecha.

Historias negras

Otra declaración se llevó al proceso contra el periodista Muto: la de la Gioben Jo, que según Ana María Caglio había perdido 13 millones de liras jugando a las cartas en Capacotta, en compañía de Montagna, Piccioni y un alto oficial de la policía. La Gioben Jo declaró que un conocido suyo, Gianni Cortesse, emigrado al Brasil, de donde ha escrito para decir «que está muy bien instalado», era «comisario de a bordo» en

Génova, hacía algunos años, y notoriamente comerciante de estupefacientes. Dijo que el mencionado Cortesse aprovisionaba a un dentista amigo suyo de grandes cantidades de cocaína. Ese amigo suyo, según la Gioben Jo, le había presentado a Montagna, de quien aquél era íntimo amigo.

Otro testigo declaró finalmente que hace algunos años había sido huésped de Montagna. Había un abogado, amigo de ambos, conocido por su afición a las drogas, que incluso sufría ataques de *delirium tremens*, a consecuencia del abuso de estupefacientes. En abril o junio de 1947, según el testigo, Montagna, el abogado amigo y una mujer se presentaron a su pieza, completamente desnudos, y lo habían despertado con frases vulgares y con palabras oscuras.

¿A quién se le cree?

El proceso del periodista Muto se convirtió realmente en un animal de muchas patas. Cada vez que se llamaba a declarar a alguien, era preciso llamar a otros declarantes, para establecer la verdad de los testimonios. Aquello parecía el juego de «da que te vienen dando». Nuevos nombres iban surgiendo. Y la prensa, por su parte, hacía investigaciones espontáneas y amanecía al día siguiente con nuevas revelaciones. Entre las personas que declararon en el proceso de Muto se encuentra Vittorio Feroldi de Rosa, que decía haber hecho, en julio o agosto de 1953, un viaje de automóvil de Roma a Ostia, en compañía de varias personas entre las cuales se encontraba Andrea Bisaccia. Según Feroldi, Bisaccia había dicho a su vecino de asiento que en el litoral de Ostia-Torva se traficaba en estupefacientes; que había conocido a Wilma Montesi; que había participado en alguna de las «reuniones de placer» de Castelporziano, y que había visto la liga de la Montesi «en manos de una persona».

Llamados a declarar los otros ocupantes del automóvil, uno de ellos, Silvana Isola, declaró que no había oído nada, porque estuvo profundamente dormida durante el viaje. Pero otro de los ocupantes, Gastone Prettenati, admitió que, en efecto, Andrea Bisaccia le había hecho algunas confidencias durante ese viaje. Le había dicho, entre otras cosas, que la Montesi, en «una partida de placer» a la cual había asistido y en la cual se habían fumado «ciertos cigarrillos», había sufrido un colapso. Entonces había sido abandonada en la playa, porque los otros asistentes creyeron que estaba muerta.

Otro testigo, Franco Marramei, declaró finalmente que una noche se encontraba en un pequeño bar de la vía del Balbuino y había oído a Andrea Bisaccia decir en voz alta: «La Montesi no pudo morir por accidente, porque yo la conocía muy bien».

Otra vez el principio

Ante la tremenda gritería de la prensa y de la evidente inconformidad de la opinión pública, la Corte di Apello di Roma reclamó a la procuraduría general de la República el sumario dos veces archivado. El 29 de marzo de 1954 –casi un año después de muerta la Montesi– la sección instructora se hizo cargo del confuso mamotreto e inició la instrucción formal del caso Montesi.

Durante un año, el voluminoso y sonriente presidente de la sección, Rafaelle Sepe, trabajando de día y de noche, le puso orden a aquel escalofriante montón de contradicciones, errores y falsos testimonios. Tuvo que comenzar otra vez por el principio. El cadáver de Wilma Montesi fue exhumado para una nueva autopsia. Lo que hizo el presidente Sepe fue poner en orden un naipe, con las cartas boca abajo.

VEINTICUATRO HORAS PERDIDAS EN LA VIDA DE WILMA

Como se trataba de empezar por el principio, el presidente Sepe comenzó por tratar de establecer la hora precisa en que

Wilma Montesi salió de su casa en la tarde del 9 de abril. Hasta ese momento había dos testimonios distintos: el del padre de la víctima, que en la noche del 9 dijo a la policía que la portera Adalgisa Roscini había dicho que Wilma salió a las 5.30; y el del permanente de policía de Salaria, que en su primer informe del martes 14 de abril, manifestó que la misma portera había dicho otra diferente: las cinco en punto.

El investigador llamó directamente a Adalgisa Roscini y ésta manifestó sin vacilaciones que Wilma no había salido de la casa antes de las 5.15. La portera tenía un motivo para hacer aquella categórica afirmación. Durante los días en que ocurrieron los hechos, trabajaba en el edificio un grupo de obreros que suspendía sus labores a las cinco en punto. Entonces iban a lavarse a la pila del patio y tardaban no menos de diez minutos. Cuando los obreros terminaron su labor, el 9 de abril, Wilma no había salido. Cuando acabaron de lavarse y abandonaron el edificio, todavía no había salido. Adalgisa Roscini la vio salir pocos minutos después que los obreros. Un poco después de las 5.15.

«Un hueso duro»

En esta indagatoria, la portera de Tagliamento número 76 hizo otra revelación que hizo caer sombras de dudas sobre el comportamiento de la familia Montesi. En realidad, la actitud de los parientes de la víctima había cambiado fundamentalmente desde el día en que se reconoció el cadáver. Adalgisa Roscini manifestó que pocos días después de la muerte de Wilma, la madre de ésta la había instado a modificar su primitiva declaración de que la muchacha había salido a las 5.30. La portera se negó. Y entonces la madre de Wilma le dijo:

—¿Y luego cómo hizo la doctoresa Passarelli para viajar con ella en el tren a esa misma hora?

La portera dice que respondió:

—Habrá mirado mal el reloj.

Y luego, indignada por la presión que quería ejercer sobre ella, exclamó:

—Se han encontrado con un hueso duro de roer, porque yo la hora no la modifico.

La doctoresa Passarelli

Para empezar bien por el principio, la doctoresa Passarelli fue llamada nuevamente. Se presentó en un estado de inquietante excitación. Esta vez no se mostró muy segura de haber visto a Wilma Montesi en el tren. «Me pareció verla», fue todo lo que dijo. Y volvió a describir a la muchacha. Era una joven entre los veintiocho y treinta años. Tenía un peinado «alto sobre la frente, tirante a los lados y con un moño enorme en el occipital». No llevaba guantes. Usaba mocasines y un saco cuyo color predominante era el verde.

Sin embargo, hacía pocos meses que Wilma había cumplido los veintiún años, y según el testimonio de muchas personas que la conocieron aparentaba menor edad. Por otra parte, la tarde en que salió de su casa por última vez no llevaba mocasines, sino unas zapatillas muy vistosas, con tejidos dorados. El peinado no era el mismo que describió la Passarelli, porque Wilma tenía el cabello corto desde hacía varios meses.

Se salvó en un hilo

El investigador le mostró a la doctoresa Passarelli el saco encontrado en el cadáver. Al verlo, la doctoresa se desconcertó. Era un saco amarillo, vistoso e inconfundible. Le dio la vuelta, como para ver si era verde por el otro lado. Entonces negó rotundamente que fuera ése el saco que llevaba la muchacha del tren.

El presidente Sepe demostró que a la doctoresa no se le había mostrado el cadáver de Wilma Montesi. El reconocimiento se limitó a examinar unos pedazos de ropa. Sin embargo, se consideró necesario investigar la conducta de la doctoresa. Se estableció que se trataba de una graduada en letras, empleada del ministerio de la defensa, hija de un oficial superior del ejército y perteneciente a una distinguida familia de Roma. Pero se estableció al mismo tiempo que padece de una ligera miopía y no usa anteojos, y que es de un temperamento impulsivo, poco reflexivo, y con tendencias a la fantasía. Se salvó en un hilo: logró probar de dónde sacó el dinero con que compró, pocos días después de su primera y espontánea declaración, un departamento que le costó 5.600.000 liras.

«De aquí a la eternidad»

Demolido el testimonio de la doctoresa Passarelli, el investigador se propuso establecer cuánto tiempo se demora una persona de la vía Tagliamento número 76 hasta la estación de los trenes de Ostia. En la investigación colaboraron los carabineros, los empresarios del transporte urbano y el ministerio de la defensa.

EL LECTOR DEBE SABER

A partir de esa crónica, se encontrarán en el texto las respuestas a aquellos puntos que «el lector debe recordar», y que han sido publicados en las crónicas anteriores.

A partir de este momento, se va a establecer en orden riguroso:
a) El pretendido viaje de Wilma Montesi a Ostia.
b) El tiempo y lugar de su muerte.
c) Causa de la muerte y definición jurídica del hecho.
d) Hábitos, moralidad y ambiente familiar reales de Wilma Montesi.
e) Tráfico de estupefacientes.

f) Reuniones en la Capacotta.

g) Denuncia contra el príncipe D'Assia.

h) Elementos contra Ugo Montagna y Piero Piccioni y contra el ex jefe de la policía de Roma, Severo Polito.

Del número 76 de la vía Tagliamento hasta la puerta de la estación hay 6.301 metros, por la vía más corta. Para recorrer esa distancia, en condiciones ideales de tránsito y descontando los semáforos, un taxi demora exactamente trece minutos. De a pie, a paso normal, se demora entre una hora quince y una hora veintiún minutos. A paso acelerado, cincuenta minutos. El trayecto es recorrido por una línea de tranvías (el rápido B), que demora normalmente veinticuatro minutos. Suponiendo que Wilma Montesi hubiera utilizado ese medio, habría que agregar por lo menos tres minutos, que fue el tiempo que debió necesitar la muchacha para ir desde el portón de su casa hasta la parada del bus, situada a 200 metros.

Y aún falta tiempo para comprar el tiquete en la estación y alcanzar el tren, en una plataforma situada a 300 metros del expendio. Fue una conclusión importante: Wilma Montesi no viajó a Ostia en el tren de las 5.30. Muy probablemente no hubiera podido hacerlo ni siquiera en el caso de que realmente hubiera salido de su casa a las cinco.

La hora de la muerte

Quienes rindieron los primeros informes no cayeron en la cuenta de algo esencial: el doctor Di Giorgio, primer médico que examinó el cadáver en las playas de Torvajanica, declaró que estaba en proceso de endurecimiento progresivo. Después de cierto tiempo, un cadáver comienza a endurecer: es el período de invasión de la rigidez. Posteriormente, se opera el fenómeno contrario. El doctor Di Giorgio estableció que el cadáver de Wilma Montesi estaba «parcialmente rígido». Pero tenía una razón para afirmar que era el proceso «de endurecimiento progresivo» la rigidez que se presentaba en la mandíbula, en el cuello y en las extremidades superiores. La ley de Neysten, debidamente comprobada, explica: «La rigidez cadavérica se inicia en los músculos de la mandíbula; continúa en los del cuello y las extremidades superiores». Con base en esa ley, el doctor Di Giorgio rindió su informe: la muerte debió ocurrir alrededor de dieciocho horas antes del examen. Y el examen se verificó el sábado, 11 de abril, a las 9.30 de la mañana.

Aquí empezó el error

El cadáver estuvo expuesto al sol durante todo el día, mientras llegaban instrucciones de Roma. Esas instrucciones llegaron en las horas de la noche. Pocas horas después, el cadáver fue trasladado al anfiteatro. Cuando Rodolfo Montesi y Angelo Giuliani entraron a reconocerlo, habían transcurrido más de veinticuatro horas desde el momento del hallazgo. Cuando se hizo la autopsia y se rindió el informe, se dijo que la muerte había ocurrido en las horas de la noche del 9 de abril, porque el cadáver presentaba un primer punto de putrefacción y por el fenómeno de «la piel anserina». Un año después de la muerte, un grupo de profesores de la Facultad de Medicina rindió un nuevo peritazgo, después de un cuidadoso examen del cadáver, y estableció que la invasión putrefactiva pudo haber sido precipitada por la larga exposición del cadáver al sol y a la humedad, en las playas de Torvajanica, durante todo el día 11 de abril.

En relación con el fenómeno de «la piel anserina», demostraron que ese fenómeno es común en los cadáveres de los ahogados, pero que incluso puede presentarse desde antes de la muerte, a causa del terror o la prolongada agonía. Pero en el caso de Wilma Montesi, pudo ser ocasionada también por la larga permanencia del cadáver en el frigorífico, antes de que se realizara la autopsia. Con todo, el primer informe, el del doctor Di Giorgio, era fundamental: la rigidez era parcial. Y la conclusión indiscutible: Wilma Montesi había muerto en la noche del 10 de abril, veinticuatro horas después de que la portera Adalgisa Roscini la vio salir de su casa.

¿Qué hizo en esas veinticuatro horas?

Se trataba de establecer otra verdad importante: el lugar en que murió Wilma Montesi. Pues se había aceptado como cierto que la muchacha tomaba un baño de pies en las playas de Ostia cuando sufrió un colapso y luego, ahogada, fue transportada por las olas a las playas de Torvajanica, veinte kilómetros más allá.

Para reforzar esta hipótesis la policía de Ostia informó que en la noche del 10 de abril se había desatado en ese sector un violento temporal, con fuertes vientos en dirección noroeste. El instructor del sumario, doctor Sepe, encomendó a los profesores de meteorología y al instituto meteorológico verificar ese dato. El informe, con boletines meteorológicos de todo el mes de abril de 1953, decía que en el sector Ostia-Torvajanica no se registró el pretendido temporal. El fenómeno más notable había ocurrido el 11 de abril y precisamente a la hora en que se encontró el cadáver de Wilma Montesi: un viento nordeste, de trece kilómetros por hora.

El carmín revelador

La autopsia de los superperitos puso en claro que el cadáver no presentaba ninguna huella de mordiscos de animales marinos ni de picaduras de insectos, muy abundantes en la playa de Torvajanica. El instructor sacó en conclusión, de ese dato, que el cadáver no había permanecido mucho tiempo en el agua, y tampoco mucho tiempo en la playa, antes del hallazgo. La primera deducción fue ya un principio de certidumbre para descartar la hipótesis de que el cuerpo había sido transportado veinte kilómetros por las olas.

Pero se encontraron indicios más importantes. El carmín de las uñas de Wilma Montesi estaba intacto. Los peritos comprobaron que esa sustancia era resistente al agua del mar. Pero averiguaron la densidad de arena en suspensión en el trayecto marino Ostia-Torvajanica. Y concluyeron que difícilmente el carmín de las uñas habría podido resistir a la fricción de la arena, en un largo y rápido viaje de 20 kilómetros.

Para muestra un botón

El presidente Sepe fue el único que se interesó en el saco que estaba abotonado al cuello del cadáver. Cuando el cuerpo de Wilma Montesi fue hallado en la playa, el carabinero Augusto Tondi comprendió que ese saco era un obstáculo para transportar el cadáver, de manera que tiró del botón y lo arrancó sin mucha dificultad.

El instructor Sepe contó los hilos con que estaba cosido el botón: eran diecisiete. Los peritos demostraron que esos diecisiete hilos no habrían resistido el viaje marino, batido el saco por las olas, si un carabinero sólo había necesitado darle un tirón para arrancarlo.

Estas conclusiones y otras de carácter indigestamente científico, permitieron descartar la hipótesis de un largo viaje del cadáver desde las playas de Ostia hasta las de Torvajanica. Nuevos peritos demostraron que la densidad ferruginosa de la arena hallada en los pulmones del cadáver no era una prueba concluyente para establecer el sitio donde perdió la vida. Wilma Montesi se ahogó a pocos metros del lugar en que fue hallado su cuerpo.

Además

Sin embargo, a cinco metros de la playa no hay en Torvajanica medio metro de profundidad. Es cierto que Wilma no sabía nadar. Pero no es probable que una persona que no sabe nadar se ahogue, sólo porque no sabe nadar, a medio metro de profundidad. Otras debieron ser las causas. Y el presidente Sepe se dispuso a averiguarlas.

El superperitazgo fue ordenado. Un médico de intachable conducta y cinco profesores universitarios de medicina legal debidamente investigados estudiaron la presencia de arena y plancton en los pulmones y en el intestino del cadáver. Por la cantidad y profundidad, concluyeron que la muerte no se había producido en circunstancias normales. Desde la primera deglución de agua hasta el instante de la muerte, transcurren, máximo, cuatro minutos.

El superperitazgo demostró que Wilma Montesi murió en un lento y prolongado ahogamiento, entre los diez y los veinte minutos después de su primer contacto con el agua. Así se explicaba que se hubiera ahogado a medio metro de profundidad: Wilma Montesi estaba exhausta cuando comenzó a ahogarse.

Suicidarse no cuesta nada

Una vez obtenida esta importante conclusión, el presidente Sepe se dispuso a analizar las tres hipótesis:

a) Suicidio.

b) Accidente.

c) Homicidio.

Solamente se habló de un posible suicidio de Wilma en la noche del 9 de abril, cuando su padre fue a buscarla al Lungotevere y después, cuando se presentó a la policía y puso el telegrama a Giuliani. Dijo Rodolfo Montesi que su hija quería suicidarse ante la inminencia de su matrimonio y la posterior separación de la familia, por su viaje a Potenza, donde trabajaba su novio. Pero el matrimonio de Wilma no había sido impuesto por la familia. Ella gozaba de suficiente independencia, había llegado a la mayor edad y había podido cancelar su compromiso con Giuliani cuando lo hubiera querido. Era una explicación sin fuerza.

En cambio se consideró de mucho peso para destruir la hipótesis del suicidio el argumento de la madre: Wilma había llevado consigo la llave de casa, cosa que no siempre ocurría. Y el argumento de su hermana: antes de salir, Wilma dejó en el lavamanos, en agua de jabón, la ropa interior que acababa de quitarse. Por último, alguien que examinó las verdaderas circunstancias en que murió Wilma Montesi manifestó: «Hubiera necesitado violentar hasta extremos sobrehumanos el instinto de conservación para permanecer ahogándose durante un cuarto de hora, a un metro de profundidad». Suicidarse no cuesta tanto trabajo.

Pasos de animal grande

El presidente Sepe descartó el suicidio y se puso a estudiar la muerte por accidente. Se aceptó como válida la explicación de la primera autopsia: Wilma no murió por haberse introducido en el agua durante el proceso digestivo, porque ese proceso estaba concluido. E incluso en el caso de que no lo hubiera estado, no es muy probable que hubiera sufrido un colapso por sumergir los pies en el agua después de la comida.

La circunstancia de que Wilma se encontrara en fase postmenstrual inmediata tampoco se considera válida para explicar el colapso. Cualquier trastorno que hubiera podido sufrir, debido a esas circunstancias especiales, no le habría impedido arrastrarse hasta la playa, según los peritos. Estos mismos descartaron por último, después de la nueva autopsia, cualquier trastorno de otra índole: Wilma gozaba de buena salud. Pero, en cambio, su corazón era pequeño en relación con su estatura, así como el calibre de la aorta.

Por otra parte, el presidente Sepe consideró conveniente establecer precisamente el origen de la hipótesis del baño de pies. Ella surgió muchos días después de la muerte, cuando

Wanda Montesi «se acordó» de que su hermana le había hablado del viaje a Ostia. Eso fue después de los funerales, cuando
toda la familia empezó a buscar una explicación a la muerte. La
actitud se considera sospechosa: la familia de Wilma Montesi
manifestó en todo momento un desmedido interés en que se
diera crédito a la versión de Wanda. Con base en esa declaración se archivó por primera vez el sumario, con la definición
de «muerte por accidente». Sin embargo, todos los elementos
contribuyen a que se admita la verdad: la familia de Wilma no
tenía noticias del viaje a Ostia, ni del pretendido baño de pies.

«Vamos por aquí»

Los peritos establecieron, por otra parte, que Wilma Montesi
no tenía ninguna lesión, irritación o eczema en los talones.
No tenía huellas de endurecimientos o peladuras producidas
por los zapatos. Esa sospechosa actitud de la familia fue minuciosamente analizada por el presidente Sepe. El padre de
Wilma, que intempestivamente se hizo cargo de la hipótesis
de «muerte por accidente», explicó que la muchacha se había
quitado la liga para mayor libertad de movimientos durante
el baño de pies. Pero en cambio no se quitó el saco. Y hay que
suponer que una persona que quiere tener libertad de movimientos para lavarse los pies se quita el saco antes que la liga.
Incluso se quita el saco para tener más libertad de movimiento al quitarse la liga.

Finalmente, es inconcebible que para darse un baño de
pies Wilma Montesi hubiese caminado 20 kilómetros desde
la estación de Ostia hasta las playas de Torvajanica, cuando el
mar empieza a pocos metros de la estación. El presidente
Sepe no se tragó la píldora de la muerte por accidente y el
baño de pies y siguió investigando.

Ahora tenía entre manos un dato más importante: el tamaño del corazón de Wilma Montesi. Eso podía tener alguna
relación con los estupefacientes.

Cuando Angelo Giuliani vio el cadáver de su novia, observó ciertas huellas en los brazos y las piernas, que le hicieron pensar en un homicidio. Fue él quien se lo dijo a un periodista, a la salida del anfiteatro. La primera autopsia confirmó la existencia de esas cinco equimosis, pero no les atribuyeron ninguna importancia médico-legal.

El superperitazgo ordenado por el presidente Sepe, al examinar el cadáver de nuevo, minuciosamente, y efectuar incluso una detallada exploración radiográfica, demostró que no existía ninguna lesión ósea. Se observaron algunas raspaduras superficiales en el rostro, especialmente en la nariz y en las cejas: resultados de la fricción del cadáver contra la arena. Pero en cambio, el examen confirmó que las cinco equimosis eran de origen vital. Los superperitos consideraron que pudieron haberse producido entre el comienzo de la agonía y cinco o seis horas antes de la muerte.

No hubo violencia carnal

En consideración a su situación particular y a la ausencia de otras huellas características, se descartó la hipótesis de que las cinco equimosis fueran el producto de un acto de violencia sexual. Había dos en el brazo izquierdo y dos en el muslo izquierdo y una en la pierna derecha. Esas equimosis, según los superperitos, por su ubicación, cantidad y superficialidad, tenían las características de un «aferramiento» sobre un cuerpo inerte.

No eran huellas de lucha o forcejeo, pues podía establecerse claramente que cuando ellas se produjeron el cuerpo no opuso ninguna resistencia. En un acto de violencia carnal, las características habrían sido diferentes. Otra hubiera sido la cantidad y muy diferente la ubicación.

No bastan las vísceras

Como se recordará, después de la primera autopsia se procedió a un examen químico de las vísceras, para establecer la presencia de estupefacientes. El resultado de ese examen fue negativo. Un año después, los superperitos afirmaron que el «estado de inconsciencia preexistente a la muerte no era incompatible con la ausencia de rastros de estupefacientes en las vísceras». La investigación original había sido incompleta, pues no se investigó la presencia de estupefacientes en la sangre, en el cerebro o la médula espinal. Por consiguiente, el carácter negativo del examen químico de las vísceras no podía considerarse como absoluto. Wilma Montesi había podido ser víctima de los estupefacientes, sin que el examen químico de sus vísceras revelara la presencia de ellos.

Abriéndose paso

Por otra parte, pudo tratarse de un alcaloide que no dejara rastro en las vísceras. Eso podía ocurrir a causa de la eliminación, en vida o después de la muerte, o de transformaciones ocurridas después del deceso. Esa afirmación es mucho más válida en el campo de las sustancias volátiles o rápidamente descomponibles.

Ante estas circunstancias, los superiores consideraron que no se había establecido con carácter médico-legal, si Wilma Montesi había utilizado o no ciertas dosis de estupefacientes. Por consiguiente, el examen no era negativo, sino inútil, puesto que se había limitado a comprobar que no había huellas de estupefacientes en las vísceras en el momento de la investigación. Esas huellas pudieron haberse encontrado en otros órganos, e incluso en las vísceras mismas, en un momento anterior.

«Tu pequeño corazón»

Al presidente Sepe le llamó la atención la reducida dimensión del corazón de Wilma Montesi. Les preguntó a los superperitos si esa circunstancia habría podido ocasionar un síncope cuando la muchacha se lavaba los pies. Los superperitos respondieron que no: era absolutamente indemostrable la hipótesis de que las condiciones fisiológicas particulares en que Wilma se encontraba habían ocasionado un colapso a causa del reducido tamaño de su corazón.

Pero en cambio, dijeron otra cosa: «El reducido tamaño del corazón pudo haber producido un colapso, causa del suministro de estupefacientes».

El examen detallado del cuerpo permitió establecer que Wilma tenía una sensibilidad sexual inferior a la normal. El presidente Sepe consideró que ésa podía ser una explicación para el suministro de estupefacientes, pues cualquiera habría podido poner en práctica ese recurso para provocar una excitación que no se presentaba en circunstancias normales. O para quebrantar la resistencia de la víctima.

Al revés y al derecho

Había que descartar definitivamente la hipótesis de que el mar había desprovisto a Wilma de sus prendas. Para que ello hubiera ocurrido habría sido preciso que el cuerpo hubiera estado sometido a una violenta acción de las olas, a la cual no hubieran resistido los diecisiete hilos del botón del saco. Sin embargo, el cadáver no tenía puesta la liga, una prenda tan fuertemente adherida al cuerpo que una antigua sirvienta de la familia Montesi declaró que en varias ocasiones, para quitársela o para ponérsela, Wilma había solicitado su colaboración.

Era preciso aceptar que persona distinta a Wilma la había despojado de sus prendas de vestir, probablemente a la fuerza, o probablemente cuando se encontraba bajo la acción de los estupefacientes. Pero en cambio, el saco seguía siendo un enigma: es curioso que se la hubiera despojado de la liga y en cambio no se la hubiera despojado de la prenda más fácil de quitar: el saco.

¿Por qué no pensar otra cosa más lógica? Por ejemplo: Wilma estaba completamente desvestida cuando sufrió el colapso. En su nerviosismo, su desconocido acompañante, tratando de destruir las huellas de su acción, había tratado de vestirla apresuradamente. Por eso estaba allí el saco. Porque era la prenda más fácil de quitar, pero también la más fácil de recomponer. Y por eso no estaba la liga.

La definición

El presidente Sepe, examinados estos detalles y otros que no es indispensable precisar, llegó a la conclusión de que el estado de inconsciencia en que se encontraba Wilma Montesi antes de la muerte, era el resultado de una acción culposa, o de una acción dolosa. Ésa era la alternativa. El homicidio culposo se habría demostrado con la comprobación de que el responsable ignoraba que Wilma aún estaba viva, cuando la abandonó en la playa para deshacerse del cuerpo. Curiosamente, uno de los primeros declarantes había dicho que Wilma había participado en una partida de placer, había sufrido un colapso a causa de los estupefacientes y había sido abandonada en la playa.

Dos preguntas encadenadas

Ante una alternativa como ésa, existe en el derecho italiano lo que se llama el favor re. Consiste esa gracia en que, frente a la duda entre un delito grave y uno menos grave, el sindicado debe ser procesado por el delito menos grave. La primera parte del artículo 83 del código penal italiano dice: «Si por error en el uso del medio de ejecución del delito, o por otra causa, se ocasiona un evento distinto del deseado (ocultamiento de un presunto cadáver, en este caso), el culpable responde, a título de culpa, del evento no deseado, cuando el hecho ha sido previsto por la ley como delito culposo». Con base en este artículo, el presidente Sepe definió la muerte de Wilma Montesi como un homicidio culposo. ¿Quién cometió ese homicidio?

El personaje central

Por lo pronto, el presidente Sepe no podía hablar de nombres propios. Pero había algunas cosas importantes: de las cinco equimosis se deduce que la colocación del cuerpo en el agua, en las playas de Torvajanica, pudo ser una operación realizada cuando Wilma se encontraba inconsciente. Es decir, el accidente había ocurrido en otro lugar y la víctima había sido transportada hasta el sitio desierto. En ese lugar, la orilla del mar dista más de doce metros de la carretera asfaltada, donde debió detenerse el automóvil en que fue llevada Wilma Montesi. Entre la carretera y el mar hay una zona arenosa, de difícil tránsito. En consideración al peso de la víctima y a la ubicación de las cinco equimosis, el presidente Sepe concluyó que Wilma Montesi fue llevada del automóvil a la playa por lo menos por dos personas.

«¿Quiénes son esas dos personas?», debió de preguntarse el presidente Sepe, rascándose la calva y reluciente cabeza. Hasta ahora, sólo tenía entre manos una pista: la posibilidad de que Wilma Montesi hubiera estado en contacto con traficantes de estupefacientes. Entonces fue cuando el investigador, acaso dando un salto en el asiento como lo hacen los detectives en las películas, se hizo la sorprendente pregunta que nadie había hecho hasta entonces: «¿Quién era Wilma Montesi?».

Desde los primeros informes de la policía se creó en el público la impresión de que la familia Montesi era un ejemplo de modestia, delicadeza y candor. Los mismos periódicos contribuyeron a crear esa impresión, elaborando la imagen ideal de Wilma Montesi: una muchacha ingenua, limpia de malicia y de culpa, víctima de los monstruosos traficantes de estupefacientes. Había una protuberante contradicción, sin embargo: no era concebible que una muchacha adornada de tan excelsos atributos hubiera estado en conexión con aquella clase de elementos y participando, como se le decía, en una «fiesta de placer» que le costó la vida.

El presidente Sepe se dio cuenta de que el personaje estaba mal construido y se dispuso a verificar una investigación a fondo sobre el ambiente familiar verdadero y la vida secreta de Wilma Montesi.

El ídolo caído

«La madre de Wilma —escribió el instructor después de que terminó la investigación— no gozaba de buena reputación en el vecindario y había impartido a su hija, desde los primeros años de su infancia, una poco severa educación, habituándola a no lavarse y acostumbrándola a un lujo vistoso y desproporcionado a su condición económica y social». La imagen de Wilma Montesi, la pobre niña ingenua, víctima de los traficantes de estupefacientes, empezó a desmoronarse ante la embestida de una investigación fría e imparcial. La misma madre de Wilma Montesi puso en su casa el mal ejemplo de una elegancia pomposa y de mal gusto. «Se mostraba —dice el sumario— autoritaria con el marido, despótica con toda la familia e incluso violenta con su propia madre, pronunciando en las frecuentes escenas familiares palabras vulgares y términos arrabaleros».

El misterio de la cartera

Aquel comportamiento influyó de tal modo en la formación de Wilma, que en un altercado que tuvo recientemente con una vecina, pronunció una sarta de palabrotas impublicables, literalmente transcritas en el sumario. Poco después de su muerte, el propietario del almacén Di Crema, en vía Nazionale, oyó que dos muchachas conocidas de Wilma, pero no identificadas posteriormente, dijeron, refiriéndose a la víctima: «Es natural, con la vida que llevaba no podía tener otro fin».

El jornal de Rodolfo Montesi no era superior a las mil quinientas liras. Sin embargo, en los últimos días de su vida Wilma Montesi poseía una cartera de cuero de cocodrilo, legítimo, avaluada por los peritos en ochenta mil liras. No fue posible establecer el origen de esa cartera.

Palabras sonoras

Al parecer se había olvidado una de las primeras cosas que comprobó la policía: después de que su novio fue trasladado a Potenza la muchacha adquirió el hábito de salir a la calle todos los días, en las horas de la tarde. Nunca volvió a casa después de las siete y media, se aseguraba. Pero un médico no identificado, que vivía en el último edificio de Tagliamento número 76, afirmó a un farmacéutico de vía Sebazio, y éste lo reveló a la policía que, en cierta ocasión, había tenido que abrir el portón a Wilma después de la medianoche.

Durante cinco meses, Annunciata Gionni prestó servicio en casa de la familia Montesi. La criada reveló a la policía todo lo contrario de lo que la misma familia había afirmado: los altercados en voz alta eran frecuentes en ausencia de Rodolfo Montesi y en alguna ocasión la madre le había gritado a Wilma dos adjetivos de fuerte valor expresivo, que amansados un poco podrían traducirse: «buscona y desgraciada».

Las dos hermanitas

Se demostró asimismo que todas las mañanas, hacia las ocho, y después de que el padre había abandonado la casa, las dos hermanas salían a la calle, hasta las dos de la tarde. La antigua criada confirmó este hecho, pero advirtió que no le había dado importancia porque creyó que las dos muchachas estaban empleadas.

En las horas de la tarde, incluso después de su compromiso con Giuliani, Wilma Montesi recibía numerosas llamadas telefónicas. Antes de responder, cerraba la puerta del cuarto y seguía la conversación en voz baja y cautelosa. Pero nadie estuvo en capacidad de precisar si se trataba siempre de un mismo interlocutor telefónico, ni si las llamadas eran interurbanas. En este último caso, no habrían podido ser de Giuliani, en los últimos meses, porque en el momento de la muerte de Wilma Montesi no existía comunicación telefónica directa entre Roma y Potenza.

La actitud sospechosa

En relación con el comportamiento de la familia después de la muerte de Wilma, el instructor comprobó, por medio de la intervención telefónica, que la madre de Wilma sacaba partido de la publicidad que daban los periódicos a la muerte de su hija. Ella misma cobró varios centenares de liras por sus informaciones y «en cierta ocasión —dice el sumario— deploró la escasez de la recompensa y exhortó a los periodistas a que escribieran algún artículo más picante». De esta y otras investigaciones, la sección instructora del sumario llegó a la conclusión de que Wilma Montesi tenía «una doble vida».

Habituada desde pequeña a un lujo desproporcionado a su condición social, crecida en un ambiente familiar no propiamente caracterizado por una severidad excesiva en los hábitos y las costumbres, Wilma soñaba con un porvenir mejor y gozaba de entera libertad para salir a la calle, en la mañana o en la tarde.

No era por tanto inverosímil que esta Wilma Montesi verdadera –tan diferente a la construida por los periódicos– estuviera en contacto con los traficantes de estupefacientes y hubiera participado en una «fiesta de placer».

El teléfono

El instructor miró entonces hacia atrás y recordó la primera declaración de Wanda Montesi, posteriormente rectificada: «Wilma había salido a la calle sin arreglarse, sencillamente porque no había tenido tiempo. Seguramente había salido después de una llamada telefónica urgente». Esa declaración permite pensar que Wanda estaba segura de que su hermana podía recibir telefonemas urgentes y salir a la calle sin previo aviso e incluso que tenía relaciones secretas, nunca reveladas por la familia a la policía.

Rodolfo Montesi, la única persona que habría podido imponer un ambiente de severidad en su casa, no tenía tiempo para atender a sus obligaciones. El trabajo absorbía casi todas sus horas y apenas tenía tiempo de ir a la casa a tomar el almuerzo.

¿Qué hizo el príncipe?

Pero antes de seguir adelante, había que analizar un testimonio: alguien dijo haber visto al príncipe D'Assia en un automóvil claro y acompañado de una muchacha, en la tarde del 9 de abril y en el sector donde se cometió el crimen. Un abogado que se enteró de este hecho, se lo contó al abogado de Ugo Montagna y éste armó el gran escándalo: habló con el testigo y éste le confirmó el testimonio. Cuando la esposa del testigo supo que había hablado, exclamó: «Desgraciado. Le dije que se callara la boca. Esa muchacha era Wilma Montesi».

El príncipe D'Assia, un joven aristócrata italiano, de un metro con ochenta y seis de estatura y flaco como un garabato, fue llamado a declarar. Negó que su acompañante fuera Wilma Montesi. Pero se negó, asimismo, a revelar el nombre de la muchacha, porque el príncipe D'Assia es todo un caballero.

Veamos

Sin embargo, la caballerosidad debió ser puesta a un lado, pues aquella clase de coartadas no valían para el presidente Sepe. Se reveló el nombre de una distinguida señorita de la alta sociedad de Roma, que llamada a declarar, confirmó la versión del príncipe sobre su viaje a la Capacotta el 9 de abril. Además, el recibo de la gasolina demostraba que esa tarde el príncipe se había provisto de veinte litros de combustible para hacer el viaje.

Los cargos contra el príncipe de D'Assia resultaron inconsistentes. En cambio, había cargos concretos que era necesario examinar: los formulados contra Ugo Montagna y Piero Piccioni. Pero antes de seguir adelante es preciso informar al lector de algo que sin duda desea saber desde hace varios días, pero que sólo ahora resulta oportuno revelar: Wilma Montesi era virgen.

REVELACIONES SOBRE PICCIONI Y MONTAGNA

El instructor del sumario del caso Montesi estableció los siguientes hechos de la vida de Piero Piccioni:

En vía Acherusio, número 20, tenía un apartamento de soltero, para su uso exclusivo, en el cual organizaba fiestas en compañía de amigos y mujeres. Ese apartamento no estaba registrado en la portería del edificio. La actriz Alida Valli admitió haber estado varias veces en ese lugar «para oír algunos discos».

Según diversos testimonios, Piero Piccioni es un hombre «de gusto refinado en el amor». Se reveló que acudía al estímulo de los estupefacientes.

Se demostró que, en compañía de Montagna, era cliente del pequeño bar de vía del Babuino, donde, como se recordará, alguien oyó decir a Andrea Bisaccia: «Wilma Montesi no pudo morir por accidente, porque yo la conocía muy bien». Ese establecimiento fue cerrado por la policía, debido a que allí se daban cita «junto con existencialistas, personas dedicadas al uso de estupefacientes o al menos de dudosa moralidad».

«El marqués»

Sobre la vida de Ugo Montagna, conocido como el marqués di San Bartolomeo, hombre elegante y bien relacionado, se estableció, de acuerdo con los términos literales del sumario:

«Nació en Grotte, provincia de Palermo, el 16 de noviembre de 1910, de una familia de modestísima condición social y económica, no exentos algunos de sus miembros de antecedentes penales y de policía. Su padre, Diego, fue detenido el primero de abril de 1931, "por orden superior", en Pistoia, y expatriado el 27 del mismo mes. Un hermano suyo fue condenado a varios años de cárcel por estafa y encubrimiento.

»En el 1930, de su pueblo de origen, Ugo Montagna se trasladó a Pistoia y posteriormente regresó a Palermo, en donde fue arrestado por primera vez por falsedad en letras de cambio. Excarcelado, con libertad provisional, el 23 de mayo de 1936, fue desterrado a Roma, el 28 del mismo mes».

Casado y con hijos

«Ugo Montagna —continúa diciendo el sumario— contrajo matrimonio en Roma, en 1935, con Elsa Anibaldi. Nuevamente encarcelado, fue puesto en libertad, por amnistía, en 1937, cuando cumplía una pena por usurpación del título de contador público.

»Después de un breve período de convivencia con su esposa, con la cual tuvo un hijo, se separó de ella por razones de celos y de intereses y, sobre todo, porque, disipando todas sus ganancias con mujeres de fáciles costumbres y en viajes de placer, no le proporcionaba ni siquiera los medios de subsistencia.

»En mayo de 1941, a raíz de las protestas de un vecino, le fue recomendado por la policía abstenerse de las fiestas nocturnas que, con danzas, cantos y bochinche, se desarrollaban en su residencia, en el barrio Flaminio, y se prolongaban hasta después de la medianoche, para divertir a su numerosa cuerda de invitados de ambos sexos». En la actualidad es multimillonario.

Testigos

El mecánico Piccini, que el año anterior se había apresurado a manifestar a la policía su certidumbre de que Wilma Montesi había estado con un hombre, en un automóvil atascado cerca de la Capacotta, en la primera década de marzo, fue esta vez llamado a declarar formalmente. Piccini declaró lo que había visto: el hombre era aproximadamente de la misma altura suya, un metro sesenta y nueve centímetros, semicalvo, elegante, sin sombrero, y hablaba el italiano correctamente, con un ligero acento romanesco.

Sin embargo, esta vez se reveló que Piccini no había ido solo a auxiliar al desconocido. Había ido con un compañero de trabajo de apellido De Francesco, quien estuvo de acuerdo en todo, menos en que el hombre hablaba el italiano correctamente. Según De Francesco, el hombre del automóvil tenía un ligero acento extranjero. Los dos testigos fueron enfrentados. Piccini se mantuvo firme y en un reconocimiento formal identificó a Piero Piccioni entre otros tres sujetos con iguales características físicas. Sin embargo, no podía descartarse el hecho de que, para ese tiempo, la fotografía de Piero Piccioni había aparecido en innumerables ocasiones en todos los periódicos.

El hombre que habló por teléfono

Entre las cosas que Piccini dijo en su declaración, recordó que el hombre del automóvil había manifestado una prisa sospechosa por hacer una llamada telefónica. A esa hora no es frecuente que alguien hable por teléfono. El investigador llamó al administrador de la tabaquería de la estación de Ostia, Remo Bigliozzi, para que describiera al hombre que habló por teléfono. Hasta donde pudo acordarse, Bigliozzi lo describió como un hombre moreno, de rostro ovalado, de cabello oscuro, semicalvo y con una increíble prisa por hacer la llamada. Este testigo dijo que, tan pronto como vio las fotografías de Piero Piccioni, lo había identificado como el hombre que llamó por teléfono desde su tabaquería, en la primera década de marzo.

De aceptar que Wilma Montesi era la muchacha del automóvil —y los testigos coincidían en la descripción— había que poner en duda la afirmación de la familia Montesi, según la cual Wilma no estuvo nunca hasta muy tarde fuera de casa. Pero la conducta verdadera de esa familia, perfectamente comprobada por el investigador, y la no olvidada circunstancia de que la madre Montesi trató de instigar a la portera a modificar su declaración, permiten pensar que estaba enterada de algo, un vínculo secreto de su hija que quería mantener oculto a toda costa. Por eso no se tuvieron en cuenta sus afirmaciones, para descartar la posibilidad de que la muchacha del automóvil fuera Wilma Montesi.

¿No había curiosos?

Por otra parte, el investigador resolvió llamar a declarar a algunas personas que no fueron tenidas en cuenta antes de las dos archivaciones, y que seguramente tenían algo que decir: los curiosos que fueron a la playa de Torvajanica a ver el cadáver. Nadie se había acordado de ellos, y concretamente de Anna Salvi y Jale Balleli. Llamadas a declarar, coincidieron en haber reconocido en el cadáver de Wilma Montesi a una muchacha que a las 5.30 del 10 de abril de 1953 había pasado frente a sus casas, en el sector de Torvajanica, a bordo de un autómovil oscuro y en compañía de un hombre. Coincidieron también en la descripción del hombre. Y manifestaron que habían estado en la playa viendo el cadáver, pero que después supieron por la prensa que la muchacha había muerto desde el 9, ahogada en las playas de Ostia, y no volvieron a interesarse en el caso.

Cabos sueltos

Aún había una confusa cantidad de cabos sueltos. Había la dudosa declaración de otro hombre que estuvo viendo el cadáver en la playa. La tarde anterior, ese hombre había pasado con su mujer junto a un autómovil negro, cerca de la Capacotta, y se había quedado mirando a la muchacha que iba a bordo del automóvil. Su esposa le dijo: «Sinvergüenza, vas mirando a la muchacha». Al día siguiente, después de haber estado en la playa viendo el cadáver, el hombre dice que fue donde su esposa y le dijo: «¿Sabes una cosa? La muchacha que vimos ayer tarde amaneció muerta en la playa». Pero su esposa no quiso confirmar sus declaraciones ante el investigador. Sin embargo, el presidente Sepe no se desmoralizó un solo momento. Dispuesto a sacar adelante su trabajo, se dispuso a dar el siguiente paso. Un paso decisivo: un careo entre Ana María Caglio y Ugo Montagna.

LA POLICÍA DESTRUYÓ LAS ROPAS DE WILMA

Ana María Caglio se presentó con un gran dominio de sí misma al careo. Confirmó todos los cargos formulados en su testamento. Y agregó algunos datos nuevos, para ampliarlos. Dijo que a raíz de algunas publicaciones que hizo la prensa sobre el automóvil negro atascado en la arena en la primera década de marzo (testimonio de Piccini), ella había visto un Alfa 1900 en la puerta de la habitación de Piero Piccioni. Dijo que al ver aquel automóvil se había acordado de las publicaciones hechas en la prensa y había tratado de ver el número de la placa, pero que Montagna había descubierto su propósito y se lo había impedido con mucha habilidad. Se mantuvo firme en su cargo de que Piccioni y Montagna habían visitado al jefe de la policía mientras ella esperaba en el automóvil. El cargo fue negado por Piccioni. Pero posteriormente se comprobó que, en efecto, aquella visita se había realizado.

A pesar del rencor

Después de examinados todos los cargos de Ana María Caglio y comprobadas muchas de sus afirmaciones, el instructor del sumario llegó a la siguiente conclusión: «Es preciso considerar atendibles las diferentes declaraciones de Ana María Caglio en el curso de la instrucción formal, así como las anteriores a la segunda archivación y las del proceso Muto, en virtud de la substancial uniformidad de sus afirmaciones, mantenidas firmes con extrema vivacidad, reveladora de un radical convencimiento, incluso en los dramáticos careos con Montagna y Piccioni».

«Es verdad que la Caglio —continúa diciendo el instructor— estaba inspirada por sentimientos de rencor contra Montagna, por haber sido abandonada por el mismo después de un no breve período de vida íntima, que había suscitado y radicado en el ánimo de la muchacha un profundo afecto, constantemente manifestado en su correspondencia»; pero concluyó que ese sentimiento podía ser la explicación de su conducta, que no debía considerarse como el infundado fruto de los celos, o como una inconsulta venganza.

Una mala película

Llamada a declarar la actriz Alida Valli sobre su telefonema desde Venecia, negado por ella misma a la prensa, admitió que, en efecto, la llamada se había realizado, pero que había sido completamente distinta de como la habían descrito los testigos. Dijo que esa conversación, por parte de ella, se había leído en unos recortes de periódicos y en la cual se hablaba de Piccioni. Esos recortes —dijo la actriz— habían sido enviados a su domicilio por la agencia L'Eco della Stampa, de Milán. Para demostrarlo, mostró los recortes: uno de *La Notte*, del 6 de mayo; otro de *Milano Sera*, del mismo día; otro de *Il Momento Sera*, del 5, y otro de *L'Unità*, de Milán, del mismo día. Sin embargo, Alida Valli había olvidado algo fundamental: su llamada telefónica había sido hecha el 29 de abril. Una semana antes de que aparecieran en la prensa los recortes que presentó como coartada.

«La tonsilitis amalfitana»

Faltaba aún por examinar otra cosa: la «tonsilitis amalfitana» de Piccioni. Como se ha dicho, el joven compositor de música popular aseguró que había estado en Amalfi, con la actriz Alida Valli, y que había regresado a Roma en la tarde del

10 de abril. Esa noche, ambos debían asistir a una reunión. Sin embargo, se averiguó que Piccioni no había asistido. Pero él tenía una explicación: había sido reducido al lecho por una amigdalitis, esa misma tarde, y para demostrarlo presentó la receta del doctor Di Filippo, celosamente guardada durante un año. Y presentó también un certificado de un análisis de la orina.

Había pasado tanto tiempo, que el doctor Di Filippo no recordaba la fecha exacta en que expidió la receta. Pero el investigador hizo un minucioso examen en los libros del facultativo y encontró que la relación de consultas de éste no estaba de acuerdo con la fecha de la receta de Piccioni.

En vista de esta sospechosa diferencia, se sometió la receta presentada por Piccioni a un examen técnico y los peritos grafólogos estuvieron de acuerdo en que la fecha de la receta había sido alterada.

Otra caída

Se procedió entonces a investigar la autenticidad del certificado del análisis de la orina. El profesor Salvattorelli, encargado del instituto bacteriológico que presumiblemente había hecho el análisis, declaró que desconocía la firma del certificado. Además, buscó en su agenda-calendario y comprobó que ni en ella, ni en ninguna de las relaciones de análisis del instituto, figuraba el nombre de Piero Piccioni. Tratando de identificar la firma, los expertos grafólogos la atribuyeron al doctor Carducci, funcionario del mismo instituto. El doctor Carducci, en efecto, reconoció como suya la firma, pero no encontró en sus libros, ni en su memoria, la anotación de un análisis de orina a nombre de Piero Piccioni. Voluntariamente, el mismo doctor Carducci planteó la hipótesis de que el certificado falso había sido escrito sobre su firma, en una hoja en blanco, o después de borrar un certificado auténtico.

Por último, el instructor del sumario hizo una visita a la casa de la Capacotta, donde la Gioben Jo debió perder, según se declaró, los 13 millones de liras. Según numerosos testimonios, en esa casa se organizaban las famosas «fiestas de placer». Es una casa situada a muy poca distancia del lugar donde se encontró el cadáver de la Montesi.

El investigador logró establecer que en esa casa se reunían Montagna y algunos de sus amigos y que ocasionalmente tomaban un baño de mar, completamente desnudos, en la playa vecina. Y estableció, y escribió en el sumario, que en esa casa estuvieron «seguramente, más de una vez, Montagna y Ana María Caglio; una vez al menos, Montagna y la Gioben Jo, y en otra ocasión el mismo Montagna, un amigo suyo y dos muchachas».

Títeres sin cabeza

En la ardua tarea de poner en orden los naipes, el presidente examinó entonces uno de los cargos más graves que se habían hecho en el caso Montesi: la destrucción de la ropa de Wilma por la policía. Cuando se desarrollaba el proceso Muto, se realizó una requisa en la redacción de *Actualidad* y se encontró una libreta de apuntes del redactor Giuseppe Parlato. En uno de los apuntes decía que en el curso de una conversación con el señor de Duca, éste reveló que un policía le había dicho en mayo de 1953, que el día en que se encontró el cadáver de Wilma Montesi, Piero Piccioni se había presentado adonde el jefe de la policía y le había consignado las ropas que hacían falta en el cadáver. Después de una laboriosa investigación, el instructor logró identificar a «el señor de Duca». Se llamaba exactamente Natal del Duca.

Y Natal del Duca no sólo confirmó lo dicho, sino que agregó algo más: las ropas de Wilma Montesi habían permanecido escondidas durante un tiempo, pero luego fueron destruidas con el consentimiento de la familia Montesi. Del Duca reveló entonces el nombre del agente de la policía que le había hecho la revelación. El agente fue llamado a declarar. Y al fin de cuentas, en virtud de nuevos testimonios, otro cargo quedó flotando en el ambiente: no sólo habían sido destruidas las ropas, sino que también las prendas que fueron encontradas en el cadáver fueron sustituidas posteriormente, con el consentimiento de la familia, para dar a entender que Wilma no había salido arreglada como para una cita.

«*¿También tú?*»

Ante ese tremendo cargo, el instructor ordenó un análisis de la ropa que se conservaba con la certidumbre de que era ésa la ropa encontrada en el cadáver. El análisis demostró que el contenido de cloruro de sodio encontrado en el saco era considerablemente superior al encontrado en las otras prendas. Y se concluyó: a excepción del saco, ninguna de las otras prendas había sufrido un proceso de empapamiento en agua marina, a menos que hubieran sido lavados o sometidos a cualquier otro proceso que hubiera eliminado el cloruro de sodio. Por otra parte, se demostró que eran prendas gastadas por el uso, visiblemente deterioradas y manchadas en parte. Al instructor se le hizo raro que Wilma Montesi se hubiera cambiado antes de salir de su casa, para ponerse una ropa interior deteriorada. Por eso llamó de nuevo a las personas que vieron el cadáver en la playa y les preguntó: «¿Cómo era la ropa que tenía el cadáver de Wilma Montesi?». Y todos respondieron lo mismo. Las descripciones de la ropa vista en el cadáver no coincidieron con las características de la ropa a la sazón en poder del instructor y analizada por los peritos.

El instructor Sepe avanza la hipótesis de que realmente el cadáver fue desvestido y sustituidas las ropas, de acuerdo con algunos miembros de la familia Montesi. El cuestor de Roma,

Severo Polito, fue llamado a responder por ese cargo. Y posteriormente por otros.

¡32 LLAMADOS A JUICIO!

El ex cuestor de Roma, Severo Polito, comenzó su defensa diciendo que, en realidad, nunca le había prestado mayor interés al caso Montesi. El instructor del sumario hizo una revisión de los archivos de la cuestura y encontró algunas cosas que desmentían esta afirmación: entre ellas, una copia del boletín de prensa firmado por Severo Polito, con fecha de 5 de mayo de 1953. En ese boletín, nunca publicado por los periódicos, el cuestor decía: «La noticia sobre el hijo de una alta personalidad política innominada pero claramente insinuada está desprovista de fundamento».

El mismo 5 de mayo se había entregado otro comunicado a la prensa, en el cual se afirmaba: «Ninguna investigación realizada después del hallazgo del cadáver tiene suficiente validez como para modificar el resultado de las primeras investigaciones y constataciones hechas por la justicia». Fue la época en que surgió y se defendió a brazo partido la hipótesis de que Wilma Montesi había muerto accidentalmente, cuando tomaba un baño de pies.

Más pruebas

Además, había otra prueba de que Severo Polito sí se había interesado en el caso personalmente. Se demostró que el 15 de abril dirigió al jefe de la policía un memorial en el que confirmaba una vez más la hipótesis del baño de pies. En este memorial se daba por sentado que la muchacha había salido de su casa a las cinco en punto y que había sido vista en el tren, donde «se comportó como una persona tranquila y perfectamente normal». Allí mismo se explicaba la desaparición de algunas prendas de vestir: «La muchacha debió haberse desvestido para dar algunos pasos dentro del agua hasta cuando ésta le llegara a la altura de la rodilla, como acostumbraba hacerlo en el pasado». El instructor demostró que ese memorial tenía tres afirmaciones falsas: «en el pasado» Wilma no se quitaba prendas íntimas para lavarse los pies: lo hacía en vestido de baño. No penetraba en el mar hasta cuando el agua le daba a las rodillas: se limitaba a lavarse las piernas en la playa. Y por último: no salió de su casa a las cinco en punto.

¿En Milán?

En esta etapa de la instrucción, fue llamado el periodista Valerio Valeriani, de *Il Giornale d'Italia*, para que demostrara la autenticidad de una entrevista a Severo Polito, que fue publicada en el mencionado periódico. En esa entrevista, el ex cuestor afirmaba:

a) Después del hallazgo del cadáver él había asumido personalmente la dirección de la investigación.

b) El resultado de esa investigación había confirmado la hipótesis de la desgracia, basada sobre elementos sólidos.

c) La Montesi sufría de eczema en los talones, por lo cual había decidido sumergir los pies en agua marina.

d) En cuanto a los cargos contra Piero Piccioni eran inaceptables, pues éste había demostrado que el día en que ocurrieron los hechos se encontraba en Milán.

«No conozco a ese hombre»

Interrogado sobre sus relaciones con Ugo Montagna, el ex cuestor Polito declaró que había conocido a ese señor después de la muerte de Wilma Montesi. Sin embargo, diversos testimonios demostraron que aquélla era una amistad antigua.

Además, el ex cuestor no sabía una cosa: en cierta época en que estuvieron controladas las llamadas telefónicas de Montagna, éste sostuvo con el entonces cuestor una conversación que no era por cierto el indicio de una amistad reciente. Esa llamada fue hecha el 3 de julio de 1953, exactamente después de que Montagna fue llamado por la primera vez a declarar. En el curso de la conversación, Severo Polito le dijo a Montagna, según dice textualmente el sumario:

—Tú eres un ciudadano libre y puedes hacer lo que quieras. Ya viste que el mismo Pompei excluyó dos cosas: la cuestión de los estupefacientes y lo del apartamento. Ya verás que…

Y entonces Montagna, tal vez más astuto que el cuestor, le dijo:

—Está bien, está bien. ¿Podemos encontrarnos esta noche a las veintitrés? O no, hagamos mejor así: nos encontramos a las veintiuna y cenamos juntos.

Y Severo Polito respondió:

—Magnífico.

El acabóse

Por otra parte, el instructor demostró que en el cuaderno secuestrado por la policía y en el que Wilma Montesi transcribió la carta que envió a su novio el 8 de abril, faltaban algunas hojas, evidentemente arrancadas después del secuestro del cuaderno. No fue posible establecer, sin embargo, quién arrancó aquellas hojas, ni cuándo ni con qué objeto.

Severo Polito no pudo dar ninguna explicación a sus declaraciones, relacionadas con la permanencia de Piccioni en Milán. Piccioni no había estado en Milán y lo que es peor: no había tratado de descargarse nunca diciendo que se encontraba en esa ciudad.

«A tales actos originales —dice el sumario— siguieron muchos otros: omisiones graves, falsas demostraciones de circunstancias inexistentes, tergiversación de circunstancias inexistentes, tergiversación de circunstancias graves, equívocos voluntariamente creados, todos ellos dirigidos a frustrar la comprobación de la causa y la verdadera modalidad de la muerte de la Montesi y de alejar cualquier sospecha y evitar cualquier investigación en relación con la persona que desde el primer momento fue indicada como el autor principal del hecho delictuoso…».

Éste no es el fin

El 11 de junio de 1955, dos años después de que Wilma Montesi salió de su casa para no volver más, Piero Piccioni y Ugo Montagna han sido llamados a juicio. El primero debe responder por homicidio culposo. El segundo, por favorecimiento. El cuestor, Severo Polito, debe responder por los cargos antes transcurridos textualmente.

Pero a lo largo de dos años de investigaciones, de obstáculos, de archivaciones y desarchivaciones, nuevos hombres se sumaron a la lista: otras veinte personas han sido llamadas a juicio, especialmente por falso testimonio.

La ardua tarea de averiguaciones del presidente Sepe estableció claramente que Wilma Montesi estuvo veinticuatro horas fuera de su casa. ¿Qué hizo durante esas veinticuatro horas? Ésa es la gran laguna del sumario. A pesar de que veinte personas serán juzgadas por falso testimonio, ninguna de ellas pretendió poner en claro ese misterio; nadie habló de haber estado o de haber sabido que alguien hubiera estado con Wilma Montesi durante la noche del 9 de abril, mientras su padre la buscaba desesperadamente en el Lungotevere. Al día siguiente, cuando Angelo Giuliani recibió el telegrama en el que se le decía que su novia se había suicidado, Wilma Montesi estaba viva. Debió comer por lo menos dos veces antes de morir. Pero nadie ha sabido decir dónde tomó esas comidas. Ni siquiera ha habido nadie que se haya atrevido a insinuar que la vio al atardecer del 10 de abril, comiéndose un helado. Es posible que el mes entrante, durante las audiencias, se conozca el revés de ese misterio. Pero también es muy posible que no se conozca jamás.

Serie de crónicas desde Roma publicadas los días 17, 19, 20, 21, 22, 23, 24, 25, 26, 27, 28, 29 y 30 de septiembre de 1955, *El Espectador*, Bogotá

¿ESTÁN EN CARACAS LAS MUJERES QUE DESAPARECEN EN PARÍS?

La señora Jeanne Cazals, joven y elegante esposa de un rico industrial francés, salió a las siete de la noche del taller de su modisto, metida dentro de un flamante abrigo de visón y con 15 millones de francos en joyas, repartidos por todo el cuerpo. Se confundió con la multitud concentrada en la calle del Faubourg Saint-Honoré –tal vez la más elegante y una de las más concurridas de París– con el propósito de cumplir una cita a su marido. Nunca llegó a esa cita. La señora Cazals desapareció sin dejar un solo rastro, un solo indicio que permita hacer conjeturas sobre su paradero. Desesperada, la policía se ha aferrado a una confidencia que al parecer hizo la señora Cazals, hace algún tiempo, a un amigo íntimo: «He caído en un engranaje del cual me parece imposible salir». Es una pista insólita. Las costumbres de la señora Cazals eran absolutamente regulares. Su reputación intachable. Pero en una ciudad como París, en donde desaparecen misteriosamente 100.000 personas todos los años, ninguna posibilidad es inadmisible.

Caracas, el mercado n.º 1

El caso de la señora Cazals ha puesto de moda en los periódicos un problema adyacente: la trata de blancas. Es una cuestión de la cual se habla con frecuencia. La policía cree en ella.

Todos los periódicos que se han ocupado de la cuestión están de acuerdo en que el principal mercado suramericano de la trata de blancas es la ciudad de Caracas.

Pero ha costado mucho trabajo alarmar a la sociedad, a pesar de la envergadura de los datos: en los últimos años, 30.000 muchachas han sido secuestradas en París y vendidas a numerosos cabarets y sitios públicos de todo el mundo. Los principales mercados, según esas informaciones, son el África del Norte y la América del Sur.

Por primera vez desde cuando empezó a desenterrarse periódicamente la existencia de este tenebroso negocio de carne humana, la opinión pública francesa está manifestando una inquietud militante. Esta tarde he asistido a una reunión pública, compuesta en su mayoría por madres de familia, que solicitan del gobierno francés una intervención más enérgica en el problema. La justicia francesa conoce muchos casos. Pero desgraciadamente, siempre que los periódicos habían tocado el punto, la opinión pública parecía pensar que se trataba de una simple especulación periodística. Ahora la cosa es distinta. En la Asamblea Nacional, la diputada Francine Lefèvre ha puesto a un lado todos los problemas políticos internacionales e internos para plantear desesperadamente la cuestión. No cabe la menor duda: la trata de blancas existe, está dirigida por organizaciones poderosas con agentes y clientes en todo el mundo y opera en todas las grandes capitales. Especialmente en París.

Dos mil dólares por una francesa

Para empezar, la policía ha iniciado un control riguroso sobre ciertos avisos clasificados de apariencia inocente y tentadora: «Empleo fácil, 40.000 francos, para señoritas de dieciocho años». Una muchacha de esa edad no resiste fácilmente la tentación. En muchos casos se trata de un trabajo honrado. Pero las excepciones son tremendas: las aspirantes son enganchadas por contrato, conducidas en avión al África del Norte y allí vendidas como cualquier cosa. Es un negocio que produce ciento por ciento.

La manera como operan los agentes de la organización parece una película de ficción. A principios de este año, en los Campos Elíseos, un automóvil se detuvo a las siete de la noche frente a las inmensas vidrieras iluminadas. Un hombre descendió del automóvil, agarró por el brazo a una estudiante y la metió en el vehículo por la fuerza. Nunca más se supo de ella.

Pero, en realidad, los primeros contactos son más ingeniosos que brutales. Una revista cuenta el caso de Yvonne Vincent, que una somnolienta tarde de domingo estaba en su casa en compañía de una sirvienta. Su madre había ido al cine. Al anochecer, una amable religiosa llamó a la puerta con una mala noticia: su madre había sufrido un accidente de tránsito. La religiosa se presentó con una falsa noticia y una falsa intención. Estacionado en la puerta de la casa, se encontraba un automóvil conducido por un cómplice. Ésa fue la última vez que se vio a Yvonne Vincent.

Otro caso, contado sin nombre propio, es el de la muchacha que se dispuso a tomar el Metro después de haber pasado toda la tarde en compañía de sus amigos en el bosque de Vincennes. Mientras esperaba el semáforo rojo para atravesar la calle, una anciana ciega le pidió el favor de conducirla. Nadie sabe qué sucedió en la acera opuesta, pues esto ocurrió el 18 de septiembre, a las seis y cuarto de la tarde, y todavía la muchacha no ha llegado a su casa. La policía tiene razones para pensar que estas dos muchachas —como la mayoría de las 30.000 desaparecidas en los últimos años— están en algún lugar del mundo, por la razón o la fuerza dedicadas a la prostitución.

El mecanismo parece ser muy sencillo: una vez persuadidas, las muchachas son llevadas al África del Norte o a Suramérica. Una francesita hermosa, joven y complaciente, puede costar hasta medio millón de francos, casi dos mil dólares.

Pero quien paga la suma se siente con derecho a explotar la mercancía hasta multiplicar la inversión. Una muchacha prisionera del engranaje tiene muy pocas posibilidades de regresar a su casa. La organización la puede perseguir hasta el último rincón de la tierra. Sin embargo, algunas han tenido el coraje y la suerte de escapar. Una de ellas fue Suzanne Celmonte, de veintiún años, que hace pocos meses contó su increíble aventura en la televisión. Ella era cantante de un modesto cabaret de París. Una noche se le presentó la suerte elegantemente disfrazada de empresario. Se le contrató para un cabaret de Damasco con 2.000 francos por noche. Se necesitó que la muchacha estuviera en el terreno para que se diera cuenta de que se exigía de ella mucho más que cantar. Sin perder la sangre fría se puso en contacto con el cónsul de Francia a través de las autoridades y fue repatriada. La policía internacional partió de ese caso para desenredar un ovillo que está llevando a la cárcel a algunos pretendidos empresarios de espectáculos.

Sólo un exportador fue detenido…

Las apariencias están tan bien guardadas, son tan hábiles los agentes de la operación, que la policía no puede romper su sólido aspecto de legalidad. Se necesita un golpe de suerte, casi una casualidad, como el que llevó a la cárcel a Francis Raban, un francés acomodado en la apariencia más honrada del mundo. Una noche, cuando se disponía a tomar en Orly el avión que lo conduciría a Suramérica en compañía de una mujer que no era su esposa, un detective tuvo la corazonada de examinar a fondo sus papeles. Los de la mujer eran falsificados.

Ese detalle destapó la verdadera personalidad de Francis Raban. Estaba instalado en París como exportador en gran escala. Periódicamente recibía suculentos cheques de dólares desde Venezuela. Ahora se le acusa de haber exportado muchachas durante varios años.

Los periódicos que señalan a Caracas como el principal mercado de América del Sur, no citan muchos casos concretos. Pero una revista popular relacionó recientemente el caso de Raban con el de una muchacha de servicio raptada en París y vendida en Venezuela. Según esa fuente, la muchacha fue contratada como mesera de bar. Pero se negó rotundamente a «ser más amable con la clientela». Como castigo, fue conducida a la desierta hacienda de San Félix, a 800 kilómetros de Caracas. Logró escapar con la ayuda de dos exploradores franceses que llegaron al lugar por casualidad. ¿Cuántos casos como ése podrán encontrarse ahora mismo en Venezuela?

12 de enero de 1957, *Elite*, Caracas

«YO VISITÉ HUNGRÍA»
(Fragmento)

Janos Kadar –presidente del consejo de gobierno de Hungría– hizo una aparición pública el 20 de agosto, frente a los 6.000 campesinos que se concentraron en el terreno de fútbol de Ujpest, a 132 kilómetros de Budapest, con motivo del aniversario de la constitución socialista. Yo estaba allí, en la misma tribuna de Kadar, con la primera delegación de observadores occidentales que llegó a Hungría después de los sucesos de octubre.

Durante diez meses Budapest había sido una ciudad prohibida. El último avión occidental que salió de su aeródromo –el 6 de noviembre de 1956– fue un bimotor austríaco contratado por la revista *Match* para evacuar a su enviado especial Jean Carles Pedrazzini, herido de muerte en la batalla de Budapest. Hungría se cerró desde entonces y sólo volvió a abrirse para nosotros diez meses después por influencias del Comité preparatorio del festival de Moscú, que logró del gobierno húngaro una invitación a Budapest para una delegación de 18 observadores. Había dos arquitectos, un abogado alemán, un campeón de ajedrez noruego y solamente otro periodista: Maurice Mayer, belga, de bigotes rojos, endiabladamente simpático, bebedor de cerveza y contador de chistes tontos, que inició su carrera en la guerra civil española y fue herido en Liège durante la ocupación alemana. Yo no conocía a ninguno de ellos. En la frontera húngara, después de que las autoridades de aduana examinaron nuestros papeles durante tres horas, un intérprete nos concentró en el vagón restaurante, hizo las presentaciones y pronunció un breve discurso de bienvenida. Luego leyó el programa para los próximos quince días: museos, almuerzos con organizaciones juveniles, espectáculos deportivos y una semana de reposo en el lago Balatón.

Maurice Mayer agradeció la invitación en nombre de todos, pero dio a entender que las experiencias turísticas nos interesaban muy poco. Nosotros queríamos otra cosa: saber qué pasó en Hungría, a ciencia cierta y sin mixtificaciones políticas, y darnos cuenta de la situación actual del país. El intérprete respondió que el gobierno de Kadar haría todo lo posible por complacernos. Eran las tres de la tarde del 4 de agosto. A las 10.30 de la noche llegamos a la desierta estación de Budapest, donde nos esperó un grupo de hombres aturdidos, enérgicos, que nos escoltó durante quince días e hizo todo lo posible para impedir que nos formáramos una idea concreta de la situación.

No habíamos acabado de bajar las maletas cuando uno de esos hombres –que se presentó como intérprete– leyó la lista oficial con nuestros nombres y nacionalidades y nos hizo responder a ella como en la escuela. Luego nos invitó a subir al autobús. Dos detalles me llamaron la atención: el número de nuestros acompañantes –once, para una delegación tan reducida– y el hecho de que todos se hubiesen presentado como intérpretes a pesar de que la mayoría no hablaba sino el húngaro. Atravesamos la ciudad por calles sombrías, desiertas, entristecidas por la llovizna. Un momento después estábamos en el hotel Libertad –uno de los mejores de Budapest– sentados a una mesa de banquete que ocupaba todo el comedor. Algunos de ellos tenían dificultades para manejar los cubiertos. El comedor con espejo, grandes arañas y muebles forrados en peluche rojo, parecía hecho de cosas nuevas pero con un gusto anticuado.

En el curso de la cena un hombre desgreñado con un cierto desdén romántico en la mirada, pronunció un discurso en húngaro que fue traducido simultáneamente a tres idiomas. Fue una bienvenida breve, absolutamente convencional y enseguida una serie de instrucciones concretas. Se nos recomendó no salir a la calle, llevar siempre el pasaporte, no hablar con desconocidos, restituir la llave en la recepción cada vez que abandonáramos el hotel y recordar que «Budapest está en régimen marcial y está por tanto prohibido tomar fotografías». En ese momento había siete intérpretes más. Se movían sin ningún objeto en torno a la mesa, conversaban en húngaro, en voz muy baja, y yo tenía la impresión de que estaban asustados. No estuve solo en esa apreciación. Un momento después, Maurice Mayer se inclinó hacia mí y me dijo: «Esta gente se está muriendo de miedo».

Antes de acostarnos recogieron nuestros pasaportes. Cansado del viaje, sin sueño y un poco deprimido, yo traté de ver un pedazo de la vida nocturna de la ciudad desde la ventana de mi pieza. Los edificios grises y rotos de la avenida Rakoszi parecían deshabitados. El alumbrado público escaso, la llovizna sobre la calle solitaria, el tranvía que pasaba rechinando estre chispas azules, todo contribuía a crear una atmósfera triste. En el momento de acostarme me di cuenta de que las paredes interiores de mi pieza mostraban todavía impactos de proyectiles. No pude dormir estremecido por la idea de que aquel cuarto forrado en colgaduras amarillentas, con muebles antiguos y un fuerte olor a desinfectante, había sido una barricada en octubre. De esa manera terminó mi primera noche en Budapest.

Más colas para la lotería que para el pan

En la mañana la visión era menos sombría. Dispuesto a burlar la vigilancia de los intérpretes –que no llegarían hasta las diez–, me eché las llaves al bolsillo y descendí al vestíbulo por las escaleras. No utilicé el ascensor porque estaba situado justamente frente a la recepción y no hubiera podido salir sin ser visto por el administrador. La puerta de vidrios giratorios daba directamente sobre la avenida Rakoszi. No sólo el hotel, sino todos los edificios de la avenida —desde el frontón con flores de la estación hasta las riberas del Danubio— estaban cubiertos de andamios. Es imprescindible la sensación que produce una avenida comercial cuya multitud se mueve entre esqueletos de madera. Una sensación fugaz, pues apenas di dos pasos fuera del hotel alguien me puso una mano en el hombro. Era uno de los intérpretes. De una manera cordial, pero sin soltarme del brazo, me condujo de nuevo al interior del hotel.

El resto de la delegación bajó a las diez, como estaba previsto. El último fue Maurice Mayer. Entró al comedor con un espléndido saco deportivo, con los brazos abiertos, cantando el himno internacional de la juventud. Con una efusividad exagerada, sin dejar de cantar, abrazó uno por uno a todos los intérpretes, que le correspondieron con un júbilo desconcertante. Luego se sentó a mi lado, se ajustó al cuello la servilleta y me hizo una seña con la rodilla por debajo de las mesa.

—Se me había ocurrido desde anoche —dijo entre dientes—. Todos estos bárbaros están armados.

A partir de ese momento supimos a qué atenernos. Nuestros ángeles guardianes nos acompañaron a los museos, a los monumentos históricos, a las recepciones oficiales, impidiendo celosamente que entráramos en contacto con la gente de la calle. Una tarde —la cuarta en Budapest— fuimos a ver la hermosa panorámica de la ciudad desde la Torre de los Pescadores. Allí cerca hay una iglesia antigua convertida en mezquita por los invasores turcos y todavía decorada con arabescos. Un grupo de delegados nos desprendimos de los intérpretes y penetramos a la iglesia. Era enorme y destartalada, con pequeñas ventanas elevadas por donde penetraba a chorros la luz amarilla del verano. En uno de los escaños de adelante, sentada en una actitud absorta, una vieja vestida de negro comía pan con salchichón. Dos intérpretes entraron a la iglesia un momento después. Nos siguieron en silencio a través de las naves, sin decirnos nada, pero hicieron salir a la mujer.

Al quinto día la situación se había vuelto insostenible. Estábamos hasta la coronilla de visitar cosas viejas, mamotretos históricos y de sentir que la ciudad, la gente que hacía colas para comprar el pan, para subir a los tranvías, parecían objetos inalcanzables detrás de los vidrios del autobús. La decisión la tomé después del almuerzo. Pedí la llave en la recepción donde advertí que estaba muy cansado y pensaba dormir toda la tarde, luego subí por el ascensor y descendí inmediatamente por las escaleras.

En la primera parada tomé un tranvía sin dirección. La multitud apretujada dentro del vehículo me miró como a un emigrante de otro planeta, pero no había curiosidad ni asombro en su mirada, sino un hermetismo desconfiado. Junto a mí, una anciana que con su viejo sombrero de frutas artificiales leía una novela de Jack London, en húngaro. Me dirigí a ella en inglés, luego en francés, pero ni siquiera me miró. Descendió en la primera parada, abriéndose paso a codazos y yo me quedé con la impresión de que no era allí donde debía descender. También ella estaba asustada.

El conductor me habló en húngaro. Yo le di a entender que ignoraba el idioma y él a su vez me preguntó si hablaba alemán. Era un viejo gordo con nariz de cervecero y anteojos remendados con alambres. Cuando le dije que hablaba inglés, me repitió varias veces una frase que no pude entender. Él pareció desesperado. Al término de la línea, en el momento de descender, me entregó al pasar un papelito con la frase escrita en inglés: «Dios salve a Hungría».

Casi un año después de los sucesos que conmovieron al mundo, Budapest seguía siendo una ciudad provisional. Yo vi extensos sectores donde las líneas del tranvía no han sido repuestas y continúan cerradas al tránsito. La multitud, mal vestida, triste y concentrada, hace colas interminables para comprar los artículos de primera necesidad. Los almacenes que fueron destruidos y saqueados están aún en reconstrucción.

A pesar de la bulliciosa publicidad que los periódicos occidentales dieron a los sucesos de Budapest, yo no creí que los estragos fueran tan terribles. Muy pocos edificios centrales tienen sus fachadas intactas. Después supe que el pueblo de Budapest se refugió en ellos y combatió durante cuatro días y cuatro noches contra los tanques rusos. Las tropas soviéticas —80.000 hombres con orden de aplastar la revuelta— emplearon la táctica simple y efectiva de emplazar los tanques frente a los edificios y destruir las fachadas. Pero la resistencia fue heroica. Los niños salían a la calle, subían a los tanques y lanzaban adentro botellas de gasolina en llamas. Las informaciones oficiales indican que en esos cuatro días hubo cinco mil muertos y veinte mil heridos, pero la envergadura de los estragos permite pensar que el número de víctimas fue mucho mayor. La Unión Soviética no ha suministrado cifras de sus pérdidas.

El alba del 5 de noviembre se levantó sobre una ciudad destrozada. El país estuvo literalmente paralizado durante cinco meses. La población sobrevivió a esa época gracias a los trenes de abastecimiento que enviaron la Unión Soviética y las democracias populares. Ahora las colas son menos largas, los almacenes de víveres empiezan a abrir sus puertas, pero el pueblo de Budapest sufre aún las consecuencias de la catástrofe. En los expendios de lotería —que constituyen una fuente de ingreso del régimen Kadar— y en las casas de empeño —de propiedad del Estado—, las colas son más largas que en las panaderías. Un funcionario oficial me decía que, en efecto, la lotería es una institución inadmisible en un régimen socialista. «Pero no podemos hacer otra cosa —explicaba—. Eso nos resuelve un problema todos los sábados». Lo mismo ocurre con las casas de empeño. Yo vi frente a una de ellas una mujer haciendo cola con un carrito de niño lleno de trastos de cocina.

La desconfianza y el miedo aparecen por todas partes, tanto en el gobierno como en la población. Hay una cantidad de húngaros que vivieron en el exterior hasta 1948 y tanto ellos como sus hijos hablan todos los idiomas del mundo. Pero es difícil que hablen con los extranjeros. Ellos piensan que en esta época no puede haber en Budapest un extranjero que no sea invitado oficial y por eso no se atreven a conversar con él. Todo el mundo, en la calle, en los cafés, en los plácidos jardines de la isla Margarita, desconfía del gobierno y de sus invitados.

El gobierno, por su parte, siente que la inconformidad continúa. En los muros de Budapest hay letreros escritos a brocha gorda: «Contrarrevolucionario escondido; temed al poder del pueblo». En otros se acusa a Imre Nagy de la catástrofe de octubre. Ésa es una obsesión oficial. Mientras Imre Nagy padece un destierro forzoso en Rumanía, el gobierno de Kadar embadurna las paredes, edita folletos y organiza manifestaciones contra él. Pero todas las personas con quienes logramos hablar —obreros, empleados, estudiantes, e incluso algunos comunistas— esperan el retorno de Nagy. Al atardecer —después de haber recorrido toda la ciudad— me encontré en el Danubio, frente a las ruinas del puente Elizabeth, dinamitado por los alemanes. Allí estaba la estatua del poeta Pitofi, separada de la Universidad por una plazoleta llena de flores. Diez meses antes —el 28 de octubre— un grupo de estudiantes atravesó la plaza pidiendo a gritos la expulsión de las tropas soviéticas. Uno de ellos se encaramó en la estatua con la bandera húngara y pronunció un discurso de dos horas. Cuando descendió, la avenida estaba colmada por hombres y mujeres del pueblo de Budapest que cantaban el himno del poeta Pitofi bajo los árboles pelados por el otoño. Así empezó la sublevación.

Un kilómetro más allá de la isla Margarita, en el bajo Danubio, hay un denso sector proletario donde los obreros de Budapest viven y mueren amontonados. Hay unos bares cerrados, calientes y llenos de humo, cuya clientela consume enormes vasos de cerveza entre ese sostenido tableteo de ametralladora que es la conversación en lengua húngara. La tarde del 28 de octubre esa gente estaba allí cuando llegó la voz de que los estudiantes habían iniciado la sublevación. Entonces abandonaron los vasos de cerveza, subieron por la ribera del Danubio hasta la plazoleta del poeta Pitofi y se incorporaron al movimiento. Yo hice el recorrido de esos bares al anochecer y comprobé que a pesar del régimen de fuerza, de la intervención soviética y de la aparente tranquilidad que reina en el país, el germen de la sublevación continúa vivo. Cuando yo entraba a los bares el tableteo se convertía en un denso rumor. Nadie quiso hablar. Pero cuando la gente se calla —por miedo o por prejuicio— hay que entrar a los sanitarios para saber lo que piensa. Allí encontré lo que buscaba: entre los dibujos pornográficos, ya clásicos en todos los orinales del mundo, había letreros con el nombre de Kadar, en una protesta anónima pero extraordinariamente significativa. Estos letreros constituyen un testimonio válido sobre la situación húngara: «Kadar, asesino del pueblo», «Kadar, traidor», «Kadar, perro de presa de los rusos».

15 de noviembre de 1957, *Momento*, Caracas

EL AÑO MÁS FAMOSO DEL MUNDO

El año internacional de 1957 no empezó el primero de enero. Empezó el miércoles 9, a las seis de la tarde, en Londres. A esa hora, el primer ministro británico, el niño prodigio de la política internacional, sir Anthony Eden, el hombre mejor vestido del mundo, abrió la puerta del 10, Downing Street, su residencia oficial, y fue ésa la última vez que la abrió en su calidad de primer ministro. Vestido con un abrigo negro con cuello de peluche, llevando en la mano el cubilete de las ocasiones solemnes, sir Anthony Eden acababa de asistir a un tempestuoso Consejo de Gobierno, el último de su mandato y el último de su carrera política. Aquella tarde, en menos de dos horas, sir Anthony Eden hizo la mayor cantidad de cosas definitivas que un hombre de su importancia, de su estatura, de su educación, puede permitirse en dos horas: rompió con sus ministros, visitó a la reina Isabel por última vez, presentó su renuncia, arregló sus maletas, desocupó la casa y se retiró a la vida privada.

Más que otro hombre cualquiera, sir Anthony Eden había nacido con el 10, Downing Street, grabado en el corazón, inscrito en la línea de la mano. Durante treinta años había hechizado los salones de Europa, las cancillerías de toda la tierra, y había desempeñado un papel notable en los más grandes negocios políticos del mundo. Se había fabricado una reputación de elegancia física y moral, de rigor en los principios, de audacia política, que escondían al gran público ciertas debilidades de su carácter, sus caprichos, su desorden y esa tendencia a la indecisión que en ciertas circunstancias podían conducirlo a decidir demasiado pronto, demasiado a fondo, solo y contra todos. Tres meses antes —el 2 de noviembre de 1956— sir Anthony Eden, frente a la secreta invitación de Francia a tomarse por asalto el canal de Suez, se había mostrado tan indeciso que decidió demasiado pronto, demasiado a fondo, contra el parecer de la mayoría de sus ministros, del arzobispo de Canterbury, de la prensa e incluso del pueblo de Londres, que expresó su desacuerdo en la más grande manifestación popular que ha visto Trafalgar Square en el presente siglo. Como consecuencia de esa decisión solitaria y precipitada, tuvo que decidir en esas dos horas melancólicas del 9 de enero —y esta vez con la aprobación de sus ministros, con la aprobación de las grandes mayorías del Imperio Británico— el acto más trascendental de su vida: la renuncia.

Esa misma noche, mientras sir Anthony Eden, acompañado por su esposa, lady Clarisa, sobrina de Winston Churchill, se trasladaba en su largo automóvil negro a su residencia particular de los suburbios de Londres, un hombre tan alto como él, tan bien vestido como él, pasó del número 11 al número 10 de Downing Street. El señor Harold MacMillan, el nuevo primer ministro, sólo tuvo que caminar 15 metros para hacerse cargo de los delicados negocios del Imperio Británico.

Esa noticia, que estalló como un torpedo en la primera página de todos los periódicos del mundo, debió llegar, sin embargo, como un rumor sin sentido a la apretada multitud de 4.000 personas que pocas horas después se concentró, del otro lado del Atlántico, frente al pequeño templo protestante de Los Ángeles, California, para asistir a los oficios funerarios de Humphrey Bogart, muerto a causa de un cáncer en la garganta, el domingo 6 de enero. «Creedme —había dicho en cierta ocasión Humphrey Bogart— que yo tengo más admiradores mayores de ocho años y menores de sesenta, que ninguna otra persona en este país, y es por eso por lo que gano 200.000 dólares por película». Pocas horas antes de morir, el gángster más querido del cine, el tierno matón de Hollywood, había dicho a su amigo de toda la vida, Frank Sinatra: «Lo único que va bien es mi cuenta bancaria».

El grande actor del cine fue el tercero de los muertos notables de enero: en ese mismo mes, murieron la poetisa chilena Gabriela Mistral y el director de orquesta italiano —uno de los más prestigiosos de la historia de la música y también uno de los más ricos— Arturo Toscanini, mientras el pueblo polaco ratificaba en las urnas su confianza a Ladislaw Gomulka y los automovilistas franceses hacían cola frente a las bombas de gasolina. La aventura de Suez sólo dejó a Francia una inmensa desilusión y una grave crisis de combustible. En el trastorno del tránsito ocasionado por la restricción, una de las pocas cosas que llegaron a tiempo —el 23 de enero— fueron los tres kilos y 25 gramos de Carolina Luisa Margarita, princesa de Mónaco, hija de Rainiero III y de Grace Kelly.

En febrero se perdió la noticia del año

La juventud londinense había agotado un millón de discos de «Rock around the clock» en treinta días —el mayor récord después de *El tercer hombre*— la mañana en que la reina Isabel de Inglaterra se embarcó en el avión que la condujo a Lisboa. Esa visita al discreto y paternalista presidente de Portugal, Oliveira Salazar, parecía tener una intención política tan indescifrable, que fue interpretada como un simple pretexto de la soberana de Inglaterra para salir al encuentro de su marido, el príncipe Felipe de Edimburgo, que desde hacía cuatro meses vagaba en un yate lleno de hombres por los últimos mares del Imperio Británico. Ésa fue una semana de noticias indescifrables, de pronósticos frustrados, de esperanzas muertas en el corazón de los periodistas, que esperaron lo que sin duda hubiera sido el acontecimiento sentimental del año: la ruptura entre la reina Isabel y el príncipe Felipe. En el limpio y laberíntico aeródromo de Lisboa, adonde el duque de Edimburgo llegó con cinco minutos de retraso —en primer término porque no es inglés, sino griego, y en término segundo porque tuvo que afeitarse la barba para besar a su esposa– no ocurrió el acontecimiento esperado, y ésa fue, en 1957, la gran noticia que pudo ser y no fue.

En cambio, en ese mismo febrero en que Brigitte Bardot llevó su descote hasta un límite inverosímil en el carnaval de Munich y el primer ministro francés, señor Guy Mollet, atravesó el Atlántico para reconciliar a su país con los Estados Unidos después del descalabro de Suez, Moscú soltó la primera sorpresa del que había de ser el año más atareado, desconcertante y eficaz de la Unión Soviética. Esa sorpresa, presentada por *Pravda* como un acontecimiento de segundo orden, fue el reemplazo del sexto ministro de Relaciones Exteriores soviético, Dimitri Chepilov, por el nuevo niño precoz de la diplomacia mundial Andrei Gromyko.

Chepilov, antiguo director de *Pravda*, había sido nombrado en junio de 1956. Su paso por el Ministerio de Relaciones Exteriores constituyó un récord de velocidad: todos sus antecesores habían permanecido en ese puesto, en promedio, ocho años. Chepilov duró ocho meses. El Occidente, que no ha podido entender el complejo ajedrez político del Kremlin, tuvo razones para pensar que Gromyko sólo duraría ocho días.

A las 8.33 de la mañana, con niebla y frío en la indecisa primavera de Washington, el vicepresidente de los Estados Unidos, señor Richard Nixon, se embarcó para un viaje de diecisiete días por el África. Así empezó el tercer mes, marzo, el mes de los viajes. Con los 15.000 kilómetros en tres etapas que pocos días después recorrió desde Australia hasta Nueva York, el secretario de Estado de los Estados Unidos, señor Foster Dulles, completó un recorrido aéreo equivalente a 16 veces la vuelta al mundo, desde cuando ocupa ese cargo: 380.000 en total. El presidente de los Estados Unidos, general Eisenhower, viajó esa misma semana, a bordo del acorazado *Camberra*, hasta la idílica posesión británica de las Bermudas, donde debía entrevistarse con el primer ministro inglés, señor Harold MacMillan, quien dio el salto del Atlántico en una noche para tratar de poner en orden algunas de las cosas que dejó pendiente su antecesor, el señor Eden.

La ministra de Israel, Golda Meir, participó en aquella carrera contra el tiempo en un viaje récord, de Tel Aviv a Washington, donde se proponía recordar al señor Foster Dulles la ejecución de las promesas americanas, «la garantía de que la zona de Gaza no sería ocupada de nuevo por las tropas egipcias y la seguridad de que los Estados Unidos no dejarían cerrar otra vez el estrecho de Alaska». En esta confusión de viajes, de idas y venidas alrededor del mundo, el presidente de las Filipinas, señor Magsaysay, se embarcó en un C-47, nuevo y bien mantenido, que pocas horas después del decolaje se precipitó a tierra, envuelto en llamas. Este accidente, del cual no se sabe a ciencia cierta ni siquiera si fue realmente un accidente, fue el único de un mes en que una simple falla de motores hubiera podido voltear al revés —o al derecho— la historia del mundo. Una personalidad filipina, el señor Néstor Mato, que viajaba en el mismo avión del presidente y que sobrevivió milagrosamente a la catástrofe, reveló que el siniestro había sido provocado por una violenta explosión a bordo del avión. Mientras las expediciones de rescate buscaban inútilmente el cuerpo del presidente Magsaysay y en los círculos políticos del mundo occidental se atribuía el accidente a un atentado comunista, el presidente Eisenhower, preparando sus maletas para viajar a Nassau, se quitó el saco frente a una ventana abierta y contrajo un resfriado. En el sopor de la primavera africana, el señor Nixon trituraba a esa hora, entre sus duros maxilares de escolar, semillas de plantas salvajes, como prueba de la simpatía de su país por los lustrosos y emplumados ciudadanos de Uganda.

Pedro Infante se va. Batista se queda

Esa intempestiva fiebre viajera de los políticos tenía por objeto remendar los últimos cabos sueltos de la aventura de Suez, que cuatro meses después seguía constituyendo un dolor de cabeza para los occidentales, a pesar de que ya las tropas de la ONU estaban interpuestas entre Egipto e Israel y de que los técnicos habían empezado a sacar del canal los barcos hundidos en noviembre por el general Nasser. En realidad, si el vicepresidente Nixon viajó al África, si se tomó el trabajo de comer y beber cuantas cosas extrañas le ofrecieron los monarcas primitivos del continente negro, no perdió en cambio la oportunidad de tomarse en Marruecos un té a la menta que le ofreció Mulay Hassan, el príncipe de película en tecnicolor que constituye uno de los tres puntales del mundo árabe. El señor Harold MacMillan, por su parte, trató de convencer al presidente de que no confiara por entero a la ONU los problemas del Oriente. El presidente lo oyó con mucha atención, a pesar de su resfriado y a pesar de que –por razones que el protocolo nunca pudo explicar– durante la conferencia tuvo las orejas tapadas con algodones.

Muy cerca del lugar de la entrevista, en Cuba, donde el presidente Batista empezaba a perder el sueño a causa de los problemas de orden público en la provincia de Oriente, el baile del año, la música que contaminó en menos de tres meses a la juventud de todo el mundo, desde París hasta Tokio, desde Londres hasta Buenos Aires, sufrió su primer tropiezo: el *rock'n roll* fue prohibido en la televisión de La Habana. «Se trataba –decía la prohibición– de un baile inmoral y degradante, cuya música está contribuyendo a la adopción de movimientos raros, que ofenden la moral y las buenas costumbres». En una curiosa coincidencia, esa misma semana, en una fiesta en Palm Beach, la actriz sueca Anita Ekberg y su marido Anthony Steel, se batieron físicamente con el escultor cubano Joseph Dovronyi, porque éste dio a conocer la escultura de una mujer completamente desnuda, para lo cual, según dijo, había tomado como modelo a la actriz sueca. En nombre de la moral y las buenas costumbres, ésta atacó a taconazos al escultor. Otra actriz sueca, Ingrid Bergman, figuró esa misma semana en la actualidad mundial, cuando le fue concedido el Oscar por su actuación en *Anastasia*. Ese hecho fue interpretado como una reconciliación de Ingrid Bergman con el público de los Estados Unidos, que durante ocho años la mantuvo en entredichos a causa de su matrimonio con el director italiano Roberto Rossellini.

El explorador Richard Byrd, viajero del Polo Sur, murió pocos días antes que el político francés Edouard Herriot. Francia apenas tuvo tiempo para guardar veinticuatro horas de luto, atareada como estaba con la guerra de Argelia y con los preparativos de recepción a la reina Isabel de Inglaterra.

Un joven abogado cubano, que en cierta ocasión, en México, se gastó sus últimos veinte dólares en la edición de un discurso, desembarcó en Cuba con un grupo de opositores al presidente Batista. El abogado se llama Fidel Castro y conoce la estrategia mejor que los códigos. El presidente Batista, que tiene dificultades para explicar por qué sus fuerzas armadas no han podido expulsar a Fidel Castro de la isla, pronuncia unos discursos exaltados para decir que «no hay novedad en el frente», pero el hecho es que la inquietud continuaba aún en abril. Los enemigos del gobierno aparecían por todas partes: en la Calzada de Puentes Grandes, 3.215 –La Habana–, donde el detectivismo descubrió un depósito de armas modernas a principios del mes; en el Oriente del país, donde existen serios indicios de que la población civil protege y ayuda a los hombres de Fidel Castro, así como en Miami, en Ciudad de México, en los puntos claves del revoltoso cinturón del Caribe. Pero la opinión pública de ese minúsculo y conflictivo rincón de la tierra, que no ha sido en ningún momento indiferente a los embrollos políticos, se olvidó de los problemas de Cuba para estremecerse con la muerte de Pedro Infante, el cantante mexicano, víctima de un accidente aéreo.

Termina el Escándalo del Siglo. Resultado «0»

A 11.000 kilómetros del lugar en que se destrozó el avión donde viajaba el ídolo popular, un drama largo y complejo tomaba visos de comedia: el caso Montesi, juzgado en Venecia, con un equipo completo de acusados y testigos, de jueces y abogados, de periodistas y de simples curiosos que se dirigían en góndolas a las audiencias, se disolvió en suposiciones sin sentido. El crimen de Wilma Montesi, la modesta muchacha de vía Tagliamento, considerado como el escándalo del siglo, se quedó impune, al parecer, para siempre.

Mientras tanto, los habitantes de París, desafiando los últimos vientos helados de la primavera, salieron a las calles para saludar, en un arranque de fervor monárquico, a la reina Isabel de Inglaterra, que atravesó el canal de la Mancha en su «Viscount» particular para decirle al presidente Coty, en francés, que los dos países estaban más unidos y más cerca que nunca después del fracaso solidario de Suez. Los franceses, que aman a la reina de Inglaterra casi tanto como al presidente Coty, a pesar de que aseguran lo contrario, no se habían tomado desde hacía mucho tiempo la molestia de permanecer cuatro horas detrás de un cordón de policía para saludar a un visitante. Esta vez lo hicieron y sus gritos de bienvenida disimularon durante tres días la tremenda crisis económica de Francia, que el primer ministro, señor Guy Mollet, trataba de remendar desesperadamente en el momento en que la reina de Inglaterra, en Orly, descendió de un avión en el que dejó olvidada su sombrilla.

Secretamente, sin que nadie se atreviera a insinuarlo, un temor circulaba por las calles de París cuando el automóvil descubierto de la soberana británica atravesó por los Campos Elíseos: era el temor de que los rebeldes de Argelia, que están infiltrados por todas partes, que en su país se enfrentan a los grupos de paracaidistas y en París juegan a las escondidas con los policías, lanzaran una bomba al paso del automóvil real. Ése hubiera sido el episodio más espectacular de una guerra anónima, casi una guerra clandestina, que dura desde hace tres años, y que en el de 1957 no tuvo tampoco la solución que todo el mundo espera con impaciencia.

Bogotanos en pijama tumban a Rojas

Los habitantes de Bogotá, muchos de ellos en pijama, salieron a la calle, el 10 de mayo, a las cuatro de la madrugada, para celebrar la caída del general Gustavo Rojas Pinilla, que estaba en el poder desde el 13 de junio de 1953. Desde el 7 de mayo –tres días antes– el país estaba prácticamente paralizado como protesta por la maniobra presidencial de reunir la Asamblea Nacional Constituyente para hacerse reelegir por un nuevo período. Los bancos, el comercio, las industrias, cerraron sus puertas durante setenta y dos horas, en una manifestación de resistencia pasiva apoyada por todas las fuerzas del país. Cuando el 10 de mayo, a las cuatro de la madrugada, la capital de Colombia se desbordó en las calles para celebrar la caída de Rojas Pinilla, éste se encontraba en el palacio de San Carlos, reunido con sus colaboradores más fieles, y seguramente tuvo que preguntar a alguno de ellos qué estaba sucediendo en la ciudad. En realidad, Rojas Pinilla, quien voló a España con 216 maletas, no renunció sino cuatro horas después: a las ocho de la mañana. Esa misma mañana, otro gobierno se vino abajo: el de Guy Mollet, en Francia, que había durado quince meses, y que fue el más largo de todos los gobiernos franceses, después del de Poincaré. Aunque el señor Mollet se las arregló para caerse «por causa de la economía», los observadores de la política francesa supieron que la causa verdadera era otra: la guerra de Argelia, que ha desangrado las finanzas del país y que fue la causa verdadera de las dos crisis de 1957.

En Roma, el club de James Dean, formado por adolescentes que corren a 120 kilómetros por hora en automóvil sin frenos, como homenaje al actor muerto el año pasado en un accidente automovilístico, se siguieron reuniendo en secreto, después de que la policía intervino en mayo para poner término a sus actividades, a petición de los padres de familia. Ninguno de ellos había sufrido el más ligero accidente, cuando la novelista francesa Françoise Sagan —a quien le disgusta profundamente que la llamen «la James Dean de la literatura francesa»— se estrelló en su automóvil, en las cercanías de París. Durante una semana la escritora de veintidós años que escandalizó hace cuarenta meses a los buenos burgueses de Francia con su primera novela, *Bonjour Tristesse*, estuvo entre la vida y la muerte. Cuando abandonó el hospital, un mes después, su nuevo libro estaba en prensa: *Dentro de un mes, dentro de un año*. Fue un récord de ventas: la primera edición se había agotado antes de que cayera el nuevo gobierno francés, presidido por el señor Bourges Maunouri. Las cosas sucedieron tan rápidamente en esas dos semanas, que muchos de los admiradores de James Dean decidieron entrar en la peluquería y pasarse, sin etapas, a la moda de las cabezas peladas, impuesta por Yul Brinner.

Una propuesta, el mejor chiste de Mao

Una mujer de aspecto insignificante, la señora Liu Chi-Jean, se presentó una mañana de junio a las puertas de la embajada de los Estados Unidos de Formosa, con un letrero escrito en inglés y en chino, en el cual calificaba de asesino al sargento americano Robert Reynolds y llamaba a la población de la isla a manifestarse contra la decisión del tribunal que lo declaró inocente. Pocas semanas antes, la esposa de ese sargento Robert Reynolds, a quien la señora Liu Chi-Jean calificaba de asesino, estaba tomando una ducha en su residencia de Taipéi. De pronto prorrumpió en gritos de protesta porque, según decía, un hombre la estaba mirando por una rendija de la ventana. El esposo de la señora Reynolds, que leía el periódico en la sala, salió al patio con su revólver, con el propósito, según dijo en la audiencia, «de mantener a raya al individuo hasta cuando llegara la policía». A la mañana siguiente un cadáver amaneció en el jardín, acribillado por los proyectiles del revólver del sargento Reynolds. El cadáver era el del esposo de la señora Liu Chi-Jean. Un tribunal compuesto por tres sargentos y tres coroneles juzgó al sargento americano y dio su veredicto: «Legítima defensa».

Las manifestaciones provocadas por este hecho, que la población de Formosa consideró como una simple comedia judicial, fueron el primer incidente grave entre la China republicana y los Estados Unidos, desde cuando el señor Chiang Kai Sheck, presidente de la república China, fue expulsado del continente por los comunistas y se instaló en Formosa, con el visto bueno y el apoyo financiero y político de Washington. Las protestas de la señora Liu Chi-Jean desencadenaron en Formosa una tempestad de protestas antiamericanas que el primer ministro de la China Roja, Chu En-Lai, supo valorar exactamente. Convencido de que las cosas no iban bien entre Formosa y los Estados Unidos, los gobernantes de la China comunista hicieron una propuesta a Chiang Kai Sheck: que permaneciera en Formosa, con sus ejércitos, su población y sus 92 automóviles particulares, pero en calidad de administrador de la isla por cuenta del gobierno de Mao Tse-Tung. Chiang Kai Sheck, que debió considerar la propuesta como un chiste de mal gusto, ni siquiera se tomó el trabajo de dar una respuesta. Mao Tse-Tung se encogió de hombros. «De todos modos –dijo–, el tiempo se encargará de resolver el problema de Formosa: los ejércitos de Chiang Kai Sheck se están volviendo viejos. Dentro de diez años tendrán un promedio de cuarenta y cinco años. Dentro de veinte ese promedio será de cincuenta y cinco. La China comunista tiene paciencia y prefiere esperar a que los ejércitos de la China republicana se mueran de viejos en Formosa».

Krushchev, estrella de la TV americana

Los televidentes de los Estados Unidos acababan de ver en la pantalla doméstica el noticiero sobre los acontecimientos de Formosa, cuando una cabeza completamente pelada hizo su aparición y comenzó a decir en ruso un sartal de cosas ininteligibles, que un momento después un locutor empezó a traducir en inglés. Esa vedette desconocida en la televisión de los Estados Unidos era el hombre que más dio que hablar en 1957 —el personaje del año—: Nikita Krushchev, secretario del partido comunista de la Unión Soviética. El hecho de que Nikita Krushchev hubiera podido asomarse a todos los hogares de los Estados Unidos no fue ni mucho menos una maniobra preparada por el servicio de espionaje soviético. Fue conseguido, en un año de gestiones diplomáticas, por la Columbia Broadcasting Corporation, y la película había sido tomada en el Kremlin, en el propio escritorio de Krushchev, quien se prestó a todo lo que le exigieron los periodistas americanos, menos a que lo maquillaran. «No es necesario —declaró un portavoz oficial soviético—. El señor Krushchev se afeita todos los días y usa polvos de talco». Dentro de los propios hogares americanos, la voz de Krushchev inició la ofensiva del desarme, el primer paso a fondo de una campaña que había de prolongarse durante todo el año y que sin duda fue la esencia de la actividad diplomática y política de la Unión Soviética en 1957.

A partir de la entrevista de Krushchev, la atención mundial tuvo forzosamente que volverse hacia el hemisferio socialista. En los preparativos de la celebración del cuarenta aniversario de la revolución, el enigmático señor Krushchev —que prácticamente no dejó de pasar un día sin hacer oír su voz en Occidente— desplegó una actividad colosal, tanto en los problemas interiores como en la política exterior. En un solo día, después de una tormentosa reunión del comité central del Partido Comunista soviético, cuatro de las personalidades más altas de la Unión Soviética fueron puestas fuera de combate: Molotov, Malenkov, Chepilov y Kaganovich. Pocos días después, en el momento en que el primer ministro de Túnez, señor Burguiba, ponía a su vez fuera de combate a un monarca decrépito y anquilosado y proclamaba la república más joven del mundo, los representantes de las cuatro potencias discutían en Londres las bases del desarme mundial. El señor

Stassen, representante de los Estados Unidos, tuvo que abandonar las sesiones para asistir de urgencia al matrimonio de su hijo. Estaba tomándose el primer whisky de la fiesta cuando supo que la conferencia del desarme no había llegado a ninguna parte, pero que el señor Krushchev había soltado una noticia del más grueso calibre: la Unión Soviética disponía de «el arma absoluta», un cohete dirigido a larga distancia que podía alcanzar cualquier objetivo del planeta. El Occidente, pendiente del inminente nacimiento del primogénito de Gina Lollobrigida, no dio mucho crédito a la noticia. Pero era auténtica. A partir de ese momento, la superioridad de ataque de la Unión Soviética se aceptó como un hecho indiscutible. El Occidente trató de pasar ese trago amargo con el consuelo de que Gina Lollobrigida había tenido una niña en perfecta salud: 6 libras y 99 gramos.

La asiática: el mundo con 39 grados de fiebre

El pequeño y pelirrojo John A. Hale, profesor de la Malaysia University, de Singapur, se asomó a su microscopio, a pesar del aplastante calor de 40 grados, el 4 de mayo, para examinar una muestra de microbios que le había llegado esa mañana de Hong Kong. Cinco minutos después, sobresaltado, el profesor llamó por teléfono a la compañía aérea BOAC y le dijeron que quince minutos más tarde salía un avión para Londres. El profesor Hale envió en ese avión, de urgencia, un cilindro de cristal celosamente protegido, al doctor Christopher Andrews, director del centro mundial de la gripe, en Londres. El cilindro contenía las muestras de un microbio rarísimo que el asustado investigador de Singapur acababa de identificar y que, a pesar de sus precauciones, había de provocar la enfermedad del año: la gripe asiática. Cuando el avión de la BOAC aterrizó en Londres, varios marineros de un barco que cuarenta y ocho horas antes había salido de Singapur empezaron a estornudar. Una hora después tenían dolor en los huesos.

Cinco horas después, fiebre de 40 grados. Uno de ellos murió. Los otros, hospitalizados en Formosa, contaminaron a los médicos, a las enfermeras y a los otros pacientes. Cuando el instituto mundial de la gripe, en Londres, dio la voz de alarma, ya la gripe asiática estaba llegando a Europa. Cuatro meses después, la noche en que se estrenó en Londres la última película de Charlie Chaplin, *Un rey en Nueva York*, había acabado de darle la vuelta al mundo.

El presidente Eisenhower estaba demasiado ocupado en esos días para pensar en el peligro de los microbios. Había tenido que estudiar los problemas del polvorín del Oriente, pensar en las soluciones de compromiso que le permitieron estar en buenos términos con el mundo árabe sin disgustar a sus aliados de Europa, tratar de descifrar las indescifrables ocurrencias del indescifrable señor Krushchev y apenas le sobraban tres días para ir a jugar al golf bajo el tibio verano de Nueva Inglaterra, en su residencia de vacaciones de la bahía Narragansett. No había acabado de descender de su avión particular, *Columbine III*, cuando su secretario Hagerty vino a decirle que en Little Rock, estado de Arkansas, donde el gobernador Faubus se oponía a la integración escolar —asistencia de alumnos negros a las escuelas de los blancos—, la situación estaba tomando visos de la más dramática gravedad. El problema había empezado una semana antes: contrariando la decisión de la Corte Suprema de los Estados Unidos, el gobernador Faubus había emplazado la guardia nacional de Arkansas a las puertas de la Central High School, con el pretexto de que la presencia de alumnos negros provocaría disturbios en la población. La población racista, evidentemente una minoría insignificante, se concentró en la puerta del establecimiento y dio a entender, con gritos apasionados y en algunos momentos con la acción física, que el gobernador Faubus tenía razón. El presidente Eisenhower, enemigo de la fuerza, trató por todos los medios de disuadir al gobernador rebelde. Pero éste, a pesar de la entrevista que tuvo con el presidente, persistió en su actitud. Los comentarios de la debilidad del general Eisenhower le dieron la vuelta al mundo a una velocidad mucho mayor que la de la gripe asiática. El mundo socialista explotó la situación. «Hace falta un Truman en la Casa Blanca», se dijo en los Estados Unidos, especialmente en el Norte, donde el recuerdo de la energía, el dinamismo y el espíritu de decisión del antiguo presidente no han sido olvidados. Presionado por la gravedad de la circunstancia, viendo en peligro su autoridad, el presidente Eisenhower decidió, el martes 24 de septiembre, a las 12.30 de la mañana, enviar a Little Rock 1.000 paracaidistas de élite que hicieran cumplir la disposición de la Corte Suprema. A las 3.15 de ese mismo día, el problema estaba resuelto: protegidos por los soldados enviados urgentemente de Washington, los quince estudiantes negros se sentaron con los blancos en la Central High School y no pasó absolutamente nada.

Sputnik: *el mundo aprende astronáutica*

Sofía Loren se había vestido de novia, en Hollywood, para filmar la escena de una película —el 21 de septiembre— cuando un tribunal de México —a 5.000 kilómetros de distancia— la declaró casada por poder con el productor italiano Carlo Ponti, que en ese mismo instante se encontraba en Los Ángeles conversando de negocios por teléfono con un empresario de Nueva York. Ese matrimonio, que tenía algo de futurista, un poco de leyenda interplanetaria, no despertó en Italia el interés esperado. Tampoco en los Estados Unidos, donde la actriz italiana no ha logrado interesar a fondo al público de los estadios de béisbol. Los fanáticos de Nueva York se abrían paso a empujones para lograr un puesto en los graderíos en el partido más esperado de la gran temporada, el 4 de octubre, cuando ya el mundo se había olvidado de discutir la legitimidad o la ilegitimidad del matrimonio de Sofía Loren. En ese mismo instante, «en algún lugar de la Unión Soviética», un científico anónimo apretó un botón: el primer satélite artificial de la Tierra, Sputnik 1 (que en ruso significa «compañero»), fue puesto a girar alrededor del globo terráqueo. La esfera, construida de un material todavía desconocido, pero capaz de resistir la elevadísima temperatura provocada por la velocidad de lanzamiento, con 83.400 kilogramos de peso, 58 centímetros de diámetro, cuatro antenas y dos emisoras de radio, fue colocada en su órbita, a la altura de 900.000 metros y a una velocidad de 28.800 kilómetros por hora, por un cohete dirigido con una precisión inimaginable e impulsado por una fuerza insospechada. A raíz de la espectacular publicidad que se dio a este acontecimiento, uno de los más importantes de la historia de la humanidad, desde el punto de vista científico, los lectores de todos los periódicos del mundo hicieron en cuatro días un curso intensivo y completo de astronáutica. Lo único que no se conoce aún en relación con el Sputnik 1, además del material en que está construido, es el combustible utilizado en el lanzamiento y la hora exacta en que se puso en su órbita. Los soviéticos tenían una razón para guardar ese secreto: a partir de la hora del lanzamiento, los científicos de los Estados Unidos hubieran podido calcular el sitio exacto en que fue lanzado.

«Es un trasto sin importancia», declaró un militar americano cuando supo que la Tierra tenía un satélite de fabricación soviética. Pero «ese trasto sin importancia», cuya trascendencia científica es incalculable, era al mismo tiempo la demostración de que Krushchev no había mentido cuando dijo que su país disponía de un cohete capaz de alcanzar cualquier objetivo del planeta. Si los rusos pudieron lanzar el *Sputnik* es porque, en realidad, disponían del supercohete con que Krushchev amenazó a Occidente dos meses antes.

La última canasta de Christian Dior

Un hombre había encontrado la manera de hacer su curso periodístico de astronáutica sin desatender sus múltiples ocupaciones: el costurero Christian Dior, que en su gigantesco establecimiento de la avenida Montaigne, en París, trabajaba quince horas al día antes de tomar sus vacaciones anuales. El 18 de octubre, Christian Dior dio por terminadas sus labores y se trasladó en automóvil al balneario italiano de Montecatini, acompañado de una muchacha de diecisiete años, María Colle, y de la señora Raymendo Zanecker, su colaboradora más íntima. El objeto más precioso de su equipaje de siete valijas era un maletín con medicamentos de urgencia, a los cuales el modisto que más dinero ganó en 1957 debía recurrir en caso de urgencia. El 23, a las 10.35 de la noche, después de jugar canasta con un grupo de amigos en el hotel de la Pace, Christian Dior se sintió fatigado y se retiró a su habitación. Una hora más tarde, despertada por un presentimiento, la señora Zanecker llamó tres veces a la puerta, con el maletín de los medicamentos. Era demasiado tarde. Un médico francés que habitaba en el mismo hotel, en pijama, a las once veintitrés minutos, comprobó que Christian Dior, un hombre que no sabía hacer nada hace once años y que ahora era el costurero más conocido y más rico del mundo, había muerto de un colapso.

En Moscú, donde los encargados de la moda resolvieron hace seis meses hacer todo lo posible por que el pueblo soviético —que viste muy mal— se vistiera mejor, se esperaba la visita de Christian Dior a principios del año entrante. La noticia de su muerte llegó en un momento en que el pueblo soviético se preparaba para celebrar el 40 aniversario de la revolución. El mundo occidental, a su vez, se preparaba para una revelación espectacular. Sabía que los soviéticos, al lanzar el primer Sputnik, sólo habían soltado un ensayo, una muestra gratis del misterioso y colosal acontecimiento que tenían guardado para el 4 de noviembre. En la expectativa, como para mantener despierta la atención mundial, los soviéticos concedieron un reposo indefinido al mariscal Zukov, ministro de Defensa, vencedor de Berlín y amigo personal del presidente Eisenhower. «Yo acabo de ver a Zukov —dijo esa noche Krushchev, muerto de risa, en la recepción ofrecida por la embajada de Turquía en Moscú–. Estamos buscando para él un puesto que esté de acuerdo con su capacidad». Setenta y dos horas después, al compás de los himnos marciales con que la Unión Soviética celebraba la víspera del aniversario de la revolución, el segundo Sputnik –tan grande y pesado como un automóvil– dio la primera vuelta alrededor de la Tierra.

Ike pierde el Vanguard, pero no el humor

Los Estados Unidos, que ya habían tenido tiempo de reaccionar de la conmoción ocasionada en la opinión pública por el primer satélite, pararon esta vez el golpe con una ocurrencia magistral: con carácter casi oficial, pero sin que nadie respondiera de su autenticidad, se publicó la versión de que el 4 de noviembre, a las doce del día, un proyectil soviético alcanzaría la Luna. Esa maniobra de propaganda logró que el 4 de noviembre, mientras el primer ser viviente –la perrita Laika– daba la vuelta a la Tierra cada noventa y seis minutos, Occidente se sintiera un poco desilusionado: se tuvo la impresión de que no había sucedido absolutamente nada.

El 5 de noviembre, en su despacho color de rosa de la Casa Blanca, el presidente Eisenhower, severamente vestido de gris, recibió a los sabios de los Estados Unidos. En esa entrevista, que duró exactamente una hora y cuarenta y tres minutos, el hombre que fabricó el primer cohete de largo alcance, Werner von Braun, alemán nacionalizado en Norteamérica, habló la mayor parte del tiempo. En 1932 –cuando apenas tenía dieciocho años de edad– Von Braun fue designado por Hitler para diseñar un cohete rudimentario, antepasado de la famosa V-2 y venerable abuelo del Sputnik. Este hombre entusiasta, calvo y de vientre redondo que tiene de común con el presidente Eisenhower el gusto por las novelas de bandidos, convenció al primer mandatario de que los Estados Unidos tienen un sistema de defensa y ataque mucho más avanzado que el de la Unión Soviética, concretamente en el dominio de los cohetes de largo alcance. Pero el presidente no quedó muy tranquilo. Pocas semanas después –cuando Ingrid Bergman y Roberto Rossellini rompieron de común acuerdo sus inseguros vínculos matrimoniales– el presidente sufrió un colapso al regresar del aeródromo de Washington, donde recibió al rey de Marruecos. En París, una comisión de detectives del FBI estudiaba cada centímetro cuadrado del híbrido palacio de Chaillot para estar seguros de que nadie podría disparar contra el señor Eisenhower desde detrás de las numerosas y pálidas estatuas, en el curso de la inminente conferencia de la OTAN. Cuando se conoció la noticia de la enfermedad del presidente, los detectives regresaron a Washington, seguros de haber perdido el tiempo. Rodeado por los mejores médicos de los Estados Unidos, dispuesto a sacar fuerzas de flaqueza para asistir de todos modos a la conferencia de la OTAN, el señor Eisenhower sufrió un nuevo golpe. Un golpe que esta vez no estuvo dirigido contra su cerebro, sino contra su corazón, y contra el corazón mismo de la nación americana: el minúsculo satélite de los Estados Unidos, una pamplemusa de metal refractario cuya fotografía ya había sido publicada por todos los periódicos del mundo, rodó melancólicamente sobre los secos pedregales de Cabo Cañaveral después de que el enorme y costoso dispositivo de lanzamiento del cohete Vanguard se despedazó en un aparatoso fracaso de humo y desilusión. Pocos días más tarde, con su extraordinaria capacidad para asimilar los golpes, con su amplia sonrisa de buen jugador y sus largos y seguros pasos de Johnnie Walker, el presidente Eisenhower desembarcó en París para inaugurar el último acontecimiento internacional del año: la conferencia de la OTAN.

3 de enero de 1958, *Momento*, Caracas

SÓLO DOCE HORAS PARA SALVARLO

Había sido una mala tarde de sábado. El calor empezaba en Caracas. La avenida de Los Ilustres, descongestionada de ordinario, estaba imposible a causa de las cornetas de los automóviles, del estampido de las motonetas, de la reverberación del pavimento bajo el ardiente sol de febrero y de la multitud de mujeres con niños y perros que buscaban sin encontrarlo el fresco de la tarde. Una de ellas, que salió de su casa a las 3.30 con el propósito de dar un corto paseo, regresó contrariada un momento después. Esperaba dar a luz la semana próxima. A causa de su estado, del ruido y el calor, le dolía la cabeza. Su hijo mayor, de dieciocho meses, que paseaba con ella, continuaba llorando porque un perro juguetón, pequeño y excesivamente confianzudo, le había dado un mordisco superficial en la mejilla derecha. Al anochecer le hicieron una cura de mercurio cromo. El niño comió normalmente y se fue a la cama de buen humor.

En su apacible *penthouse* del edificio Emma, la señora Ana de Guillén supo esa misma noche que su perro había mordido un niño en la avenida de Los Ilustres. Ella conocía muy bien a Tony, el animal que ella misma había criado y adiestrado, y sabía que era afectuoso e inofensivo. No le dio importancia al incidente. El lunes, cuando su marido regresó del trabajo, el perro le salió al encuentro. Con una agresividad insólita, en vez de mover la cola, le rasgó el pantalón. Alguien subió a decirle, en el curso de la semana, que Tony había tratado de morder a un vecino en la escalera. La señora de

Guillén atribuyó al calor la conducta de su perro. Lo encerró en el dormitorio, durante el día, para evitar inconvenientes con los vecinos. El viernes, sin la menor provocación, el perro trató de morderla a ella. Antes de acostarse lo encerró en la cocina, mientras se le ocurría una solución mejor. El animal, rasguñando la puerta, lloró toda la noche. Pero cuando la muchacha del servicio entró a la cocina a la mañana siguiente, lo encontró blando y pacífico, con los dientes pelados y llenos de espuma. Estaba muerto.

6 a.m. Un perro muerto en la cocina

El 1 de marzo fue un sábado más para la mayoría de los habitantes de Caracas. Pero para un grupo de personas que ni siquiera se conocían entre sí, que no sufren de la superstición del sábado y que despertaron aquella mañana con el propósito de cumplir una jornada ordinaria, en Caracas, Chicago, Maracaibo, Nueva York, y aun a 12.000 pies de altura, en un avión de carga que atravesaba el Caribe rumbo a Miami, aquella fecha había de ser una de las más agitadas, angustiosas e intensas. Los esposos Guillén, puestos de frente a la realidad por el descubrimiento de la sirvienta, se vistieron a la carrera y salieron a la calle sin desayunar. El marido fue hasta el abasto de la esquina, buscó apresuradamente en la guía telefónica y llamó al Instituto de Higiene, en la Ciudad Universitaria, donde, según había oído decir, se examina el cerebro de los perros muertos por causas desconocidas, para determinar si había contraído la rabia. Era aún muy temprano. Un celador de voz soñolienta le respondió que nadie llegaría hasta las 7.30.

La señora de Guillén debía recorrer un camino largo y complicado antes de llegar a su destino. En primer término, necesitaba recordar, a esa hora, en la avenida Los Ilustres, donde empezaban a circular los buenos y laboriosos vecinos que nada tenían que ver con su angustia, quién le había dicho el sábado de la semana pasada que su perro había mordido a un niño. Antes de las ocho, en un abasto, encontró una sirvienta portuguesa que creyó haber oído la historia del perro a una vecina suya. Era una pista falsa. Pero más tarde tuvo la información aproximada de que el niño mordido vivía muy cerca de la iglesia de San Pedro, en los Chaguaramos. A las nueve de la mañana, una camioneta de la cercana Unidad Sanitaria se llevó el cadáver del perro para examinarlo. A las diez, después de haber recorrido uno a uno los edificios más cercanos a la iglesia de San Pedro, preguntando quién tenía noticia de un niño mordido por un perro, la señora de Guillén encontró otro indicio. Los albañiles italianos de un edificio en construcción, en la avenida Ciudad Universitaria, habían oído hablar de eso en el curso de la semana. La familia del niño vivía a 100 metros del lugar que la angustiada señora de Guillén había explorado centímetro a centímetro durante toda la mañana: edificio Macuto, apartamento número 8. En la puerta había una tarjeta de una profesora de piano. Había que oprimir el botón del timbre, a la derecha de la puerta, y preguntarle a la sirvienta gallega por el señor Reverón.

Carmelo Martín Reverón había salido aquel sábado, como todos los días, salvo el domingo, a las 7.35 de la mañana. En su Chevrolet azul claro, que estaciona en la puerta del edificio, se había dirigido a la esquina Velázquez. Allí estaba situada la empresa de productos lácteos donde trabaja hace cuatro años. Reverón es un canario de treinta y dos años que sorprende desde el primer momento por su espontaneidad y sus buenas maneras. No tenía ningún motivo de inquietud aquella mañana de sábado. Tenía una posición segura y la estimación de sus compañeros de trabajo. Se casó hace dos años. Su hijo mayor, Roberto, había cumplido dieciocho meses de buena salud. El último miércoles, había experimentado una nueva satisfacción: su esposa había dado a luz una niña.

En su calidad de delegado científico, Reverón pasa la mayor parte del día en la calle, visitando la clientela. Llega a los laboratorios a las ocho de la mañana, despacha los asuntos más urgentes y no vuelve hasta el otro día, a la misma hora. Ese sábado, por ser sábado, volvió al laboratorio, excepcionalmente, a las once de la mañana. Cinco minutos después lo llamaron por teléfono.

Una voz que él no había escuchado jamás, pero que era la voz de una mujer angustiada, le transformó aquel día apacible, con cuatro palabras, en el sábado más desesperado de su vida. Era la señora de Guillén. El cerebro del perro había sido examinado y el resultado no admitía ninguna duda: positivo. El niño había sido mordido siete días antes. Eso quería decir que en ese instante el virus de la rabia había hecho progresos en su organismo. Había tenido tiempo de incubar. Con mayor razón en el caso de su hijo, pues la mordedura había sido en el lugar más peligroso de la cara.

Reverón recuerda como una pesadilla los movimientos que ejecutó desde el instante mismo en que colgó el teléfono. A las 11.35, el doctor Rodríguez Fuentes, del Centro Sanitario, examinó al niño, le aplicó una vacuna antirrábica, pero no ofreció muchas esperanzas. La vacuna antirrábica que se fabrica en Venezuela y que sólo ha dado muy buenos resultados, empieza a actuar siete días después de aplicada. Existía el peligro de que, en las próximas veinticuatro horas, el niño sucumbiera a la rabia, una enfermedad tan antigua como el género humano, pero contra la cual la ciencia no ha descubierto aún el remedio. El único recurso es la aplicación de morfina para apaciguar los terribles dolores, mientras llega la muerte.

El doctor Rodríguez Fuentes fue explícito: la vacuna podía ser inútil. Quedaba el recurso de encontrar, antes de veinticuatro horas, 3.000 unidades de Iperimune, un suero antirrábico fabricado en los Estados Unidos. A diferencia de la vacuna, el suero antirrábico empieza a actuar desde el momento de la primera aplicación. 3.000 unidades no ocupan más espacio ni pesan más que un paquete de cigarrillos. No tendrían por qué costar más de 30 bolívares. Pero la mayoría de las farmacias de Caracas que fueron consultadas, dieron la misma respuesta: «No hay». Incluso algunos médicos no tenían noticias del producto, a pesar de que apareció por primera vez en los catálogos de la casa productora en 1947. Reverón tenía doce horas de plazo para salvar a su hijo. La medicina salvadora estaba a 5.000 kilómetros de distancia, en los Estados Unidos, donde las oficinas se preparaban para cerrar el lunes.

12 m. Víctor Saume da el SOS

El desenfadado Víctor Saume interrumpió el *Show de las doce*, en radio Caracas-televisión para transmitir un mensaje urgente. «Se ruega —dijo— a la persona que tenga ampollas de suero antirrábico Iperimune, llamar urgentemente por teléfono. Se trata de salvar la vida de un niño de dieciocho meses». En ese mismo instante, el hermano de Carmelo Reverón, retransmitía un cable a su amigo Justo Gómez, en Maracaibo, pensando que alguna de las compañías petroleras podía disponer de droga. Otro hermano se acordó de un amigo que vive en Nueva York —míster Robert Hester— y le envió un cable urgente, en inglés, a las 12.05, hora de Caracas. Míster Robert Hester se disponía a abandonar la lúgubre atmósfera del invierno neoyorquino para pasar el *weekend* en los suburbios, invitado por una familia amiga. Cerraba la oficina cuando un empleado de la All American Cable le leyó por teléfono el cable que en ese instante había llegado de Caracas. La diferencia de media hora entre las dos ciudades favoreció aquella carrera contra el tiempo.

Un televidente de La Guaira, que almorzaba frente a la televisión, saltó de la silla y se puso en contacto con un médico conocido. Dos minutos después pidió una comunicación con radio Caracas, y aquel mensaje provocó, en los próximos cinco minutos, cuatro telefonemas urgentes. Carmelo Reverón, que no tiene teléfono en su casa, se había trasladado con el niño al número 37 de la calle Lecuna, Country Club, donde vive uno de sus hermanos. Allí recibió a las 12.32 el mensaje de La Guaira: de la Unidad Sanitaria de aquella ciudad informaban que tenían Iperimune. Una radiopatrulla del tránsito, que se presentó espontáneamente, lo condujo allí en doce minutos, a través del tránsito abigarrado del mediodía, saltando semáforos a 100 kilómetros por hora. Fueron doce minutos perdidos. Una parsimoniosa enfermera, aletargada frente al ventilador eléctrico, le informó que se trataba de un error involuntario.

—Iperimune no tenemos —dijo—. Pero tenemos grandes cantidades de vacuna antirrábica.

Ésa fue la única respuesta concreta que ocasionó el mensaje por la televisión. Era increíble que en Venezuela no se encontrara suero antirrábico. Un caso como el del niño Reverón, cuyas horas estaban contadas, podía ocurrir en cualquier momento. Las estadísticas demuestran que todos los años se registran casos de personas que mueren a consecuencia de mordeduras de perros rabiosos. De 1950 a 1952, más de 5.000 perros mordieron a 8.000 habitantes de Caracas. De 2.000 animales puestos en observación, 500 estaban contaminados por las mordeduras.

En los últimos meses, las autoridades de higiene, inquietas por la frecuencia de los casos de rabia, han intensificado las campañas de vacunación. Oficialmente, se están haciendo 500 tratamientos por mes. El doctor Briceño Rossi, director del Instituto de Higiene y autoridad internacional en la materia, hace someter a una rigurosa observación de catorce días a los perros sospechosos. Un 10 por 100 resulta contaminado. En Europa y los Estados Unidos, los perros, como los automóviles, necesitan una licencia. Se les vacuna contra la rabia y se les cuelga del cuello una placa de aluminio donde está grabada la fecha en que caduca su inmunidad. En Caracas, a pesar de los esfuerzos del doctor Briceño Rossi, no existe una reglamentación en ese sentido. Los perros vagabundos se pelean en la calle y se transmiten un virus que luego transmiten a los humanos. Era increíble que en esas circunstancias no se encontrara suero antirrábico en las farmacias y que Reverón hubiera tenido que recurrir a la solidaridad de personas que

ni siquiera conocía, que ni siquiera conoce aún, para salvar a
su hijo.

«El lunes será demasiado tarde»

Justo Gómez, de Maracaibo, recibió el cable casi al mismo
tiempo que míster Hester en Nueva York. Sólo un miembro
de la familia Reverón almorzó tranquilo aquel día: el niño.
Hasta ese momento gozaba de una salud aparentemente perfecta. En la clínica, su madre no tenía la menor sospecha de
lo que estaba ocurriendo. Pero se inquietó, a la hora de las
visitas ordinarias, porque su marido no llegó. Una hora después, uno de sus cuñados, aparentando una tranquilidad que
no tenía, fue a decirle que Carmelo Reverón iría más tarde.

Seis llamadas telefónicas pusieron a Justo Gómez, en Maracaibo, sobre la pista de la droga. Una compañía petrolera,
que hace un mes se vio precisada a traer Iperimune de los
Estados Unidos para uno de sus empleados, tenía 1.000 unidades. Era una dosis insuficiente. El suero se administraba de
acuerdo con el peso de la persona y la gravedad del caso. Para
un niño de 40 libras, bastan 1.000 unidades, veinticuatro horas después de la mordedura. Pero el niño Reverón, que pesa
35, había sido mordido siete días antes, y no en una pierna,
sino en la cara. El médico creía necesario aplicar 3.000 unidades. En circunstancias normales, ésa es la dosis para un adulto de 120 libras. Pero no era el momento de rechazar 1.000
unidades, cedidas gratuitamente por la compañía petrolera,
sino hacerlas llegar, en el término de la distancia, a Caracas.
A la 1.45 de la tarde, Justo Gómez comunicó por teléfono
que se trasladaba al aeródromo de Grano de Oro, Maracaibo,
para enviar la ampolla. Uno de los hermanos de Reverón se
informó de los aviones que llegarían esa tarde a Maiquetía y
supo que a las 5.10 aterrizaba un avión L7 procedente de
Maracaibo. Justo Gómez, a 80 kilómetros por hora, fue al
aeródromo, buscó alguna persona conocida que viniera a Ca-

racas, pero no la encontró. Como había puesto en el avión y no se podía perder un minuto, compró un pasaje en el aeródromo y se vino a traerla personalmente.

En Nueva York, míster Hester no cerró la oficina. Canceló el *weekend*, solicitó una comunicación telefónica con la primera autoridad en la materia de los Estados Unidos, en Chicago, y recogió toda la información necesaria sobre el Iperimune. Tampoco allí era fácil conseguir el suero. En los Estados Unidos, debido al control de las autoridades sobre los perros, la rabia está en vías de desaparición total. Hace muchos años que no se registra un caso de rabia en seres humanos. En el último año, sólo se registraron 20 casos de animales rabiosos en todo el territorio, y precisamente en dos de los estados de la periferia, en la frontera mexicana: Texas y Arizona. Por ser una droga que no se vende, las farmacias no la almacenan. Puede encontrarse en los laboratorios que producen el suero. Pero los laboratorios habían cerrado a las doce. Desde Chicago, en una nueva llamada telefónica, le dijeron a míster Hester dónde podía encontrar Iperimune en Nueva York. Consiguió las 3.000 unidades, pero el avión directo a Caracas había salido un cuarto de hora antes. El próximo vuelo regular –Delta 751– saldría en la noche del domingo y no llegaría a Maiquetía sino el lunes. Con todo, Hester envió las vacunas al cuidado del capitán y puso un cable urgente a Reverón, con todos los detalles, incluso el número del teléfono de Delta en Caracas –558488– para que se pusiera en contacto con sus agentes y recibieran la droga en Maiquetía, al amanecer el lunes. Pero entonces podía ser demasiado tarde.

Carmelo Reverón había perdido dos horas preciosas cuando entró, jadeante, a las oficinas de la Pan American, en la avenida Urdaneta. Lo atendió el empleado de turno en la sección de pasajes, Carlos Llorente. Eran las 2.35. Cuando supo de qué se trataba, Llorente tomó el caso como cosa propia y se hizo el firme propósito de traer los sueros, desde Miami o Nueva York, en menos de doce horas. Consultó los itinerarios. Expuso el caso al gerente de tráfico de la compañía, míster

Roger Jarman, quien hacía la siesta en su residencia y pensaba bajar a las cuatro a La Guaira. También míster Jarman tomó el problema como cosa propia, consultó por teléfono al médico de la PAA, en Caracas, el doctor Herbig —avenida Caurimare, Colinas de Bello Monte— y en una conversación de tres minutos en inglés aprendió todo lo que se puede saber sobre el Iperimune. El doctor Herbig, un típico médico europeo que se entiende en alemán con sus secretarias, estaba precisamente preocupado por el problema de la rabia en Caracas antes de conocer el caso del niño Reverón. El mes pasado atendió dos casos de personas mordidas por animales. Hace quince días, un perro murió en la puerta de su consultorio. El doctor Herbig lo examinó, por pura curiosidad científica, y no le cupo la menor duda de que había muerto de rabia.

Míster Jarman se comunicó por teléfono con Carlos Llorente y le dijo: «Agote todos los recursos para hacer venir los sueros». Ésa era la orden que Llorente esperaba. Por un canal especial, reservado a los aviones en peligro, transmitió, a las 2.50, un cable a Miami, Nueva York y Maiquetía. Llorente lo hizo con un perfecto conocimiento de los itinerarios. Todas las noches, salvo los domingos, sale de Miami hacia Caracas un avión de carga que llega a Maiquetía a las cuatro cincuenta de la madrugada del día siguiente. Es el vuelo 339. Tres veces por semana —lunes, jueves y sábado— sale de Nueva Yok el vuelo 207, que llega a Caracas al día siguiente, a las seis treinta. Tanto en Miami como en Nueva York, disponían de seis horas para encontrar el suero. Se informó a Maiquetía, para que allí estuvieran pendientes de la operación. Todos los empleados de la Pan American recibieron la orden de permanecer alerta a los mensajes que llegaban esa tarde de Nueva York y Miami. Un avión de carga, que volaba hacia los Estados Unidos, captó el mensaje a 12.000 pies de altura y lo retransmitió a todos los aeródromos del Caribe. Completamente seguro de sí mismo, Carlos Llorente, que estaría de turno hasta las cuatro de la tarde, mandó a Reverón para su casa con una sola instrucción:

—Llámeme a las 10.30 al teléfono 718750. Es el teléfono de mi casa.

En Miami, R. H. Steward, el empleado de turno en la sección de pasajes, recibió casi instantáneamente el mensaje de Caracas, por los teletipos de la oficina. Llamó por teléfono a su casa, al doctor Martín Mangels, director médico de la División Latinoamericana de la compañía, pero debió hacer dos llamadas más antes de localizarlo. El doctor Mangels se hizo cargo del caso. En Nueva York, diez minutos después de recibir el mensaje, encontraron una ampolla de 1.000 unidades, pero a las 8.35 habían perdido las esperanzas de encontrar el resto. El doctor Mangels, en Miami, casi agotados los últimos recursos, se dirigió al hospital Jackson Memorial, que se comunicó inmediatamente con todos los hospitales de la región. A las siete de la noche, el doctor Mangels, esperando en su casa, no había recibido aún ninguna respuesta del hospital Jackson. El vuelo 339 salía dentro de dos horas y media. El aeródromo estaba a veinte minutos.

Último minuto: grado y medio de fiebre

Carlos Llorente, un venezolano de veintiocho años, soltero, entregó su turno a Rafael Carrillo, a las cuatro, y le dejó instrucciones precisas sobre lo que debía hacer en caso de que llegaran los cables de los Estados Unidos. Llevó a lavar su automóvil, modelo 55, verde y negro, pensando que a esa hora, en Nueva York y en Miami, todo un sistema estaba en movimiento para salvar al niño Reverón. Desde la bomba donde lavaban el automóvil, llamó por teléfono a Carrillo, y éste le dijo que aún no había llegado ninguna noticia. Llorente empezó a preocuparse. Se dirigió a su casa, avenida La Floresta, La Florida, donde vive con sus padres, y comió sin apetito, pensando que dentro de pocas horas Reverón llamaría por teléfono y no tendría ninguna respuesta. Pero a las 8.35, Carrillo lo llamó desde la oficina para leerle un cable que acababa de llegar de Nueva York: en el vuelo 207, que llegaría a Maiquetía el domingo a las seis y media de la mañana, venían 1.000 unidades de Iperimune. A esa hora, un hermano de Reverón había recibido a Justo Gómez, que se bajó del avión de Maracaibo dando saltos, con las primeras 1.000 unidades que fueron inyectadas al niño esa misma tarde. Faltaban 1.000 unidades, además de las 1.000 que con absoluta seguridad venían de Nueva York. Como Reverón no había dejado ningún teléfono, Llorente no lo puso al tanto de los acontecimientos, pero salió un poco más tranquilo, a las nueve, a una diligencia personal. Dejó a su madre, por escrito, una orden:

—El señor Reverón llamará a las diez y media. Que llame inmediatamente al señor Carrillo, a la oficina de PAA.

Antes de salir, llamó él mismo a Carrillo y le dijo que, en lo posible, no ocupara la línea central después de las 10.15, para que Reverón no encontrara el teléfono ocupado. Pero a esa hora, Reverón sentía que el mundo se le caía encima. El niño, después de que se le inyectó la primera dosis de suero, no quiso comer. Esa noche no manifestó la misma viveza que de costumbre. Cuando fueron a acostarlo tenía un poco de fiebre. En algunos casos, muy poco frecuentes, el suero antirrábico ofrece ciertos peligros. El doctor Briceño Rossi, del Instituto de Higiene, no se ha decidido a fabricarlo mientras no esté absolutamente convencido de que la persona inyectada no corre ningún peligro. La fabricación de la vacuna ordinaria no ofrece complicaciones: para los animales, es un virus vivo en embrión de pollo, que da una inmunidad de tres años en una sola dosis. Para los humanos, se fabrica a partir del cerebro de cordero. La producción del suero es más delicada. Reverón lo sabía. Cuando se dio cuenta de que su niño tenía fiebre, consideró perdidas todas las esperanzas. Pero su médico lo tranquilizó. Dijo que podía ser una reacción natural.

Dispuesto a no dejarse quebrantar por las circunstancias, Reverón llamó a casa de Llorente a las 10.25. No lo hubiera hecho si hubiera sabido que a esa hora no había sido enviada ninguna respuesta desde Miami. Pero el hospital Jackson comunicó a las 8.30 al doctor Mangels que habían sido conseguidas 5.000 unidades, después de una gestión relámpago, en un pueblo vecino. El doctor Mangels recogió las ampolletas personalmente y se dirigió con ellas, a toda velocidad al aeródromo, donde un DC-6-B se preparaba para iniciar el vuelo nocturno. Al día siguiente no había avión para Caracas. Si el doctor Mangels no llegaba a tiempo tendría que esperar hasta el lunes en la noche. Entonces sería demasiado tarde. El capitán Gillis, veterano de Corea y padre de dos niños, recibió personalmente las ampolletas y las instrucciones, escritas de puño y letra por el doctor Mangels. Se dieron un apretón de manos. El avión decoló a las 9.30, en el momento en que el niño Reverón, en Caracas, tenía un grado y medio de fiebre. El doctor Mangels vio desde la helada terraza del aeródromo el decolaje perfecto del avión. Luego subió de dos en dos los escalones, hacia la torre de control, y dictó un mensaje para ser transmitido a Caracas por el canal especial. En la avenida Urdaneta, en una oficina solitaria, sumergida en los reflejos de colores de los avisos neón, Carrillo miró el reloj: las 10.20. No tuvo tiempo de desesperarse. Casi en seguida el teletipo empezó a dar saltos espasmódicos y Carrillo leyó, letra por letra, descifrando mentalmente el código interno de la compañía, el cable del doctor Mangels: «Estamos enviando vía capitán Gillis vuelo 339 cinco ampolletas suero bajo número guía 26-16-596787 stop obtenido Jackson Memorial Hospital stop si necesitan más suero habrá que pedirlo urgentemente laboratorios Lederle en Atlanta, Georgia». Carrillo arrancó el cable, corrió al teléfono y marcó el 718750, número de la residencia de Llorente, pero el teléfono estaba ocupado. Era Carmelo Reverón que hablaba con la madre de Llorente. Carrillo colgó. Un minuto después, Reverón estaba marcando el número de Carrillo, en un abasto de La Florida. La comunicación fue instantánea.

—Aló —dijo Carrillo.

Con la calma que precede a la fatiga nerviosa, Reverón hizo una pregunta que no recuerda textualmente. Carrillo le leyó el cable, palabra por palabra. El avión llegaría a las cuatro cincuenta de la madrugada. El tiempo era perfecto. No había ningún retardo. Hubo un breve silencio. «No tengo palabras con qué agradecerles», murmuró Reverón, al otro extremo de la línea. Carrillo no encontró qué decir. Cuando colgó el teléfono sintió que sus rodillas no soportaban el peso del cuerpo. Estaba sacudido por una emoción atropellada, como si fuera la vida de su propio hijo la que acababa de salvarse. En cambio, la madre del niño dormía apaciblemente: no sabía nada del drama que su familia había vivido ese día. Todavía no lo sabe.

14 de marzo de 1958, *Momento*, Caracas

6 DE JUNIO DE 1958: CARACAS SIN AGUA

Si un aguacero cae mañana, este reportaje cuenta una mentira.
Pero si no llueve antes de junio, léalo…

Después de escuchar el boletín radial de las siete de la mañana, Samuel Burkart, un ingeniero alemán que vivía solo en un *penthouse* de la avenida Caracas, en San Bernardino, fue al abasto de la esquina a comprar una botella de agua mineral para afeitarse. Era el 6 de junio de 1958. Al contrario de lo que ocurría siempre desde cuando Samuel Burkart llegó a Caracas, diez años antes, aquella mañana de lunes parecía mortalmente tranquila. De la cercana avenida Urdaneta no llegaba el ruido de los automóviles ni el estampido de las motonetas. Caracas parecía una ciudad fantasma. El calor abrasante de los últimos días había cedido un poco, pero en el cielo alto, de un azul denso, no se movía una sola nube. En los jardines de las quintas, en el islote de la plaza de la Estrella, los arbustos estaban muertos. Los árboles de las avenidas, de ordinario cubiertos de flores rojas y amarillas en esa época del año, extendían hacia el cielo sus ramazones peladas.

Samuel Burkart tuvo que hacer cola en el abasto para ser atendido por los dos comerciantes portugueses que hablaban con la asustada clientela de un mismo tema, el tema único de los últimos cuarenta días que esa mañana había estallado en la radio y en los periódicos como una explosión dramática: el agua se había agotado en Caracas. La noche anterior se habían anunciado las dramáticas restricciones impuestas por el INOS a los últimos 100.000 metros cúbicos almacenados en el dique de La Mariposa. A partir de esa mañana, como consecuencia del verano más intenso que había padecido Caracas después de setenta y nueve años, había sido suspendido el suministro de agua. Las últimas reservas se destinaron a los servicios estrictamente esenciales. El gobierno estaba tomando desde hacía veinticuatro horas disposiciones de extrema urgencia para evitar que la población pereciera víctima de la sed. Para garantizar el orden público se habían tomado medidas de emergencia que las brigadas cívicas constituidas por estudiantes y profesionales se encargarían de hacer cumplir. Las ediciones de los periódicos, reducidas a cuatro páginas, estaban destinadas a divulgar las instrucciones oficiales a la población civil sobre la manera cómo debía procederse para superar la crisis y evitar el pánico.

A Burkart no se le había ocurrido una cosa: sus vecinos tuvieron que preparar el café con agua mineral y habían agotado en una hora la existencia en el abasto. En previsión de lo que pudiera ocurrir en los próximos días, decidió abastecerse de jugos de frutas. Pero el portugués le anunció que la venta de jugos de frutas y gaseosa estaba racionada por orden de las autoridades. Cada cliente tenía derecho a una cuota límite de una lata de jugo de frutas y una gaseosa por día, hasta nueva orden. Burkart compró una lata de jugo de naranja y se decidió por una botella de limonada para afeitarse. Sólo cuando fue a hacerlo descubrió que la limonada corta el jabón y no produce espuma. De manera que declaró definitivamente el estado de emergencia y se afeitó con jugo de duraznos.

Primer anuncio del cataclismo: una señora riega el jardín

Con su cerebro alemán, perfectamente cuadriculado, y sus experiencias de la guerra, Samuel Burkart sabía calcular con la debida anticipación el alcance de una noticia. Eso era lo que había hecho, tres meses antes, exactamente el 28 de marzo, cuando leyó en un periódico la siguiente información: «En La Mariposa sólo queda agua para cuarenta días».

La capacidad normal del dique de La Mariposa, que surte de agua a Caracas, es de 9.500.000 metros cúbicos. En esa fecha, a pesar de las reiteradas recomendaciones de INOS para que se economizara agua, las reservas estaban reducidas a 5.221.854 metros cúbicos. Un meteorólogo declaró a la prensa, en una entrevista no oficial, que no llovería antes de junio. Pocas semanas después el suministro de agua se redujo a una cuota que era ya inquietante, a pesar de que la población no le dio la debida importancia: 130.000 metros cúbicos diarios.

Al dirigirse a su trabajo, Samuel Burkart saludaba a una vecina que se sentaba en el jardín desde las ocho de la mañana, a regar la hierba. En cierta ocasión él le habló de la necesidad de economizar agua. Ella, embutida en una bata de seda con flores rojas, se encogió de hombros. «Son mentiras de los periódicos para meter miedo —replicó—. Mientras haya agua yo regaré mis flores». El alemán pensó que debía dar cuenta a la policía, como lo hubiera hecho en su país, pero no se atrevió, porque pensaba que la mentalidad de los venezolanos era completamente distinta a la suya. A él siempre le había llamado la atención que las monedas de Venezuela son las únicas que no tienen escrito su valor y pensaba que aquello podía obedecer a una lógica inaccesible para un alemán. Se convenció de eso cuando advirtió que algunas fuentes públicas, aunque no las más importantes, seguían funcionando cuando los periódicos anunciaron, en abril, que las reservas de agua descendían a razón de 150.000 metros cúbicos cada veinticuatro horas. Una semana después se anunció que se estaban produciendo chaparrones artificiales en las cabeceras del Tuy —la fuente vital de Caracas— y que eso había ocasionado un cierto optimismo en las autoridades. Pero a fines de abril no había llovido. Los barrios pobres quedaron sin agua. En los barrios residenciales se restringió el agua a una hora por día. En su oficina, como no tenía nada que hacer, Samuel Burkart utilizó una regla de cálculo para descubrir que si las cosas seguían como hasta entonces habría agua hasta el 22 de mayo. Se equivocó, tal vez por un error de los datos publicados por los periódicos. A fines de mayo el agua seguía restringida, pero algunas amas de casa insistían en regar sus matas. Incluso en un jardín, escondido entre los arbustos, vio una fuente minúscula, abierta durante la hora que se suministraba el agua. En el mismo edificio donde él vivía una señora se vanagloriaba de no haber prescindido de su baño diario en ningún momento. Todas las mañanas recogía agua en todos los recipientes disponibles. Ahora, intempestivamente, a pesar de que había sido anunciada con la debida anticipación, la noticia estallaba a todo lo ancho de los periódicos. Las reservas de La Mariposa alcanzaban para veinticuatro horas. Burkart, que tenía el complejo de la afeitada diaria, no pudo lavarse ni siquiera los dientes. Se dirigió a la oficina, pensando que tal vez en ningún momento de la guerra, ni aun cuando participó en la retirada del Africa Korps, en pleno desierto, se había sentido de tal modo amenazado por sed.

En las calles, las ratas mueren de sed.
El gobierno pide serenidad

Por primera vez en diez años, Burkart se dirigió a pie a su oficina, situada a pocos pasos del Ministerio de Comunicaciones. No se atrevió a utilizar su automóvil por temor a que se recalentara. No todos los habitantes de Caracas fueron tan precavidos. En la primera bomba de gasolina que encontró había una cola de automóviles y un grupo de conductores vociferantes, discutiendo con el propietario. Habían llenado sus tanques de gasolina con la esperanza de que se les suministrara agua como en los tiempos normales. Pero no había nada que hacer. Sencillamente no había agua para los automóviles. La avenida Urdaneta estaba desconocida: no más de diez vehículos a las nueve de la mañana. En el centro de la calle, había algunos automóviles recalentados, abandonados por los propietarios. Los bares y restaurantes no abrieron sus puertas. Colgaron un letrero en las cortinas metálicas: «Cerrado por falta de agua». Esa mañana se había anunciado que los autobuses prestarían un servicio regular en las horas de mayor congestión. En los paraderos, las colas tenían varias cuadras desde las siete de la mañana. El resto de la avenida un aspecto normal, con sus aceras, pero en los edificios no se trabajaba: todo el mundo estaba en las ventanas. Burkart preguntó a un compañero de la oficina, venezolano, qué hacía toda la gente en las ventanas, y él le respondió:

—Están viendo la falta de agua.

A las doce, el calor se desplomó sobre Caracas. Sólo entonces empezó la inquietud. Durante toda la mañana, camiones de INOS, con capacidad hasta para 20.000 litros, repartieron agua en los barrios residenciales. Con el acondicionamiento de los camiones-cisterna de las compañías petroleras, se dispuso de 300 vehículos para transportar agua hasta la capital. Cada uno de ellos, según cálculos oficiales, podía hacer hasta siete viajes al día. Pero un inconveniente imprevisto obstaculizó los proyectos: las vías de acceso se congestionaron desde las diez de la mañana. La población sedienta, especialmente en los barrios pobres, se precipitó sobre los vehículos cisterna y fue precisa la intervención de la fuerza pública para restablecer el orden. Los habitantes de los cerros, desesperados, seguros de que los camiones de abastecimiento no podían llegar hasta sus casas, descendieron en busca de agua. Las camionetas de las brigadas universitarias, provistas de altoparlantes, lograron evitar el pánico. A las 12.30, el presidente de la Junta de Gobierno, a través de la Radio Nacional, la única emisora cuyos programas no habían sido limitados, pidió serenidad a la población, en un discurso de cuatro minutos. En seguida, en intervenciones muy breves, hablaron los dirigentes políticos, un presidente del Frente Universitario y el presidente de la Junta Patriótica. Burkart, que había presenciado la revolución popular contra Pérez Jiménez, cinco meses antes, tenía una experiencia: el pueblo de Caracas es notablemente disciplinado. Sobre todo, es muy sensible a las campañas coordinadas de radio, prensa, televisión y volantes. No le cabía la menor duda de que ese pueblo sabría responder también en aquella emergencia. Por eso lo único que le preocupaba en ese momento era su sed. Descendió por las escaleras en el viejo edificio donde estaba situada su oficina y en el descanso encontró una rata muerta. No le dio ninguna importancia. Pero esa tarde, cuando salió al balcón de su casa a tomar el fresco después de haber consumido un litro de agua que le suministró el camión-cisterna que pasó por su casa a las dos, vio un tumulto en la plaza de la Estrella. Los curiosos asistían a un espectáculo terrible: de todas las casas salían animales enloquecidos por la sed. Gatos, perros, ratones, salían a la calle en busca de un alivio para sus gargantas resecas. Esa noche, a las diez, se impuso el toque de queda. En el silencio de la noche ardiente sólo se escuchaba el ruido de los camiones del aseo prestando un servicio extraordinario: primero en las calles, y luego en el interior de las casas, se recogían los cadáveres de los animales muertos de sed.

Huyendo hacia Los Teques, una multitud muere de insolación

Cuarenta y ocho horas después de que la sequía llegó a su punto culminante, la ciudad quedó completamente paralizada. El Gobierno de los Estados Unidos envió, desde Panamá, un convoy de aviones cargados con tambores de agua. Las Fuerzas Aéreas Venezolanas y las compañías comerciales que prestan servicio en el país, sustituyeron sus actividades normales por un servicio extraordinario de transporte de agua. Los aeródromos de Maiquetía y La Carlota fueron cerrados al tráfico internacional y destinados exclusivamente a esa operación de emergencia. Pero cuando se logró organizar la distribución urbana, el 30 por 100 del agua transportada se había evaporado a causa del calor intenso. En Las Mercedes y en Sabana Grande, la policía incautó, el 7 de junio en la noche, varios camiones piratas, que llegaron a vender clandestinamente el litro de agua hasta a 20 bolívares. En San Agustín del Sur, el pueblo dio cuenta de otros dos camiones piratas y repartió su contenido, dentro de un orden ejemplar, entre la población infantil. Gracias a la disciplina y el sentido de la solidaridad del pueblo, en la noche del 8 de junio no se había registrado ninguna víctima de la sed. Pero desde el atardecer, un olor penetrante invadió las calles de la ciudad. Al anochecer, el olor se había hecho insoportable. Samuel Burkart descendió a la esquina con su botella vacía, a las ocho de la noche, e hizo una ordenada cola de media hora para recibir su litro de agua de un camión-cisterna conducido por boy-scouts. Observó un detalle: sus vecinos, que hasta entonces habían tomado las cosas un poco a la ligera, que habían procurado convertir la crisis en una especie de carnaval, empezaban a alarmarse seriamente. En especial a causa de los rumores. A partir del mediodía, al mismo tiempo que el mal olor, una ola de rumores alarmistas se habían extendido por todo el sector. Se decía que a causa de la terrible sequedad, los cerros vecinos, los parques de Caracas, comenzaban a incendiarse. No habría nada que hacer cuando se desencadenara el fuego. El cuerpo de bomberos no disponía de medios para combatirlo. Al día siguiente, según anuncio de la Radio Nacional, no circularían los periódicos. Como las emisoras de radio habían suspendido sus emisiones y sólo podían escucharse tres boletines diarios de la Radio Nacional, la ciudad estaba, en cierta manera, a merced de los rumores. Se transmitían por teléfono y en la mayoría de los casos eran mensajes anónimos.

Burkart había oído decir esa tarde que familias enteras estaban abandonando Caracas. Como no había medios de transporte, el éxodo se intentaba a pie, en especial hacia Maracay. Un rumor aseguraba que esa tarde, en la vieja carretera de Los Teques, una muchedumbre empavorecida que trataba de huir de Caracas había sucumbido a la insolación. Los cadáveres expuestos al aire libre, se decía, eran el origen del mal olor. Burkart encontraba exagerada aquella explicación, pero advirtió que, por lo menos en su sector, había un principio de pánico.

Una camioneta del Frente Estudiantil se detuvo junto al camión-cisterna. Los curiosos se precipitaron hacia ella, ansiosos de confirmar los rumores. Un estudiante subió a la capota y ofreció responder, por turnos, a todas las preguntas. Según él, la noticia de la muchedumbre muerta en la carretera de Los Teques era absolutamente falsa. Además, era absurdo pensar que ése fuera el origen de los malos olores. Los cadáveres no podían descomponerse hasta ese grado en cuatro o cinco horas. Se aseguró que los bosques y parques estaban patrullados para evitar los incendios, que el orden público era normal, que la población estaba colaborando de una forma heroica y que dentro de pocas horas llegaría a Caracas, procedente de todo el país, una cantidad de agua suficiente para garantizar la higiene. Se rogó transmitir por teléfono estas noticias, con la advertencia de que los rumores alarmantes eran sembrados por elementos perezjimenistas.

En el silencio total, falta un minuto para la hora cero

Samuel Burkart regresó a su casa con su litro de agua a las 6.45, con el propósito de escuchar el boletín de la Radio Nacional, a las siete. Encontró en su camino a la vecina que, en abril, aún regaba las flores de su jardín. Estaba indignada contra el INOS, por no haber previsto aquella situación. Burkart pensó que la irresponsabilidad de su vecina no tenía límites.

—La culpa es de la gente como usted —dijo, indignado—. El INOS pidió a tiempo que se economizara el agua. Usted no hizo caso. Ahora estamos pagando las consecuencias.

El boletín de la Radio Nacional se limitó a repetir las informaciones suministradas por los estudiantes. Burkart comprendió que la situación estaba llegando a su punto crítico. A pesar de que las autoridades trataban de evitar la desmoralización, era evidente que el estado de cosas no era tan tranquilizador como lo presentaban las autoridades. Se ignoraba un aspecto importante: la economía. La ciudad estaba totalmente paralizada. El abastecimiento había sido limitado y en las próximas horas faltarían alimentos. Sorprendida por la crisis, la población no disponía de dinero en efectivo. Los almacenes, las empresas, los bancos, estaban cerrados. Los abastos de los barrios empezaban a cerrar sus puertas a falta de surtido: las existencias habían sido agotadas. Cuando Burkart cerró el radio comprendió que Caracas estaba llegando a su hora cero.

En el silencio mortal de las nueve de la noche, el calor subió a un grado insoportable. Burkart abrió puertas y ventanas, pero se sintió asfixiado por la sequedad de la atmósfera y por el olor, cada vez más penetrante. Calculó minuciosamente su litro de agua y reservó cinco centímetros cúbicos para afeitarse al día siguiente. Para él, ése es el problema más importante: la afeitada diaria. La sed producida por los alimentos secos empezaba a hacer estragos en su organismo. Había prescindido, por recomendación de la Radio Nacional, de los alimentos salados. Pero estaba seguro de que al día siguiente su organismo empezaría a dar síntomas de desfallecimiento. Se desnudó por completo, tomó un sorbo de agua y se acostó boca abajo en la cama ardiente, sintiendo en los oídos la profunda palpitación del silencio. A veces, muy remota, la sirena de una ambulancia rasgaba el sopor del toque de queda. Burkart cerró los ojos y soñó que entraba al puerto de Hamburgo, en un barco negro, con una franja blanca pintada en la borda, con pintura luminosa. Cuando el barco atracaba, oyó, lejana, la gritería de los muelles. Entonces despertó sobresaltado. Sintió, en todos los pisos del edificio, un tropel humano que se precipitaba hacia la calle. Una ráfaga, cargada de agua tibia y pura, penetraba por su ventana. Necesitó varios segundos para darse cuenta de lo que pasaba: llovía a chorros.

11 de abril de 1958, *Momento*, Caracas

DESVENTURAS DE UN ESCRITOR DE LIBROS

Escribir libros es un oficio suicida. Ninguno exige tanto tiempo, tanto trabajo, tanta consagración en relación con sus beneficios inmediatos. No creo que sean muchos los lectores que al terminar la lectura de un libro se pregunten cuántas horas de angustias y de calamidades domésticas le han costado al autor esas doscientas páginas y cuánto ha recibido por su trabajo. Para terminar pronto, conviene decir a quien no lo sepa que el escritor se gana solamente el diez por ciento de lo que el comprador paga por el libro en la librería. De modo que el lector que compró un libro de veinte pesos sólo contribuyó con dos pesos a la subsistencia del escritor. El resto se lo llevaron los editores, que corrieron el riesgo de imprimirlo, y luego los distribuidores y los libreros. Esto parecerá todavía más injusto cuando se piense que los mejores escritores son los que suelen escribir menos y fumar más, y es por tanto normal que necesiten por lo menos dos años y veintinueve mil doscientos cigarrillos para escribir un libro de doscientas páginas. Lo que quiere decir en buena aritmética que nada más en lo que se fuman se gastan una suma superior a la que van a recibir por el libro. Por algo me decía un amigo escritor: «Todos los editores, distribuidores y libreros son ricos y todos los escritores somos pobres».

El problema es más crítico en los países subdesarrollados, donde el comercio de libros es menos intenso, pero no es exclusivo de ellos. En los Estados Unidos, que es el paraíso de los escritores de éxito, por cada autor que se vuelve rico de la noche a la mañana con la lotería de las ediciones de bolsillo, hay centenares de escritores aceptables condenados a cadena perpetua bajo la gota helada del diez por ciento. El último caso espectacular de enriquecimiento con causa en los Estados Unidos es el del novelista Truman Capote con su libro *In Cold Blood*, que en las primeras semanas le produjo medio millón de dólares en regalías y una cantidad similar por los derechos para el cine. En cambio, Albert Camus, que seguirá en las librerías cuando ya nadie se acuerde del estupendo Truman Capote, vivía de escribir argumentos cinematográficos con seudónimo, para poder seguir escribiendo sus libros. El Premio Nobel –que recibió pocos años antes de morir– apenas fue un desahogo momentáneo para sus calamidades domésticas, acarrea consigo unos cuarenta mil dólares más o menos, lo que en estos tiempos cuesta una casa con un jardín para los niños. Mejor aunque involuntario, fue el negocio que hizo Jean-Paul Sartre al rechazarlo, pues con su actitud ganó un justo y merecido prestigio de independencia, que aumentó la demanda de sus libros.

Muchos escritores añoran al antiguo mecenas, rico y generoso señor que mantenía a los artistas para que trabajaran a gusto. Aunque con otra cara, los mecenas existen. Hay grandes consorcios financieros que a veces por pagar menos impuestos, otras veces por disipar la imagen de tiburones que se ha formado de ellos la opinión pública, y no muchas veces por tranquilizar sus conciencias, destinan sumas considerables a patrocinar el trabajo de los artistas. Pero a los escritores nos gusta hacer lo que nos da la gana, y sospechamos, acaso sin fundamento, que el patrocinador compromete la independencia de pensamiento y expresión, y origina compromisos indeseables. En mi caso, prefiero escribir sin subsidios de ninguna índole, no sólo porque padezco de un estupendo delirio de persecución, sino porque cuando empiezo a escribir ignoro por completo con quién estaré de acuerdo al terminar. Sería injusto que a la postre estuviera en desacuerdo con la ideología del patrocinador, cosa muy probable en virtud del conflictivo espíritu de contradicción de los escritores, así como sería completamente inmoral que por casualidad estuviera de acuerdo.

El sistema de patrocinio, típico de la vocación paternalista del capitalismo, parece ser una réplica a la oferta socialista de considerar al escritor como un trabajador a sueldo del estado. En principio la solución socialista es correcta, porque libera al escritor de la explotación de los intermediarios. Pero en la práctica hasta ahora y quién sabe por cuánto tiempo, el sistema ha dado origen a riesgos más graves que las injusticias que ha pretendido corregir. El reciente caso de dos pésimos escritores soviéticos que han sido condenados a trabajos forzados en Siberia, no por escribir mal sino por estar en desacuerdo con el patrocinador, demuestra hasta qué punto puede ser peligroso el oficio de escribir bajo un régimen sin la suficiente madurez para admitir la verdad eterna de que los escritores somos unos facinerosos a quienes los corsés doctrinarios, y hasta las disposiciones legales nos aprietan más que los zapatos. Personalmente, creo que el escritor, como tal, no tiene otra obligación revolucionaria que la de escribir bien. Su inconformismo, bajo cualquier régimen, es una condición esencial que no tiene remedio, porque un escritor conformista muy probablemente es un bandido, y con seguridad es un mal escritor.

Después de esta triste revisión, resulta elemental preguntarse por qué escribimos los escritores. La respuesta, por fuerza, es tanto más melodramática cuanto más sincera. Se es escritor simplemente como se es judío o se es negro. El éxito es alentador, el favor de los lectores es estimulante, pero éstas son ganancias suplementarias, porque un buen escritor seguirá escribiendo de todas maneras aun con los zapatos rotos, y aunque sus libros no se vendan. Es una especie de deformación que explica muy bien la barbaridad social de que tantos hombres y mujeres se hayan suicidado de hambre, por hacer algo que al fin y al cabo, y hablando completamente en serio, no sirve para nada.

Julio de 1966, *El Espectador*, Bogotá

NO SE ME OCURRE NINGÚN TÍTULO

Antes de la Revolución no tuve nunca la curiosidad de conocer a Cuba. Los latinoamericanos de mi generación concebíamos a La Habana como un escandaloso burdel de gringos donde la pornografía había alcanzado su más alta categoría de espectáculo público mucho antes de que se pusiera de moda en el resto del mundo cristiano: por el precio de un dólar era posible ver a una mujer y un hombre de carne y hueso haciendo el amor de veras en una cama de teatro. Aquel paraíso de la pachanga exhalaba una música diabólica, un lenguaje secreto de la vida dulce, un modo de caminar y de vestir, toda una cultura del relajo que ejercía una influencia de júbilo en la vida cotidiana del ámbito del Caribe. Sin embargo, los mejor informados sabían que Cuba había sido la colonia más culta de España, la única culta de verdad, y que la tradición de las tertulias literarias y los juegos florales permanecía incorruptible mientras los marineros gringos se orinaban en las estatuas de los héroes y los pistoleros de los presidentes de la república asaltaban los tribunales a mano armada para robarse los expedientes. Al lado de *La Semana Cómica*, una revista equívoca que los hombres casados leían en el baño a escondidas de sus esposas, se publicaban las revistas de arte y letras más sofisticadas de América Latina. Los folletines radiales en episodios que se prolongaban durante años interminables y que mantenían anegado en llanto al continente, habían sido engendrados junto al incendio de girasoles de delirio de Amalia Peláez y los hexámetros de mercurio hermético de José

Lezama Lima. Aquellos contrastes brutales contribuían a confundir mucho más que a comprender la realidad de un país casi mítico cuya azarosa guerra de independencia aún no había terminado, y cuya edad política, en 1955, era todavía un enigma imprevisible.

Fue ese año, en París, cuando oí por primera vez el nombre de Fidel Castro. Se lo oí al poeta Nicolás Guillén, quien padecía un destierro sin esperanzas en el Gran Hotel Saint-Michel, el menos sórdido de una calle de hoteles baratos donde una pandilla de latinoamericanos y argelinos esperábamos un pasaje de regreso comiendo queso rancio y coliflores hervidas. El cuarto de Nicolás Guillén, como casi todos los del Barrio Latino, eran cuatro paredes de colgaduras descoloridas, dos poltronas de peluche gastado, un lavamanos y un bidet portátil y una cama de soltero para dos personas donde habían sido felices y se habían suicidado dos amantes lúgubres de Senegal. Sin embargo, a veinte años de distancia, no logro evocar la imagen del poeta en aquella habitación de la realidad, y en cambio lo recuerdo en unas circunstancias en que no lo he visto nunca: abanicándose en un mecedor de mimbre, a la hora de la siesta, en la terraza de uno de esos caserones de ingenio azucarero de la espléndida pintura cubana del siglo XIX. En todo caso, y aun en los tiempos más crueles del invierno, Nicolás Guillén conservaba en París la costumbre muy cubana de despertarse (sin gallo) con los primeros gallos, y de leer los periódicos junto a la lumbre del café arrullado por el viento de maleza de los trapiches y el punteo de guitarras de los amaneceres fragosos de Camagüey. Luego abría la ventana de su balcón, también como en Camagüey, y despertaba la calle entera gritando las nuevas noticias de la América Latina traducidas del francés en jerga cubana.

La situación del continente en aquella época estaba muy bien expresada en el retrato oficial de la conferencia de jefes de Estado que se había reunido el año anterior en Panamá: apenas si se vislumbra un civil escuálido en medio de un estruendo de uniformes y medallas de guerra. Incluso el general Dwight Eisenhower, que en la presidencia de los Estados Unidos solía disimular el olor a pólvora de su corazón con los vestidos más caros de Bond Street, se había puesto para aquella fotografía histórica sus estoperoles de guerrero en reposo. De modo que una mañana Nicolás Guillén abrió su ventana y gritó una noticia única:

—¡Se cayó el hombre!

Fue una conmoción en la calle dormida porque cada uno de nosotros creyó que el hombre caído era el suyo. Los argentinos pensaron que era Juan Domingo Perón, los paraguayos pensaron que era Alfredo Stroessner, los peruanos pensaron que era Manuel Odría, los colombianos pensaron que era Gustavo Rojas Pinilla, los nicaragüenses pensaron que era Anastasio Somoza, los venezolanos pensaron que era Marcos Pérez Jiménez, los guatemaltecos pensaron que era Castillo Armas, los dominicanos pensaron que era Rafael Leónidas Trujillo, y los cubanos pensaron que era Fulgencio Batista. Era Perón, en realidad. Más tarde, conversando sobre eso, Nicolás Guillén nos pintó un panorama desolador de la situación de Cuba. «Lo único que veo en el porvenir —concluyó— es un muchacho que se está moviendo mucho por los lados de México». Hizo una pausa de vidente oriental, y concluyó:

—Se llama Fidel Castro.

Tres años después, en Caracas, parecía imposible que aquel nombre se hubiera abierto paso en tan poco tiempo y con tanta fuerza hasta el primer plano de la atención continental. Pero aún entonces nadie hubiera pensado que en la Sierra Maestra se estaba gestando la primera revolución socialista de América Latina. En cambio, estábamos convencidos de que se empezaba a gestar en Venezuela, donde una inmensa conspiración popular había desbaratado en veinticuatro horas el tremendo aparato de represión del general Marcos Pérez Jiménez.

Vista desde afuera, había sido una acción inverosímil, por la simplicidad de sus planteamientos y la rapidez y la eficacia devastadora de sus resultados. La única consigna que se impartió a la población fue que a las doce del día del 23 de enero de 1958 se hiciera sonar el claxon de los automóviles, que se interrumpiera el trabajo y se saliera a la calle a derribar la dictadura. Aun desde la redacción de una revista bien informada, muchos de cuyos miembros estaban comprometidos en la conspiración, aquélla parecía una consigna infantil. Sin embargo, a la hora solicitada, estalló un inmenso clamor de bocinas unánimes, se hizo un embotellamiento descomunal en una ciudad donde ya entonces los embotellamientos del tránsito eran legendarios, y numerosos grupos de universitarios y obreros se echaron a las calles para enfrentarse con piedras y botellas contra las fuerzas del régimen. De los cerros vecinos, tapizados de ranchos de colores que parecían pesebres de Navidad, descendió una arrasadora marabunta de pobres que convirtió a la ciudad entera en un campo de batalla. Al anochecer, en medio de los tiroteos dispersos y los aullidos de las ambulancias, circuló un rumor de alivio por la redacción de los periódicos: la familia de Pérez Jiménez escondida en tanques de guerra se había asilado en una embajada. Poco antes del amanecer se hizo un silencio abrupto en el cielo, y luego estalló un grito de muchedumbres desaforadas y se desataron las campanas de las iglesias y las sirenas de las fábricas y las bocinas de los automóviles, y por todas las ventanas salió un chorro de canciones criollas que se prolongó casi sin pausas durante dos años de falsas ilusiones. Pérez Jiménez se había fugado de su trono de rapiña con sus cómplices más cercanos, y volaba en un avión militar hacia Santo Domingo. El avión había estado desde el mediodía con los motores calientes en el aeropuerto de La Carlota, a pocos kilómetros del palacio presidencial de Miraflores, pero a nadie se le había ocurrido arrimarle una escalerilla cuando llegó el dictador fugitivo acosado de cerca por una patrulla de taxis que no lo alcanzaron por muy pocos minutos. Pérez Jiménez, que parecía un nene grandote con lentes de carey, fue izado a duras penas con una cuerda hasta la cabina del avión, y en la dispendiosa maniobra olvidó en tierra su maletín de mano. Era un maletín ordinario, de cuero negro, donde llevaba el dinero que había ocultado para sus gastos de bolsillo: trece millones de dólares en billetes.

Desde entonces y durante todo el año de 1958, Venezuela fue el país más libre de todo el mundo. Parecía una revolución de verdad: cada vez que el gobierno vislumbraba un peligro, acudía al pueblo de inmediato por conductos directos, y el pueblo se echaba a la calle contra cualquier tentativa de regresión. Las decisiones oficiales más delicadas eran del dominio público. No había un asunto de Estado de cierto tamaño que no fuera resuelto con la participación de los partidos políticos, con los comunistas al frente, y al menos en los primeros meses los partidos eran conscientes de que su fuerza se fundaba en la presión de la calle. Si aquélla no fue la primera revolución socialista de la América Latina debió de ser por malas artes de cubileteros, pero en ningún caso porque las condiciones sociales no hubieran sido las más propicias.

Entre el gobierno de Venezuela y la Sierra Maestra se estableció una complicidad sin disimulos. Los hombres del Movimiento 26 de Julio destacados en Caracas hacían propaganda pública por todos los medios de difusión, organizaban colectas masivas y despachaban auxilios para las guerrillas con la complacencia oficial. Los universitarios venezolanos, que habían tenido una participación aguerrida en la batalla contra la dictadura, les mandaron por correo a los universitarios de La Habana unas bragas de mujer. Los universitarios cubanos disimularon muy bien la impertinencia de aquella encomienda triunfalista, y en menos de un año, cuando triunfó la Revolución en Cuba, se las devolvieron a los remitentes sin ningún comentario. La prensa de Venezuela, más por la presión de las propias condiciones internas que por la voluntad de sus dueños, era la prensa legal de la Sierra Maestra. Daba la impresión de que Cuba no era otro país, sino un pedazo de la Venezuela libre que aún estaba por liberar.

El Año Nuevo de 1959 era uno de los pocos que Venezuela celebraba sin dictadura en toda su historia. Mercedes y yo, que nos habíamos casado por aquellos meses de júbilo, regresamos a nuestro apartamento del barrio de San Bernardino con las primeras luces del amanecer, y encontramos que el ascensor estaba descompuesto. Subimos los seis pisos a pie con estaciones para descansar en los rellanos, y apenas habíamos entrado en el apartamento cuando nos estremeció la sensación absurda de que se estaba repitiendo un instante que ya habíamos vivido el año anterior: un grito de muchedumbres desaforadas se había alzado de pronto en las calles dormidas, y se desataron las campanadas de las iglesias y las sirenas de las fábricas y las bocinas de los automóviles, y por todas las ventanas salió el torrente de arpas y cuatros y voces entorchadas de los joropos de gloria de las victorias populares. Era como si el tiempo se hubiera vuelto a la inversa y Marcos Pérez Jiménez hubiera sido derribado por segunda vez. Como no teníamos teléfono ni radio, bajamos a zancadas las escaleras preguntándonos asustados qué clase de alcoholes de delirio nos habían dado en la fiesta, y alguien que pasó corriendo en el fulgor de la madrugada nos acabó de aturdir con la última coincidencia increíble: Fulgencio Batista se había fugado de su trono de rapiña con sus cómplices más cercanos y volaba en un avión militar hacia Santo Domingo.

Dos semanas más tarde llegué a La Habana por primera vez. La ocasión se me presentó más pronto de lo que esperaba pero en las circunstancias menos esperadas. El 18 de enero, cuando estaba ordenando el escritorio para irme a casa, un hombre del Movimiento 26 de Julio apareció jadeando en la desierta oficina de la revista en busca de periodistas que quisieran ir a Cuba esa misma noche. Un avión cubano había sido mandado con ese propósito. Plinio Apuleyo Mendoza y yo, que éramos los partidarios más resueltos de la Revolución cubana, fuimos los primeros escogidos. Apenas si tuvimos tiempo de pasar por casa a recoger un saco de viaje, y yo estaba tan acostumbrado a creer que Venezuela y Cuba eran un mismo país, que no me acordé de buscar el pasaporte. No hizo falta: el agente venezolano de inmigración, más cubanista que un cubano, me pidió cualquier documento de identificación que llevara encima, y el único papel que encontré en los bolsillos fue un recibo de lavandería. El agente me lo selló al dorso, muerto de risa, y me deseó un feliz viaje.

El inconveniente serio se presentó al final, cuando el piloto descubrió que había más periodistas que asientos en el avión, y que el peso de los equipos y equipajes estaba por encima del límite aceptable. Nadie quería quedarse, por supuesto, ni nadie quería sacrificar nada de lo que llevaba, y el propio funcionario del aeropuerto estaba decidido a despachar el avión sobrecargado. El piloto era un hombre maduro y serio, de bigote entrecano, con el uniforme de paño azul y adornos dorados de la antigua Fuerza Aérea Cubana, y durante casi dos horas resistió impasible a toda clase de razones. Por último uno de nosotros encontró un argumento mortal:

—No sea cobarde, capitán —dijo—, también el *Granma* iba sobrecargado.

El piloto lo miró, y después nos miró a todos con una rabia sorda.

—La diferencia —dijo— es que ninguno de nosotros es Fidel Castro.

Pero estaba herido de muerte. Extendió el brazo por encima del mostrador, arrancó la hoja del talonario de órdenes de vuelo y la volvió una pelota en la mano.

—Está bien —dijo—, nos vamos así, pero no dejo constancia de que el avión va sobrecargado.

Se metió la bola de papel en el bolsillo y nos hizo señas de que lo siguiéramos.

Mientras caminábamos hacia el avión, atrapado entre mi miedo congénito a volar y mis deseos de conocer a Cuba, le pregunté al piloto con un rescoldo de voz:

—Capitán, ¿usted cree que lleguemos?

—Puede que sí —me contestó—, con la ayuda de la Virgen de la Caridad del Cobre.

Era un bimotor destartalado. Entre nosotros circuló la leyenda de que había sido secuestrado y conducido a la Sierra Maestra por un piloto desertor de la aviación batistiana, y que permaneció en el abandono al sol y sereno hasta aquella noche de mi desgracia en que lo mandaron a buscar periodistas suicidas en Venezuela. La cabina era estrecha y mal ventilada, los asientos estaban rotos y había un olor insoportable de orines agrios. Cada quien se acomodó donde pudo, hasta sentados en el suelo del estrecho corredor entre los bultos de viaje y los equipos de cine y televisión. Me sentía sin aire, arrinconado contra una ventanilla de la cola, pero me confortaba un poco el aplomo de mis compañeros. De pronto, alguien entre los más serenos me murmuró al oído con los dientes apretados: «Feliz tú que no le tienes miedo al avión». Entonces llegué al extremo del horror, pues comprendí que todos estaban tan asustados como yo, pero que también lo disimulaban como yo con una cara tan impávida como la mía.

En el centro del miedo al avión hay un espacio vacío, una especie de ojo del huracán donde se logra una inconsciencia fatalista, y que es lo único que nos permite volar sin morir. En mis interminables e insomnes vuelos nocturnos sólo logro ese estado de gracia cuando veo aparecer en la ventana esa estrellita huérfana que acompaña los aviones a través de los océanos solitarios. En vano la busqué aquella mala noche del Caribe desde el bimotor sin alma que atravesaba nubarrones pedregosos, vientos cruzados, abismos de relámpagos, volando a tientas con el solo aliento de nuestros corazones asustados. Al amanecer nos sorprendió una ráfaga de lluvias feroces, el avión se volteó de costado con un crujido interminable de velero al garete, y aterrizó temblando de escalofríos y con los motores bañados en lágrimas en un aeropuerto de emergencia de Camagüey. Sin embargo, tan pronto como cesó la lluvia reventó un día primaveral, el aire se volvió de vidrio, y volamos el último trayecto casi a ras de cañaverales perfumados y estanques marinos con peces rayados y flores de alucinación en el fondo. Antes del mediodía aterrizamos entre las mansiones babilónicas de los ricos más ricos de La Habana: en el aeropuerto de Campo Columbia, luego bautizado con el nombre de Ciudad Libertad, la antigua fortaleza batistiana donde pocos días antes había acampado Camilo Cienfuegos con su columna de guajiros atónitos. La primera impresión fue más bien de comedia, pues salieron a recibirnos los miembros de la antigua aviación militar que a última hora se habían pasado a la Revolución y estaban concentrados en sus cuarteles mientras la barba les crecía bastante para parecer revolucionarios antiguos.

Para quienes habíamos vivido en Caracas todo el año anterior, no era una novedad la atmósfera febril y el desorden creador de La Habana a principios de 1959. Pero había una diferencia: en Venezuela una insurrección urbana promovida por una alianza de partidos antagónicos, y con el apoyo de un sector amplio de las Fuerzas Armadas, había derribado a una camarilla despótica, mientras en Cuba había sido una avalancha rural la que había derrotado, en una guerra larga y difícil, a unas Fuerzas Armadas a sueldo que cumplían las funciones de un ejército de ocupación. Era una distinción de fondo, que tal vez contribuyó a definir el futuro divergente de los dos países, y que en aquel espléndido mediodía de enero se notaba a primera vista.

Para darles a sus socios gringos una prueba de su dominio del poder y de su confianza en el porvenir, Batista había hecho de La Habana una ciudad irreal. Las patrullas de guajiros recién calzados, olorosos a tigre, con escopetas arcaicas y uniformes de guerra demasiado grandes para su edad andaban como sonámbulos por entre los rascacielos de vértigo y las máquinas de maravillas, y las gringas casi en pelota que llegaban en el transbordador de Nueva Orleans cautivadas por la leyenda de los barbudos. En la entrada principal del Hotel Habana Hilton, que apenas se había inaugurado por esos días, había un gigante rubio con un uniforme de alamares y un casco con penacho de plumas de mariscal inventado. Hablaba una jerga de cubano cruzado con inglés de Miami, y cumplía sin el menor escrúpulo su triste empleo de cancerbero. A uno de los periodistas de nuestra delegación, que era un venezolano negro, lo alzó en vilo por las solapas y lo tiró en el medio de la calle. Fue necesaria la intervención de los periodistas cubanos ante la gerencia del hotel para que se permitiera sin distinciones de ninguna clase el paso libre de los invitados que estaban llegando del mundo entero. Esa primera noche, un grupo de muchachos del ejército rebelde, muertos de sed, se metió por la primera puerta que encontraron, que era la del bar del Hotel Habana Rivera. Sólo querían un vaso de agua, pero el encargado del bar, con los mejores modos de que fue capaz, los volvió a poner en la calle. Los periodistas, con un gesto que entonces pareció demagógico, los hicimos entrar de nuevo y los sentamos a nuestra mesa. Más tarde, el periodista cubano Mario Kuchilán, que se enteró del incidente, nos comunicó su vergüenza y su rabia:

—Esto no se arregla sino con una revolución de verdad —nos dijo—, y les juro que la vamos a hacer.

Enero de 1977,
Revista de Casa de las Américas, La Habana

EL GOLPE SANDINISTA. CRÓNICA DEL ASALTO A LA «CASA DE LOS CHANCHOS»

El plan parecía una locura demasiado simple. Se trataba de tomarse el Palacio Nacional de Managua a pleno día y con sólo veinticinco hombres, mantener en rehenes a los miembros de la Cámara de Diputados, y obtener como rescate la liberación de todos los presos políticos. El Palacio Nacional, un viejo y desabrido edificio de dos pisos con ínfulas monumentales, ocupa una manzana entera con numerosas ventanas en sus costados y una fachada con columnas de Partenón bananero hacia la desolada plaza de la República. Además del Senado en el primer piso y la Cámara de Diputados en el segundo, allí funcionan el Ministerio de Hacienda, el Ministerio de Gobierno y la Dirección General de Ingresos, de modo que es el más público y populoso de todos los edificios oficiales de Managua. Por eso hay siempre un policía con armas largas en cada puerta, dos más en las escaleras del segundo piso, y numerosos pistoleros de ministros y parlamentarios por todas partes. En las horas hábiles, entre empleados y público, hay en los sótanos, las oficinas y los corredores, no menos de tres mil personas. Sin embargo, la Dirección del Frente Sandinista de Liberación Nacional (FSLN) no consideró que el asalto de aquel mercado burocrático fuera en realidad una locura demasiado simple, sino todo lo contrario, un disparate magistral. En realidad, el plan lo había concebido y propuesto desde 1970 el veterano militante Edén Pastora, pero sólo se puso en práctica en este agosto caliente, cuando se hizo demasiado evidente que los Estados Unidos habían resuelto ayudar a Somoza a quedarse en su trono de sangre hasta 1981.

«Los que especulan con mi salud, que no se equivoquen», había dicho el dictador después de su reciente viaje a Washington. «Otros la tienen peor», había agregado, con una arrogancia muy propia de su carácter. Tres empréstitos de cuarenta, cincuenta y sesenta millones de dólares se anunciaron poco después. Por último, el presidente Carter, de su puño y letra, rebasó la copa, con una carta personal de felicitación a Somoza por una pretendida mejoría de los derechos humanos en Nicaragua. La dirección nacional del FSLN, estimulada por el ascenso notable de la agitación popular, consideró entonces que era urgente una réplica terminante y ordenó que se pusiera en práctica el plan congelado y tantas veces aplazado durante ocho años. Como se trataba de secuestrar a los parlamentarios del régimen, se le puso a la acción el nombre clave de Operación Chanchera. Es decir: el asalto a *la casa de los chanchos*.

Cero, uno y dos

La responsabilidad de la operación recayó sobre tres militantes bien probados. El primero fue el hombre que la había concebido y que había de comandarla, y cuyo nombre real parece un seudónimo de poeta en la propia patria de Rubén Darío: Edén Pastora. Es un hombre de cuarenta y dos años, con veinte de militancia muy intensa, y con una decisión de mando que no logra disimular con su estupendo buen humor. Hijo de un hogar conservador, estudió el bachillerato con los jesuitas y luego hizo tres años de medicina en la Universidad de Guadalajara, México. Tres años en cinco, porque varias veces interrumpió las clases para volver a las guerrillas de su país, y sólo cuando lo derrotaban volvía a la escuela de medicina. Su recuerdo más antiguo, a los siete años, fue la muerte de su padre, asesinado por la Guardia Nacional de Anastasio Somoza García. Por ser el comandante de la operación, de acuerdo con una norma tradicional del FSLN, sería distinguido con el nombre de Cero.

En el segundo lugar fue designado Hugo Torres Jiménez, veterano guerrillero de treinta años, con una formación política tan eficiente como su formación militar. Había participado en el célebre secuestro de una fiesta de parientes de Somoza en 1974, lo habían condenado en ausencia a treinta años de cárcel, y desde entonces vivía en Managua en la clandestinidad absoluta. Su nombre, igual que en la operación anterior, fue el número Uno.

La número Dos, única mujer del comando, es Dora María Téllez, de veintidós años, una muchacha muy bella, tímida y absorta, con una inteligencia y un buen juicio que le hubieran servido para cualquier cosa grande en la vida. También ella estudió tres años de medicina en León. «Pero desistí por frustración –dice–. Era muy triste curar niños desnutridos con tanto trabajo, para que tres meses después volvieran al hospital, en peor estado de desnutrición». Procedente del frente del norte «Carlos Fonseca Amador» vivía en la clandestinidad desde enero de 1976.

Sin melena ni barbas

Otros veintitrés muchachos completaban el comando. La dirección del FSLN los escogió con mucho rigor entre los más resueltos y probados en acciones de guerra en todos los comités regionales de Nicaragua, pero lo más sorprendente en ellos es su juventud. Omitiendo a Pastora, la edad promedio del comando era de veinte años. Tres de sus miembros tienen dieciocho.

Los veintiséis miembros del comando se reunieron por primera vez en una casa de seguridad de Managua sólo tres días antes de la fecha prevista para la acción. Salvo los tres primeros números, ninguno de ellos se conocía entre sí, ni tenía la menor idea de la naturaleza de la operación. Sólo les habían advertido que era un acto audaz y con un riesgo enorme para sus vidas, y todos habían aceptado.

El único que había estado alguna vez dentro del Palacio Nacional era el comandante Cero, cuando era muy niño y acompañaba a su madre a pagar los impuestos. Dora María, la número Dos, tenía una cierta idea del Salón Azul donde se reúne la Cámara de Diputados, porque alguna vez lo había visto en la televisión. El resto del grupo no sólo no conocía el Palacio Nacional, ni siquiera por fuera, sino que la mayoría no había estado nunca en Managua. Sin embargo, los tres dirigentes tenían un plano perfecto, dibujado con cierto primor científico por un médico del FSLN, y desde varias semanas antes de la acción conocían de memoria los pormenores del edificio como si hubieran vivido allí media vida.

El día escogido para la acción fue el martes 22 de agosto, porque la discusión del presupuesto nacional aseguraba una asistencia más numerosa. A las nueve y media de la mañana de ese día, cuando los servicios de vigilancia confirmaron que habría reunión de la Cámara de Diputados, los veintitrés muchachos fueron informados de todos los secretos del plan, y se le asignó a cada uno una misión precisa. Divididos en seis escuadras de a cuatro, mediante un sistema complejo pero eficaz, a cada uno le correspondió un número que permitía saber cuál era su escuadra y su posición dentro de ella.

El ingenio de la acción consistía en hacerse pasar por una patrulla de la Escuela de Entrenamiento Básica de infantería de la Guardia Nacional. De modo que se uniformaron de verde olivo, con uniformes hechos por costureras clandestinas en tallas distintas, y se pusieron botas militares compradas el sábado anterior en tiendas distintas. A cada uno le dieron un bolso de campaña con el pañuelo rojo y negro del FSLN, dos pañuelos de bolsillo por si sufrían heridas, un foco de mano, máscaras y anteojos contra gases, bolsas plásticas para almacenar el agua de beber en caso de urgencia, y una bolsa de bicarbonato para afrontar los gases lacrimógenos. En la dotación general del comando había además diez cuerdas de nylon de metro y medio para amarrar rehenes y tres cadenas con candados para cerrar por dentro todas las puertas del Palacio Nacional. No llevaban equipo médico porque sabían que en el Salón Azul había servicios médicos y medicinas de urgencia. Por último, les repartieron las armas que de ningún modo podían ser distintas de las que usa la Guardia Nacional, porque casi todas habían sido capturadas en combate. El parque completo eran dos subametralladoras Uzi, un G3, un M3, un M2, veinte fusiles Garand, una pistola Browning y cincuenta granadas. Cada uno disponía de trescientos tiros.

La única resistencia que opusieron todos surgió a la hora de cortarse el cabello y afeitarse las barbas cultivadas con tanto esmero en los frentes de guerra. Sin embargo, ningún miembro de la Guardia Nacional puede llevar cabellos largos ni barbas, y sólo los oficiales pueden llevar bigotes. No había más remedio que cortar, y de cualquier manera, porque el FSLN no tuvo a última hora un peluquero de confianza. Se peluquearon los unos a los otros. A Dora María, una compañera resuelta le trasquiló de dos tijeretazos su hermosa cabellera de combate, para que no se viera que era mujer con la boina negra.

A las once cincuenta de la mañana, con el retraso habitual, la Cámara de Diputados inició la sesión en el Salón Azul. Sólo dos partidos forman parte de ella: el Partido Liberal, que es el partido oficial de Somoza, y el Partido Conservador, que juega el juego de la oposición leal. Desde la gran puerta de cristales de la entrada principal, se ve la bancada liberal a la derecha, y la bancada conservadora a la izquierda, y al fondo, sobre un estrado, la larga mesa de la presidencia. Detrás de cada bancada hay un balcón para las barras de cada partido y una tribuna para los periodistas, pero el balcón de las barras conservadoras está cerrado desde hace mucho tiempo, mientras que el de los liberales está abierto y siempre muy concurrido por partidarios a sueldo. Aquel martes estaba más concurrido que de costumbre y había además unos veinte periodistas en la tribuna de prensa. Asistían sesenta y siete diputados en total, y dos de ellos valían su peso en oro para el FSLN: Luis Pallais Debayle, primo hermano de Anastasio Somoza, y José Somoza Abrego, hijo del general José Somoza, que es medio hermano del dictador.

¡Viene el jefe!

El debate sobre el presupuesto había comenzado a las doce y media, cuando dos camionetas Ford pintadas de verde militar, con toldos de lona verde y bancas de madera en la parte posterior, se detuvieron al mismo tiempo frente a las dos puertas laterales del Palacio Nacional. En cada una de las puertas, como estaba previsto, había un policía armado con una escopeta, y ambos estaban bastante acostumbrados a su rutina para darse cuenta de que el verde de las camionetas era mucho más brillante que el de la Guardia Nacional. Rápidamente, con órdenes militares terminantes, de cada una de las camionetas descendieron tres escuadras de soldados.

El primero que bajó fue el comandante Cero frente a la puerta oriental, seguido por tres escuadras. La última estaba comandada por la número Dos: Dora María. Tan pronto como saltó a tierra, Cero gritó con su voz recia y bien cargada de autoridad:

—¡Apártense! ¡Viene el jefe!

El policía de la puerta se hizo a un lado de inmediato y el Cero dejó a uno de sus hombres montando guardia a su lado. Seguido por sus hombres subió la amplia escalera hasta el segundo piso, con los mismos gritos bárbaros de la Guardia Nacional cuando se aproxima Somoza, y llegó hasta donde estaban otros dos policías con revólveres y bolillos. Cero desarmó a uno y la Dos desarmó al otro con el mismo grito paralizante: «¡Viene el jefe!».

Allí quedaron apostados otros dos guerrilleros. Para entonces, la muchedumbre de los corredores había oído los gritos, había visto a los guardias armados, y había tratado de escapar. En Managua, es casi un reflejo social: cuando llega Somoza, todo el mundo huye.

Cero llevaba la misión específica de entrar en el Salón Azul y mantener a raya a los diputados, sabiendo que todos los liberales y muchos de los conservadores estaban armados. La Dos llevaba la misión de cubrir esa operación frente a la gran puerta de cristales, desde donde se dominaba abajo la entrada principal del edificio. A ambos lados de la puerta de cristales habían previsto encontrar dos policías con revólveres. Abajo, en la entrada principal, que era verja de hierro forjado, había dos hombres armados con una escopeta y una subametralladora. Uno de ellos era un capitán de la Guardia Nacional.

Cero y la Dos, seguidos por sus escuadras, se abrieron paso por entre la muchedumbre despavorida hasta la puerta del Salón Azul, donde se llevaron la sorpresa de que uno de los policías tenía una escopeta. «¡Viene el jefe!», volvió a gritar Cero, y le arrebató el arma. El Cuatro desarmó al otro, pero los agentes fueron los primeros en comprender que aquello era un engaño, y escaparon por las escaleras hacia la calle. Entonces, los dos guardias de la entrada dispararon contra los hombres de la Dos, y éstos respondieron con una carga de fuego cerrado. El capitán de la Guardia Nacional quedó muerto en el acto, y el otro guardia quedó herido. La entrada principal, por el momento, quedó desguarnecida, pero la Dos dejó a varios hombres tendidos para protegerla.

Todo el mundo a tierra

Al oír los primeros tiros, como estaba previsto, los sandinistas que estaban de guardia en las puertas laterales pusieron en fuga a los policías desarmados, cerraron las puertas por dentro con cadenas y candados, y corrieron a reforzar a sus compañeros por entre una muchedumbre que corría sin dirección, acosada por el pánico.

La Dos, mientras tanto, pasó de largo frente al Salón Azul y llegó hasta el extremo del corredor, donde estaba el bar de los diputados. Cuando empujó la puerta con la carabina M1, dispuesta a disparar, sólo vio un montón de hombres tendidos y apelotonados en la alfombra azul. Eran diputados dispersos que se habían tirado a tierra al oír los primeros disparos. Sus guardaespaldas, creyendo que en efecto se trataba de la Guardia Nacional, se rindieron sin resistencia.

Cero empujó entonces con el cañón del G3 la amplia puerta de vidrios esmerilados del Salón Azul, y se encontró con la Cámara de Diputados paralizada en pleno: sesenta y dos hombres lívidos mirando hacia la puerta con una expresión de estupor. Temiendo ser reconocido, porque algunos de ellos habían sido sus condiscípulos en la escuela de los jesuitas, Cero soltó una ráfaga de plomo contra el techo, y gritó:

—¡La Guardia! ¡Todo el mundo a tierra!

Todos los diputados se tiraron al suelo detrás de los pupitres, salvo Pallais Debayle, que estaba hablando por teléfono en la mesa de la presidencia, y se quedó petrificado. Más tarde ellos mismos habían de explicar el motivo de su terror: pensaron que la Guardia Nacional había dado un golpe contra Somoza, y que venía a fusilarlos.

En el ala oriental del edificio, el número Uno oyó los primeros disparos cuando ya sus hombres habían neutralizado a los dos policías del segundo piso, y él se dirigía hacia el fondo del corredor, donde estaba el Ministerio de Gobierno. Al contrario de las escuadras de Cero, las del número Uno entraron en formación marcial, y se iban quedando en el camino para cumplir las misiones asignadas. La escuadra tercera, comandada por el número Tres, empujó la puerta del Ministerio de Gobierno, en el momento en que resonó en el edificio la ráfaga de plomo de Cero. En la antesala del ministerio se encontraron con un capitán y un teniente de la Guardia

Nacional, guardaespaldas del ministro, que al oír los disparos se aprestaban a salir. La escuadra de Tres no les dio tiempo de disparar. Luego empujaron la puerta del fondo, y se encontraron en un despacho mullido y refrigerado, y vieron detrás del escritorio a un hombre de unos cincuenta y dos años, muy alto y un poco cadavérico, que levantó las manos sin que nadie se lo ordenara. Era el agrónomo José Antonio Mora, ministro de Gobierno y sucesor de Somoza por designación del Congreso. Se rindió sin saber ante quién, aunque llevaba en el cinto una pistola Browning y cuatro cargadores repletos en los bolsillos. El Uno, mientras tanto, había llegado hasta la puerta posterior del Salón Azul, saltando por encima de los montones de hombres y mujeres que estaban tirados en el suelo. Lo mismo le ocurrió a Dos, que entró en ese momento por la puerta de cristales llevando con las manos en alto a los diputados que encontró en el bar. Sólo al cabo de un instante se dieron cuenta de que el salón les pareció desierto porque los diputados estaban tirados en el suelo detrás de los pupitres.

Afuera, en ese instante, se oyó un breve tiroteo. Cero volvió a salir del salón y vio una patrulla de la Guardia Nacional, al mando de un capitán, que disparaba desde la puerta principal del edificio contra los guerrilleros apostados frente al Salón Azul. Cero les lanzó una granada de fragmentación y puso término al asalto. Un silencio sin fondo se impuso en el interior del enorme edificio cerrado con gruesas cadenas de acero, donde no menos de dos mil quinientas personas, pecho a tierra, se hacían preguntas sobre su destino. Toda la operación, como estaba previsto, había durado tres minutos exactos.

Entran los obispos

Anastasio Somoza Debayle, el cuarto de la dinastía que ha oprimido a Nicaragua por más de cuarenta años, conoció la noticia en el momento en que se sentaba a almorzar en el sótano refrigerado de su fortaleza privada. Su reacción inmediata fue ordenar que se disparara sin discriminación contra el Palacio Nacional.

Así se hizo. Pero las patrullas de la Guardia Nacional no pudieron acercarse, porque las escuadras sandinistas, como estaba previsto, las rechazaban con un fuego intenso desde las ventanas de los cuatro costados. Durante quince minutos, un helicóptero pasó echando ráfagas de metralla contra las ventanas, y alcanzó a herir a un guerrillero en una pierna: el número Sesenta y Dos.

Veinte minutos después de que ordenó el asedio, Somoza recibió la primera llamada directa del interior del Palacio Nacional. Era su primo Pallais Debayle que le transmitió el primer mensaje del FSLN: o paraban el fuego, o empezaban a ejecutar rehenes, uno cada dos horas, hasta que se decidieran a discutir las condiciones. Somoza ordenó entonces suspender el asedio.

Poco después, otra llamada de Pallais Debayle, le informó a Somoza que el FSLN proponía como intermediarios a tres obispos nicaragüenses: monseñor Miguel Obando Bravo, arzobispo de Managua, que ya había sido intermediario cuando el asalto a la fiesta de somocistas en 1974; monseñor Manuel Salazar y Espinosa, obispo de León; y monseñor Leovigildo López Fitoría, obispo de Granada. Los tres, por casualidad, se encontraban en Managua en una reunión especial. Somoza aceptó.

Más tarde, también a instancias de los sandinistas, se unieron a los obispos los embajadores de Costa Rica y Panamá. Los sandinistas, por su parte, encomendaron la dura carga de las negociaciones a la tenacidad y el buen juicio de la número Dos. Su primera misión, cumplida a las dos cuarenta y cinco de la tarde, fue entregarles a los obispos el pliego de condiciones: liberación inmediata de los presos políticos cuya lista iba adjunta, difusión por todos los medios de los partes de guerra y de una extensa declaración política, retiro de los guardias a trescientos metros del Palacio Nacional, aceptación inmediata de las peticiones de los trabajadores en huelga del gremio hospitalario, diez millones de dólares y garantías para que el comando y los presos liberados viajaran a Panamá. De modo que las conversaciones empezaron el mismo martes, continuaron toda la noche, y culminaron el miércoles hacia las seis de la tarde. En ese lapso, los negociadores estuvieron cinco veces en el Palacio Nacional, una de ellas a las tres de la madrugada del miércoles, y en realidad no parecía vislumbrarse un acuerdo en las primeras veinticuatro horas.

La petición de que se leyeran por radio todos los partes de guerra y un largo comunicado político que el FSLN había preparado de antemano, resultaba inaceptable para Somoza. Pero otra le resultaba imposible: la liberación de todos los presos que estaban en la lista. En realidad, en esa lista se habían incluido, con toda intención, veinte presos sandinistas que sin duda habían muerto en las cárceles, víctimas de torturas y ejecuciones sumarias, pero que el gobierno se negaba a reconocer.

El desplante de Somoza

Somoza envió al Palacio Nacional tres respuestas escritas en máquina eléctrica impecable, pero todas sin firma y redactadas en un estilo informal plagado de ambigüedades astutas. Nunca hizo una contrapropuesta, sino que trataba de eludir las condiciones de los guerrilleros. Desde el primer mensaje fue evidente que trataba de ganar tiempo, convencido de que veinticinco adolescentes no serían capaces de mantener a raya por mucho tiempo a más de dos mil personas acosadas por la ansiedad, el hambre y el sueño. Por eso, su primera respuesta, a las nueve de la noche del martes, fue un desplante olímpico que pedía veinticuatro horas para pensar.

Sin embargo, en su segundo mensaje, a las ocho treinta de la mañana del miércoles, había cambiado la arrogancia por las amenazas, pero empezaba a aceptar condiciones. La razón parecía clara: los negociadores habían recorrido el Palacio Nacional a las tres de la madrugada, y habían comprobado que Somoza se equivocaba en sus cálculos. Los guerrilleros habían evacuado por iniciativa propia a las pocas mujeres embarazadas y a los niños, habían entregado por medio de la Cruz Roja a los militares muertos y heridos, y el ambiente en el interior era ordenado y tranquilo. En el primer piso, en cuyas oficinas se habían encontrado los empleados subalternos, muchos dormían en paz en sillones y escritorios, y otros se dedicaban a pasatiempos inventados. No había la menor señal de hostilidad, sino todo lo contrario, contra los muchachos uniformados que cada cuatro horas hacían una inspección del recinto. Más aún: en algunas de las oficinas públicas habían preparado café para ellos, y muchos de los rehenes les habían expresado su simpatía y solidaridad, incluso por escrito, y habían pedido permanecer allí de todos modos como rehenes voluntarios.

En el Salón Azul, donde se habían concentrado los rehenes de oro, los negociadores habían podido observar que el ambiente era tan sereno como en el primer piso. Ninguno de los diputados había ofrecido la menor resistencia, los habían desarmado sin dificultad, y a medida que pasaban las horas se notaba en ellos un rencor creciente contra Somoza por la demora de los acuerdos. Los guerrilleros, por su parte, se mostraban seguros y bien educados, pero también resueltos. Su réplica a las ambigüedades del segundo documento fue terminante: si dentro de cuatro horas no había respuestas definitivas, empezarían a ejecutar rehenes.

Somoza debió comprender entonces la vanidad de sus cálculos, y concibió el temor de una insurrección popular, cuyos síntomas empezaban a vislumbrarse en distintos lugares del país. De modo que a la una y media de la tarde del miércoles, en su tercer mensaje, aceptó la más amarga de las condiciones: la lectura del documento político del FSLN a través de todas las emisoras del país. A las seis de la tarde, después de dos horas y media, la transmisión había terminado.

Cuarenta y cinco horas sin dormir

Aunque todavía no se llegara a ningún acuerdo, la verdad parece ser que Somoza estaba dispuesto a capitular desde el mediodía del miércoles. En efecto, a esa hora los presos de Managua habían recibido órdenes de preparar sus maletas para viajar. La mayoría estaban enterados de la acción por los propios guardianes, y muchos de éstos, en distintas cárceles, les expresaron sus simpatías secretas. En el interior del país, los presos políticos estaban siendo conducidos a Managua desde mucho antes de que se vislumbrara un acuerdo.

A esa misma hora, los servicios de seguridad de Panamá le informaron al general Omar Torrijos que un funcionario nicaragüense de mediano nivel quería saber si él estaría dispuesto a enviar un avión para los guerrilleros y los presos liberados. Torrijos estuvo de acuerdo. Minutos después recibió una llamada del presidente de Venezuela, Carlos Andrés Pérez, quien estaba muy al corriente de las negociaciones y notablemente preocupado por la suerte de los sandinistas, y quería coordinar con su colega de Panamá la operación del transporte. Esa tarde, el gobierno panameño alquiló un Electra comercial de la compañía COPA, y Venezuela un Hércules inmenso. Ambos aviones esperaron en el aeropuerto de Panamá, listos para decolar, el final de las negociaciones.

Culminaron, en realidad, a las cuatro de la tarde del miércoles, y a última hora trató Somoza de imponer a los guerrilleros un plazo de tres horas para abandonar el país, pero éstos se negaron, por razones obvias, a salir de noche. Los diez millones de dólares fueron reducidos a quinientos mil, pero el FSLN decidió no discutir más, primero porque el dinero era de todos modos una condición secundaria, pero en especial porque los miembros del comando empezaban a dar peligrosas señales de cansancio después de dos días sin dormir y sometidos a una presión intensa. Los primeros síntomas graves los notó en sí mismo el comandante Cero, cuando descubrió que no lograba concebir la ubicación del Palacio Nacional dentro de la ciudad de Managua. Poco después el número Uno le confesó que había sido víctima de una alucinación: creyó oír que pasaban trenes irreales por la plaza de la República. Por último, Cero observó que la número Dos había empezado a cabecear y que en un pestañeo instantáneo estuvo a punto de soltar la carabina. Entonces comprendió que era urgente terminar aquel drama que había de durar minuto a minuto, cuarenta y cinco horas.

Despedida y júbilo

El jueves a las nueve y media de la mañana, veintiséis sandinistas, cinco negociadores y cuatro rehenes, abandonaron el Palacio Nacional con rumbo al aeropuerto. Los rehenes eran los más importantes: Luis Pallais Debayle, José Somoza, José Antonio Mora, y el diputado Eduardo Chamorro. A esa hora, sesenta presos políticos de todo el país estaban a bordo de los dos aviones llegados de Panamá, donde todos habían de pedir asilo pocas horas después. Sólo faltaban, por supuesto, los veinte que nunca más se podrían rescatar.

Los sandinistas habían puesto como condiciones finales que no hubiera militares a la vista ni ninguna clase de tráfico en la ruta del aeropuerto. Ninguna de las condiciones se cumplió, porque el gobierno echó la Guardia Nacional a las calles para impedir cualquier manifestación de simpatía popular. Fue un intento vano. Una ovación cerrada acompañó el paso del autobús escolar, y las gentes se echaban a la calle para celebrar la victoria, y una larga fila de automóviles y motocicletas cada vez más numerosa y entusiasta lo siguió hasta el aeropuerto. El diputado Eduardo Chamorro se mostró asombrado de aquella explosión de júbilo popular. El comandante Uno, que viajaba a su lado, le dijo con el buen humor del alivio:

—Ya ve: esto es lo único que no se puede comprar con plata.

Septiembre de 1978, *Alternativa*, Bogotá

LOS CUBANOS FRENTE AL BLOQUEO

Aquella noche, la primera del bloqueo, había en Cuba unos 482.560 automóviles, 343.300 refrigeradores, 549.700 receptores de radio, 303.500 televisores, 352.900 planchas eléctricas, 286.400 ventiladores, 41.800 lavadoras automáticas, 3.510.000 relojes de pulsera, 63 locomotoras y 12 barcos mercantes. Todo eso, salvo los relojes de pulso que eran suizos, había sido hecho en los Estados Unidos.

Al parecer, había de pasar un cierto tiempo antes de que los cubanos se dieran cuenta de lo que significaban en su vida aquellos números mortales. Desde el punto de vista de la producción, Cuba se encontró de pronto con que no era un país distinto sino una península comercial de los Estados Unidos. Además de que la industria del azúcar y del tabaco dependían por completo de los consorcios yanquis, todo lo que se consumía en la isla era fabricado por los Estados Unidos, ya fuera en su propio territorio o en el territorio mismo de Cuba. La Habana y dos o tres ciudades más del interior daban la impresión de la felicidad de la abundancia, pero en realidad no había nada que no fuera ajeno, desde los cepillos de dientes hasta los hoteles de veinte pisos de vidrio del Malecón. Cuba importaba de los Estados Unidos casi treinta mil artículos útiles e inútiles para la vida cotidiana. Inclusive los mejores clientes de aquel mercado de ilusiones eran los mismos turistas que llegaban en el Ferry Boat de West Palm Beach y por el Sea Train de Nueva Orleans, pues también ellos preferían comprar sin impuestos los artículos importados de su propia tierra. Las papayas criollas, que fueron descubiertas en Cuba por Cristóbal Colón desde su primer viaje, se vendían en las tiendas refrigeradas con la etiqueta amarilla de los cultivadores de las Bahamas. Los huevos artificiales que las amas de casa despreciaban por su yema lánguida y su sabor de farmacia tenían impreso en la cáscara el sello de fábrica de los granjeros de Carolina del Norte, pero algunos bodegueros avisados los lavaban con disolvente y los embadurnaban con caca de gallina para venderlos más caros, como si fueran criollos.

No había un sector del consumo que no fuera dependiente de los Estados Unidos. Las pocas fábricas de artículos fáciles que habían sido instaladas en Cuba para servirse de la mano de obra barata estaban montadas con maquinaria de segunda mano que ya había pasado de moda en su país de origen. Los técnicos mejor cualificados eran norteamericanos, y la mayoría de los escasos técnicos cubanos cedieron a las ofertas luminosas de sus patrones extranjeros y se fueron con ellos para los Estados Unidos. Tampoco había depósitos de repuestos, pues la industria ilusoria de Cuba reposaba sobre la base de que sus repuestos estaban sólo a noventa millas, y bastaba con una llamada telefónica para que la pieza más difícil llegara en el próximo avión sin gravámenes ni demoras de aduana.

A pesar de semejante estado de dependencia, los habitantes de las ciudades continuaban gastando sin medida cuando ya el bloqueo era una realidad brutal. Inclusive muchos cubanos que estaban dispuestos a morir por la Revolución, y algunos sin duda que de veras murieron por ella, seguían consumiendo con un alborozo infantil. Más aún: las primeras medidas de la Revolución habían aumentado de inmediato el poder de compra de las clases más pobres, y éstas no tenían entonces otra noción de la felicidad que el placer simple de consumir. Muchos sueños aplazados durante media vida y aun durante vidas enteras se realizaban de pronto. Sólo que las cosas que se agotaban en el mercado no eran repuestas de inmediato, y algunas no serían repuestas en muchos años, de modo que los almacenes deslumbrantes del mes anterior se quedaban sin remedio en los puros huesos.

Cuba fue por aquellos años iniciales el reino de la improvisación y el desorden. A falta de una nueva moral –que aún habrá de tardar mucho tiempo para formarse en la conciencia de la población– el machismo caribe había encontrado una razón de ser en aquel estado general de emergencia. El sentimiento nacional estaba tan alborotado con aquel ventarrón incontenible de novedad y autonomía, y al mismo tiempo las amenazas de la reacción herida eran tan verdaderas e inminentes, que mucha gente confundía una cosa con la otra y parecía pensar que hasta la escasez de leche podía resolverse a tiros. La impresión de pachanga fenomenal que suscitaba la Cuba de aquella época entre los visitantes extranjeros tenía un fundamento verídico en la realidad y en el espíritu de los cubanos, pero era una embriaguez inocente al borde del desastre. En efecto, yo había regresado a La Habana por segunda vez a principios de 1961, en mi condición de corresponsal errátil de Prensa Latina, y lo primero que me llamó la atención fue que el aspecto visible del país había cambiado muy poco, pero que en cambio la tensión social empezaba a ser insostenible. Había volado desde Santiago hasta La Habana en una espléndida tarde de marzo, observando por la ventanilla los campos milagrosos de aquella patria sin ríos, las aldeas polvorientas, las ensenadas ocultas, y a todo lo largo del trayecto había percibido señales de guerra. Grandes cruces rojas dentro de círculos blancos habían sido pintadas en los techos de los hospitales para ponerlos a salvo de bombardeos previsibles. También en las escuelas, los templos y los asilos de ancianos se habían puesto señales similares. En los aeropuertos civiles de Santiago y Camagüey había cañones antiaéreos de la segunda guerra mundial disimulados con lonas de camiones de carga, y las costas estaban patrulladas por lanchas rápidas que habían sido de recreo y entonces estaban destinadas a impedir desembarcos. Por todas partes se veían estragos de sabotajes recientes: cañaverales calcinados con bombas incendiarias por aviones mandados desde Miami, ruinas de fábricas dinamitadas por la resistencia interna, campamentos militares improvisados en zonas difíciles donde empezaban a operar con armamentos modernos y excelentes recursos logísticos los primeros grupos hostiles a la Revolución. En el aeropuerto de La Habana, donde era evidente que se hacían esfuerzos para que no se notara el ambiente de guerra, había un letrero gigantesco de un extremo al otro de la cornisa del edificio principal: «Cuba, territorio libre de América». En lugar de los soldados barbudos de antes, la vigilancia estaba a cargo de milicianos muy jóvenes con uniforme verde olivo, entre ellos algunas mujeres, y sus armas eran todavía las de los viejos arsenales de la dictadura. Hasta entonces no había otras. El primer armamento moderno que logró comprar la Revolución a pesar de las presiones contrarias de los Estados Unidos, había llegado de Bélgica el 4 de marzo anterior, a bordo del barco francés *Le Coubre*, y éste voló en el muelle de La Habana con setecientas toneladas de armas y municiones en las bodegas por causa de una explosión provocada. El atentado produjo además setenta y cinco muertos y doscientos heridos entre los obreros del puerto, pero no fue reivindicado por nadie y el gobierno cubano lo atribuyó a la CIA. Fue en el entierro de las víctimas cuando Fidel Castro proclamó la consigna que había de convertirse en la divisa máxima de la nueva Cuba: «Patria o muerte». Yo la había visto escrita por primera vez en las calles de Santiago, la había visto pintada a brocha gorda sobre los enormes carteles de propaganda de empresas de aviación y pastas dentífricas norteamericanas en la carretera polvorienta del aeropuerto de Camagüey, y la volví a encontrar repetida sin tregua en cartoncitos improvisados en las vitrinas de las tiendas para turistas del aeropuerto de La Habana, en las antesalas y los mostradores, y pintada con albayalde en los espejos de la peluquería, y con carmín de labios en los cristales de los taxis. Se había conseguido tal grado de saturación social, que no había ni un lugar ni un instante en que no estuviera escrita aquella consigna de rabia, desde las pailas de los trapiches hasta el calce de los documentos oficiales, y la prensa, la radio y la televisión la repitieron sin piedad durante días enteros y meses interminables, hasta que se incorporó a la propia esencia de la vida cubana.

En La Habana, la fiesta estaba en su apogeo. Había mujeres espléndidas que cantaban en los balcones, pájaros luminosos en el mar, música por todas partes, pero en el fondo del júbilo se sentía el conflicto creador de un modo de vivir ya condenado para siempre, que pugnaba por prevalecer contra otro modo de vivir distinto, todavía ingenuo, pero inspirado y demoledor. La ciudad seguía siendo un santuario de placer, con máquinas de lotería hasta en las farmacias y automóviles de aluminio demasiado grandes para las esquinas coloniales, pero el aspecto y la conducta de la gente estaba cambiando de un modo brutal. Todos los sedimentos del subsuelo social habían salido a flote, y una erupción de lava humana, densa y humeante, se esparcía sin control por los vericuetos de la ciudad liberada, y contaminaba de un vértigo multitudinario hasta sus últimos resquicios. Lo más notable era la naturalidad con que los pobres se habían sentado en las sillas de los ricos en los lugares públicos. Habían invadido los vestíbulos de los hoteles de lujo, comían con los dedos en las terrazas de las cafeterías del Vedado, y se cocinaban al sol en las piscinas de aguas de colores luminosos de los antiguos clubes exclusivos de Siboney. El cancerbero rubio del Hotel Habana Hilton, que empezaba a llamarse Habana Libre, había sido reemplazado por milicianos serviciales que se pasaban el día convenciendo a los campesinos de que podían entrar sin temor, enseñándoles que había una puerta de ingreso y otra de salida, y que no se corría ningún riesgo de tisis aunque se entrara sudando en el vestíbulo refrigerado. Un chévere legítimo del Luyanó, retinto y esbelto, con una camisa de mariposas pintadas y zapatos de charol con tacones de bailarín andaluz, había tratado de entrar al revés por la puerta de vidrios giratorios del Hotel Riviera, justo cuando trataba de salir la esposa suculenta y emperifollada de un diplomático europeo. En una ráfaga de pánico instantáneo, el marido que la seguía trató de forzar la puerta en un sentido mientras los milicianos azorados trataban de forzarla desde el exterior en el sentido contrario. La blanca y el negro se quedaron atrapados por una fracción de segundo en la trampa de cristal, comprimidos en el espacio previsto para una sola persona, hasta que la puerta volvió a girar y la mujer corrió confundida y ruborizada, sin esperar siquiera al marido, y se metió en la limusina que la esperaba con la puerta abierta y que arrancó al instante. El negro, sin saber muy bien lo que había pasado, se quedó confundido y trémulo.

—¡Coño! —suspiró—. ¡Olía a flores!

Eran tropiezos frecuentes. Y comprensibles porque el poder de compra de la población urbana y rural había aumentado de un modo considerable en un año. Las tarifas de la electricidad, del teléfono, del transporte y de los servicios públicos en general se habían reducido a niveles humanitarios. Los precios de los hoteles y de los restaurantes, así como los de los transportes, habían sufrido reducciones drásticas, y se organizaban excursiones especiales del campo a la ciudad y de la ciudad al campo, que en muchos casos eran gratuitas. Por otra parte, el desempleo se estaba reduciendo a grandes pasos, los sueldos subían, y la reforma urbana había aliviado la angustia mensual de los alquileres, y la educación y los útiles escolares no costaban nada. Las veinte leguas de harina de marfil de las playas de Varadero, que antes tenían un solo dueño y cuyo disfrute estaba reservado a los ricos demasiado ricos, fueron abiertas sin condiciones para todo el mundo, inclusive para los mismos ricos. Los cubanos, como la gente del Caribe en general, habían creído desde siempre que el dinero sólo servía para gastárselo, y por primera vez en la historia de su país lo estaban comprobando en la práctica.

Creo que muy pocos éramos conscientes de la manera sigilosa pero irreparable en que la escasez se nos iba metiendo en la vida. Aun después del desembarco en Playa Girón los casinos continuaban abiertos, y algunas putitas sin turistas rondaban los contornos en espera de que un afortunado casual de la ruleta les salvara la noche. Era evidente que a medida que las condiciones cambiaban, aquellas golondrinas solitarias se iban volviendo lúgubres y cada vez más baratas. Pero de todos modos, las noches de La Habana y de Guantánamo seguían siendo largas e insomnes, y la música de las fiestas de alquiler se prolongaba hasta el alba. Esos rezagos de la vieja vida mantenían una ilusión de normalidad y abundancia que ni las explosiones nocturnas, ni los rumores constantes de agresiones infames, ni la inminencia real de la guerra, conseguían extinguir, pero que desde hacía mucho tiempo habían dejado de ser verdad.

A veces no había carne en los restaurantes después de la medianoche, pero no nos importaba, porque tal vez había pollo. A veces no había plátano, pero no nos importaba, porque tal vez había boniato. Los músicos de los clubes vecinos, y los chulos impávidos que esperaban las cosechas de la noche frente a un vaso de cerveza, parecían tan distraídos como nosotros ante la erosión incontenible de la vida cotidiana.

En el centro comercial habían aparecido las primeras colas y un mercado negro incipiente pero muy activo empezaba a controlar los artículos industriales, pero no se pensaba muy en serio que eso sucediera porque faltaran cosas, sino todo lo contrario, porque sobraba el dinero. Por esa época, alguien necesitó una aspirina después del cine y no la encontramos en tres farmacias. La encontramos en la cuarta, y el boticario nos explicó sin alarma que la aspirina estaba escasa desde hacía tres meses. La verdad es que no sólo la aspirina, sino muchas cosas esenciales estaban escasas desde antes, pero nadie parecía pensar que se acabarían por completo. Casi un año después de que los Estados Unidos decretaran el embargo total del comercio con Cuba, la vida seguía sin cambios muy notables, no tanto en la realidad como en el espíritu de la gente.

Yo tomé conciencia del bloqueo de una manera brutal, pero a la vez un poco lírica, como había tomado conciencia de casi todo en la vida. Después de una noche de trabajo en la oficina de Prensa Latina me fui solo y medio entorpecido en busca de algo para comer. Estaba amaneciendo. El mar tenía un humor tranquilo y una brecha anaranjada lo separaba del cielo en el horizonte. Caminé por el centro de la avenida desierta, contra el viento de salitre del Malecón, buscando algún lugar abierto para comer bajo las arcadas de piedras carcomidas y rezumantes de la ciudad vieja. Por fin encontré una fonda con la cortina metálica cerrada pero sin candado, y traté de levantarla para entrar porque dentro había luz y un hombre estaba lustrando los vasos en el mostrador. Apenas lo había intentado cuando sentí a mis espaldas el ruido inconfundible de un fusil al ser montado, y una voz de mujer muy dulce pero resuelta.

—Quieto, compañero —dijo—. Levanta las manos.

Era una aparición en la bruma del amanecer. Tenía un semblante muy bello, con el pelo amarrado en la nuca como una cola de caballo, y la camisa militar ensopada por el viento del mar. Estaba asustada, sin duda, pero tenía los tacones separados y bien establecidos en la tierra, y agarraba el fusil como un soldado.

—Tengo hambre —dije.

Tal vez lo dije con demasiada convicción porque sólo entonces comprendió que yo no había tratado de entrar en la fonda a la fuerza, y su desconfianza se convirtió en lástima.

—Es muy tarde —dijo.

—Al contrario —le repliqué—: el problema es que es demasiado temprano. Lo que quiero es desayunar.

Entonces hizo señas hacia dentro por el cristal y convenció al hombre de que me sirviera algo aunque faltaban dos horas para abrir. Pedí huevos fritos con jamón, café con leche y pan con mantequilla y un jugo fresco de cualquier fruta. El hombre me dijo con una precisión sospechosa que no había huevos ni jamón desde hacía una semana ni leche desde hacía tres días, y que lo único que podía servirme era una taza de café negro y pan sin mantequilla, y si acaso un poco de macarrones recalentados de la noche anterior. Sorprendido, le pregunté qué estaba pasando con las cosas de comer, y mi sorpresa era tan inocente que entonces fue él quien se sintió sorprendido.

–No pasa nada –me dijo–. Nada más que a este país se lo llevó el carajo.

No era enemigo de la Revolución como lo imaginé al principio. Al contrario: era el último de una familia de once personas que se había fugado en bloque para Miami. Había decidido quedarse, y en efecto se quedó para siempre, pero su oficio le permitía descifrar el porvenir con elementos más reales que los de un periodista trasnochado. Pensaba que antes de tres meses tendría que cerrar la fonda por falta de comida, pero no le importaba mucho porque ya tenía planes muy bien definidos para su futuro personal.

Fue de un pronóstico certero. El 12 de marzo de 1962, cuando ya habían transcurrido trescientos veintidós días desde el principio del bloqueo, se impuso el racionamiento drástico de las cosas de comer. Se asignó a cada adulto una ración mensual de tres libras de carne, una de pescado, una de pollo, seis de arroz, dos de manteca, una y media de fríjoles, cuatro onzas de mantequilla y cinco huevos. Era una ración calculada para que cada cubano consumiera una cuota normal de calorías diarias. Había raciones especiales para los niños, según la edad, y todos los menores de catorce años tenían derecho a un litro diario de leche. Más tarde empezaron a faltar los clavos, los detergentes, los focos y otros muchos artículos de urgencia doméstica, y el problema de las autoridades no era reglamentarlos, sino conseguirlos. Lo más admirable era comprobar hasta qué punto aquella escasez impuesta por el enemigo iba acendrando la moral social. El mismo año en que se estableció el racionamiento ocurrió la llamada Crisis de Octubre, que el historiador inglés Hugh Thomas ha calificado como la más grave de la historia de la humanidad, y la inmensa mayoría del pueblo cubano se mantuvo en estado de alerta durante un mes, inmóviles en sus sitios de combate hasta que el peligro pareció conjurado, y dispuestos a enfrentarse a la bomba atómica con escopetas. En medio de aquella moviliza-ción masiva, que hubiera bastado para desquiciar a cualquier economía bien asentada, la producción industrial alcan-zó cifras insólitas, se terminó el absentismo en las fábricas y se sortearon obstáculos que en circunstancias menos dramáticas hubieran sido fatales. Una telefonista de Nueva York le dijo en esa ocasión a una colega cubana que en los Estados Unidos estaban muy asustados por lo que pudiera ocurrir.

—En cambio aquí estamos muy tranquilos —le replicó la cubana—. Al fin y al cabo, la bomba atómica no duele.

El país producía entonces suficientes zapatos para que cada habitante de Cuba pudiera comprar un par al año, de modo que la distribución se canalizó a través de los colegios y los centros de trabajo. Sólo en agosto de 1963, cuando ya casi todos los almacenes estaban cerrados porque no había mate-rialmente nada que vender, se reglamentó la distribución de la ropa. Empezaron por racionar nueve artículos, entre ellos los pantalones de hombre, la ropa interior para ambos sexos y ciertos géneros textiles, pero antes de un año tuvieron que aumentarlos a quince.

Aquella Navidad fue la primera de la Revolución que se celebró sin cochinito y turrones, y en que los juguetes fueron racionados. Sin embargo, y gracias precisamente al raciona-miento, fue también la primera Navidad en la historia de Cuba en que todos los niños, sin ninguna distinción, tuvieron por lo menos un juguete. A pesar de la intensa ayuda soviética y de la ayuda de China Popular, que no era menos generosa en aquel tiempo, y a pesar de la asistencia de numerosos técnicos socia-listas y de la América Latina, el bloqueo era entonces una rea-lidad ineludible que había de contaminar hasta las grietas más recónditas de la vida cotidiana y apresurar los nuevos rumbos irreversibles de la historia de Cuba. Las comunicaciones con el resto del mundo se habían reducido al mínimo esencial. Los cinco vuelos diarios a Miami y los dos semanales de Cubana de Aviación a Nueva York fueron interrumpidos desde la Cri-sis de Octubre. Las pocas líneas de América Latina que tenían vuelos a Cuba los fueron cancelando a medida que sus países interrumpían las relaciones diplomáticas y comerciales, y sólo quedó un vuelo semanal desde México que durante muchos años sirvió de cordón umbilical con el resto de América, aunque también como canal de infiltración de los servicios de subversión y espionaje de los Estados Unidos. Cubana de Aviación, con su flota reducida a los épicos Bristol Britannia, que eran los únicos cuyo mantenimiento podían asegurar mediante acuerdos especiales con los fabricantes ingleses, sostuvo un vuelo casi acrobático a través de la ruta polar hasta Praga. Una carta de Caracas, a menos de mil kilómetros de la costa cubana, tenía que darle la vuelta a medio mundo para llegar a La Habana. La comunicación telefónica con el resto del mundo tenía que hacerse por Miami o Nueva York, bajo el control de los servicios secretos de los Estados Unidos, mediante un prehistórico cable submarino que fue roto en una ocasión por un barco cubano que salió de la bahía de La Habana arrastrando el ancla que había olvidado levar. La única fuente de energía eran los cinco millones de toneladas de petróleo que los tanqueros soviéticos transportaban cada año desde los puertos del Báltico, a doce mil kilómetros de distancia, y con una frecuencia de un barco cada cincuenta y tres horas. El *Oxford*, un buque de la CIA equipado con toda clase de elementos de espionaje, patrulló las aguas territoriales cubanas durante varios años para vigilar que ningún país capitalista, salvo los muy pocos que se atrevieron, contrariara la voluntad de los Estados Unidos. Era además una provocación calculada a la vista de todo el mundo. Desde el Malecón de La Habana o desde los barrios altos de Santiago se veía de noche la silueta luminosa de aquella nave de provocación anclada dentro de las aguas territoriales.

Tal vez muy pocos cubanos recordaban que del otro lado del mar Caribe, tres siglos antes, los habitantes de Cartagena de Indias habían padecido un drama similar. Las ciento veinte naves mejores de la armada inglesa, al mando del almirante Vernon, habían sitiado la ciudad con treinta mil combatientes selectos, muchos de ellos reclutados en las colonias americanas que más tarde serían los Estados Unidos. Un hermano de George Washington, el futuro libertador de esas colonias, estaba en el Estado Mayor de las tropas de asalto. Cartagena de Indias, que era famosa en el mundo de entonces por sus fortificaciones militares y la espantosa cantidad de ratas de sus albañales, resistió al asedio con una ferocidad invencible, a pesar de que sus habitantes terminaron por alimentarse con lo que podían, desde las cortezas de los árboles hasta el cuero de los taburetes. Al cabo de varios meses, aniquilados por la bravura de la guerra de los sitiados, y destruidos por la fiebre amarilla, la disentería y el calor, los ingleses se retiraron en derrota. Los habitantes de la ciudad, en cambio, estaban completos y saludables, pero se habían comido hasta la última rata.

Muchos cubanos, por supuesto, conocían este drama. Pero su raro sentido histórico les impedía pensar que pudiera repetirse. Nadie hubiera podido imaginar en el incierto Año Nuevo de 1964 que aún faltaban los tiempos peores de aquel bloqueo férreo y desalmado, y que había de llegarse a los extremos de que se acabara hasta el agua de beber en muchos hogares y en casi todos los establecimientos públicos.

Noviembre-diciembre de 1978,
Alternativa, Bogotá

EL FANTASMA DEL PREMIO NOBEL

Todos los años, por estos días, un fantasma inquieta a los escritores grandes: el Premio Nobel de Literatura. Jorge Luis Borges, que es uno de los más grandes y también uno de los candidatos más asiduos, protestó alguna vez en una entrevista de prensa por los dos meses de ansiedad a que lo someten los augures. Es inevitable: Borges es el escritor de más altos méritos artísticos en lengua castellana, y no pueden pretender que lo excluyan, sólo por piedad, de los pronósticos anuales. Lo malo es que el resultado final no depende del derecho propio del candidato, y ni siquiera de la justicia de los dioses, sino de la voluntad inescrutable de los miembros de la Academia Sueca.

No recuerdo un pronóstico certero. Los premiados, en general, parecen ser los primeros sorprendidos. Cuando el dramaturgo irlandés Samuel Beckett recibió por teléfono la noticia de su premio, en 1969, exclamó consternado: «¡Dios mío, qué desastre!». Pablo Neruda, en 1971, se enteró tres días antes de que se publicara la noticia, por un mensaje confidencial de la Academia Sueca. Pero la noche siguiente invitó a un grupo de amigos a cenar en París, donde entonces era embajador de Chile, y ninguno de nosotros se enteró del motivo de la fiesta hasta que los periódicos de la tarde publicaron la noticia. «Es que nunca creo en nada mientras no lo vea escrito», nos explicó después Neruda con su risa invencible. Pocos días más tarde, mientras comíamos en un fragoroso restaurante del Boulevard Montparnasse, recordó que aún no había escrito el discurso para la ceremonia de entrega, que tendría lugar 48 horas después en Estocolmo. Entonces volteó al revés la hoja de papel del menú, y sin una sola pausa, sin preocuparse por el estruendo humano, con la misma naturalidad con que respiraba y la misma tinta verde, implacable, con que dibujaba sus versos, escribió allí mismo el hermoso discurso de su coronación.

La versión más corriente entre escritores y críticos es que los académicos suecos se ponen de acuerdo en mayo, cuando se empieza a fundir la nieve, y estudian la obra de los pocos finalistas durante el calor del verano. En octubre, todavía tostados por los soles del sur, emiten su veredicto. Otra versión pretende que Jorge Luis Borges era ya el elegido en mayo de 1976, pero no lo fue en la votación final de noviembre. En realidad, el premiado de aquel año fue el magnífico y deprimente Saul Bellow, elegido deprisa a última hora, a pesar de que los otros premiados en las distintas materias eran también norteamericanos.

Lo cierto es que el 22 de septiembre de aquel año –un mes antes de la votación–, Borges había hecho algo que no tenía nada que ver con su literatura magistral: visitó en audiencia solemne al general Augusto Pinochet. «Es un honor inmerecido ser recibido por usted, señor presidente», dijo en su desdichado discurso. «En Argentina, Chile y Uruguay se están salvando la libertad y el orden», prosiguió, sin que nadie se lo preguntara. Y concluyó impasible: «Ello ocurre en un continente anarquizado y socavado por el comunismo». Era fácil pensar que tantas barbaridades sucesivas sólo eran posibles para tomarle el pelo a Pinochet. Pero los suecos no entienden el sentido del humor porteño. Desde entonces, el nombre de Borges había desaparecido de los pronósticos. Ahora, al cabo de una penitencia injusta, ha vuelto a aparecer, y nada nos gustaría tanto a quienes somos al mismo tiempo sus lectores insaciables y sus adversarios políticos que saberlo por fin liberado de su ansiedad anual.

Sus dos rivales más peligrosos son dos novelistas de lengua inglesa. El primero, que había figurado sin mucho ruido en años anteriores, ha sido ahora objeto de una promoción espectacular de la revista *Newsweek*, que lo destacó en su portada del 18 de agosto como el gran maestro de la novela; con mucha razón. Su nombre completo es nada menos que Vidiadhar Surajprasad Naipaul, tiene 47 años, nació aquí al lado, en la isla de Trinidad, de padre hindú y madre caribe, y está considerado por algunos críticos muy severos como el más grande escritor actual de la lengua inglesa. El otro candidato es Graham Greene, cinco años menor que Borges, con tantos méritos y también con tantos años de retraso como él para recibir ese laurel senil.

En el otoño de 1972, en Londres, Naipaul no parecía muy consciente de ser un escritor del Caribe. Se lo recordé en una reunión de amigos y él se desconcertó un poco; reflexionó un instante, y una sonrisa nueva iluminó su rostro taciturno. «Good claim», me dijo. Graham Greene, en cambio, que nació en Berkhamsted, ni siquiera vaciló cuando un periodista le preguntó si era consciente de ser un novelista latinoamericano. «Por supuesto —contestó—. Y me alegro mucho, porque en América Latina están los mejores novelistas actuales, como Jorge Luis Borges». Hace algunos años, hablando de todo, le expresé a Graham Greene mi perplejidad y mi disgusto de que a un autor como él, con una obra tan vasta y original, no le hubieran dado el Premio Nobel.

«No me lo darán nunca —me dijo con absoluta seriedad—, porque no me consideran un escritor serio».

La Academia Sueca, que es la encargada de conceder el Premio Nobel de Literatura, sólo ese, se fundó en 1786, sin pretensiones mayores que la de parecerse a la Academia Francesa*. Nadie se imaginó entonces, por supuesto, que con el tiempo llegaría a adquirir el poder consagratorio más grande

---

* Los otros cuatro premios son: Física y Química, concedidos por la Real Academia de Ciencias; Medicina o Fisiología, concedido por el Comité Nobel del Instituto Carolino, y el de la Paz, concedido por el Comité Nobel del Parlamento de Noruega.

del mundo. Está compuesta por dieciocho miembros vitalicios de edad venerable, seleccionados por la propia academia entre las figuras más destacadas de las letras suecas. Hay dos filósofos, dos historiadores, tres especialistas en lenguas nórdicas, y sólo una mujer. Pero no es ése el único síntoma machista; en los ochenta años del premio, sólo se lo han concedido a seis mujeres, contra 69 hombres. Este año será concedido por una decisión impar, pues uno de los académicos más eminentes, el profesor Lindroth Sten, murió el pasado 3 de septiembre: hace quince días.

Cómo proceden, cómo se ponen de acuerdo, cuáles son los compromisos reales que determinan sus designios, es uno de los secretos mejor guardados de nuestro tiempo. Su criterio es imprevisible, contradictorio, inmune incluso a los presagios, y sus decisiones son secretas, solidarias e inapelables. Si no fueran tan graves, podría pensarse que están animadas por la travesura de burlar todos los vaticinios. Nadie como ellos se parece tanto a la muerte.

Otro secreto bien guardado es dónde está invertido un capital que produce tan abundantes dividendos. Alfred Nobel (con acento en la *e* y no en la *o*) creó el premio en 1895 con un capital de 9.200.000 dólares, cuyos intereses anuales debían repartirse cada año, a más tardar el 15 de noviembre, entre los cinco premiados. La suma, por consiguiente, es variable, según haya sido la cosecha del año. En 1901, cuando se concedieron los premios por primera vez, cada premiado recibió 30.160 coronas suecas. En 1979, que fue el año de intereses más suculentos, recibió cada uno 160.000 coronas (2.480.000 pesetas).

Dicen las malas lenguas que el capital está invertido en las minas de oro de África del Sur y que, por consiguiente, el Premio Nobel vive de la sangre de los esclavos negros. La Academia Sueca, que nunca ha hecho una aclaración pública ni respondido a ningún agravio, podría defenderse con el argumento de que no es ella, sino el Banco de Suecia, quien administra la plata. Y los bancos, como su nombre lo indica, no tienen corazón.

El tercer enigma es el criterio político que prevalece en el seno de la Academia Sueca. En varias ocasiones, los premios han permitido pensar que sus miembros son liberales idealistas. Su tropiezo más grande, y más honroso, lo tuvieron en 1938, cuando Hitler prohibió a los alemanes recibir el Premio Nobel, con el argumento risible de que su promotor era judío. Richard Khun, el alemán que aquel año había merecido el Nobel de Química, tuvo que rechazarlo. Por convicción o por prudencia, ninguno de los premios fue concedido durante la segunda guerra mundial. Pero tan pronto como Europa se repuso de sus quebrantos, la Academia Sueca cometió la que parece ser su única penosa componenda: le concedió el premio de Literatura a sir Winston Churchill sólo porque era el hombre con más prestigio de su tiempo, y no era posible darle ninguno de los otros premios, y mucho menos el de la Paz.

Tal vez las relaciones más difíciles de la Academia Sueca han sido con la Unión Soviética. En 1958, cuando el premio le fue concedido al muy eminente Boris Pasternak, éste lo rechazó por temor de que no se le permitiera regresar a su país. Las autoridades soviéticas consideraron el premio como una provocación. Sin embargo, en 1965, cuando el premiado fue Mikhail Sholokhov, el más oficial de los escritores oficiales soviéticos, las propias autoridades de su país lo celebraron con júbilo. En cambio, cinco años más tarde, cuando se lo concedieron al disidente mayor, Alexander Solzhenitsyn, el gobierno soviético perdió los estribos y llegó a decirse que el Premio Nobel era un instrumento del imperialismo. A mí me consta, sin embargo, que los mensajes más cálidos que recibió Pablo Neruda con motivo de su premio provenían de la Unión Soviética, y algunos de muy alto nivel oficial. «Para nosotros —me dijo, sonriendo, un amigo soviético—, el Premio Nobel es bueno cuando se lo conceden a un escritor que nos gusta, y malo cuando sucede lo contrario». La explicación no es tan simplista como parece. En el fondo de nuestro corazón todos tenemos el mismo criterio.

El único miembro de la Academia Sueca que lee en castellano, y muy bien, es el poeta Artur Lundkvist. Es él quien conoce la obra de nuestros escritores, quien propone sus candidaturas y quien libra por ellos la batalla secreta. Esto lo ha convertido, muy a su pesar, en una deidad remota y enigmática, de la cual depende en cierto modo el destino universal de nuestras letras. Sin embargo, en la vida real es un anciano juvenil, con un sentido del humor un poco latino, y con una casa tan modesta que es imposible pensar que de él dependa el destino de nadie.

Hace unos años, después de una típica cena sueca en esa casa —con carnes frías y cerveza caliente—, Lundkvist nos invitó a tomar el café en su biblioteca. Me quedé asombrado. Era increíble encontrar semejante cantidad de libros en castellano, los mejores y los peores revueltos, y casi todos dedicados por sus autores vivos, agonizantes o muertos en la espera. Le pedí permiso al poeta para leer algunas dedicatorias, y él me lo concedió con una buena sonrisa de complicidad. La mayoría eran tan afectuosas, y algunas tan directas al corazón, que a la hora de escribir las mías me pareció que hasta la sola firma resultaba indiscreta. Complejos que uno tiene, ¡qué carajo!

8 de octubre de 1980, *El País*, Madrid

TELEPATÍA SIN HILOS

Un notable neurólogo francés, investigador de tiempo completo, me contó la otra noche que había descubierto una función del cerebro humano que parece ser de una gran importancia. Sólo tiene un problema: no ha podido establecer para qué sirve. Yo le pregunté, con una esperanza cierta, si no había alguna posibilidad de que ésa fuera la función que regula los presagios, los sueños premonitorios y la transmisión del pensamiento. Su única respuesta fue una mirada de lástima.

Yo había visto esa misma mirada dieciocho años antes, cuando le hice una pregunta similar a un muy querido amigo, que es también investigador del cerebro humano en la Universidad de México. Mi opinión, ya desde entonces, era que la telepatía y sus medios diversos no son cosas de brujos, como parecen creerlo los incrédulos, sino simples facultades orgánicas que la ciencia repudia, porque no las conoce, como repudiaba la teoría de la redondez de la Tierra cuando se creía que era plana. Mi amigo admitía, si no recuerdo mal, que es muy reducida el área del cerebro cuyas funciones están comprobadas a plenitud, pero se negaba a admitir que en el resto de aquellas tinieblas hubiera un lugar para anticiparse al porvenir.

Yo le hacía bromas telepáticas que él descalificaba como casualidades puras, a pesar de que algunas parecían demasiado evidentes. Una noche lo llamé por teléfono para que fuera a comer a nuestra casa, y sólo después me di cuenta de que no había cosas bastantes en la cocina. Volví a llamarle para pedirle que me llevara una botella de vino de una marca que no era usual, y un pedazo de salchichón. Mercedes me gritó desde la cocina que le pidiera también un jabón para lavar platos. Pero ya había salido de su casa. Sin embargo, en el momento de colgar el teléfono, tuve la impresión nítida de que, por un prodigio imposible de explicar, mi amigo había recibido el mensaje. Entonces lo escribí en un papel, para que él no fuera a dudar de mi versión, y por puro virtuosismo poético agregué que llevara también una rosa. Poco después, su esposa y él llegaron con las cosas que les habíamos pedido, inclusive el jabón de la misma marca que usábamos en casa. «El supermercado estaba abierto por casualidad, y decidimos traerles estas cosas», nos dijeron, casi excusándose. Sólo faltaba la rosa. Aquel día mi amigo y yo iniciamos un diálogo distinto que todavía no ha terminado. La última vez que le vi, hace seis meses, estaba dedicado por completo a establecer en qué lugar del cerebro se encuentra la conciencia.

La vida, más de lo que uno cree, está embellecida por este misterio. La víspera del asesinato de Julio César, su esposa Calpurnia vio con terror que todas las ventanas de la casa se abrían de golpe al mismo tiempo, sin viento y sin ruidos. Siglos después, el novelista Thornton Wilder le atribuyó a Julio César una frase que no está en sus memorias de guerra ni en las crónicas fascinantes de Plutarco y Suetonio, pero define mejor que nada la condición humana del emperador: «Yo, que gobierno tantos hombres, soy gobernado por pájaros y truenos». La historia de la Humanidad –desde que el joven José descifraba los sueños en Egipto– está llena de estas ráfagas fabulosas. Conozco dos gemelos idénticos a quienes les dolió la misma muela al mismo tiempo en ciudades distintas, y que cuando están juntos tienen la sensación de que los pensamientos del uno interfieren a los del otro. Hace muchos años, en una vereda de la costa del Caribe, conocí un curandero que se preciaba de sanar un animal a distancia si le daban la descripción precisa y el lugar en que estaba. Yo lo comprobé con estos ojos: vi una vaca infectada, cuyos gusanos se caían vivos de las úlceras, mientras el curandero rezaba una oración secreta a varias leguas de distancia. Sin embargo, sólo recuerdo una experiencia que haya tomado en serio estas facultades en la historia de hoy. La hizo la Marina de Estados Unidos, que no tenía medios para comunicarse con los submarinos nucleares que navegaban bajo la corteza polar, y decidió intentar la telepatía. Dos personas afines, una en Washington y otra a bordo del submarino, intentaron establecer un sistema para intercambiar mensajes pensados. Fue un fracaso, por supuesto, pues la telepatía es imprevisible y espontánea, y no admite ninguna clase de sistematización. Es su defensa. Todo pronóstico, desde los presagios matinales hasta las centurias de Nostradamus, viene cifrado desde su concepción y sólo se comprende cuando se cumple. De no ser así, se derrotaría de antemano a sí mismo.

Hablo de esto con tanta propiedad porque mi abuela materna fue el sabio más lúcido que conocí jamás en la ciencia de los presagios. Era una católica de las de antes, de modo que repudiaba como artificios de malas artes todo lo que pretendiera ser adivinación metódica del porvenir. Así fueran las barajas, las líneas de la mano o la evocación de los espíritus. Pero era maestra de sus presagios. La recuerdo en la cocina de nuestra casa grande de Aracataca, vigilando los signos secretos de los panes perfumados que sacaba del horno.

Una vez vio el 09 escrito en los restos de la harina, y removió cielo y tierra hasta encontrar un billete de la lotería con ese número. Perdió. Sin embargo, la semana siguiente se ganó una cafetera de vapor en una rifa, con un boleto que mi abuelo había comprado y olvidado en el bolsillo del saco de la semana anterior. Era el número 09. Mi abuelo tenía diecisiete hijos de los que entonces se llamaban naturales —como si los del matrimonio fueran artificiales—, y mi abuela los tenía como suyos. Estaban dispersos por toda la costa, pero ella hablaba de todos a la hora del desayuno, y daba cuenta de la salud de cada uno y del estado de sus negocios como si mantuviera una correspondencia inmediata y secreta. Era la época tremenda de los telegramas que llegaban a la hora menos pensada y se metían como un viento de pánico en la casa. Pasaba de mano en mano sin que nadie se atreviera a abrirlo, hasta que a alguien se le ocurría la idea providencial de hacerlo abrir por un niño menor, como si la inocencia tuviera la virtud de cambiar la maldad de las malas noticias.

Esto ocurrió una vez en nuestra casa, y los ofuscados adultos decidieron poner el telegrama al rescoldo, sin abrirlo, hasta que llegara mi abuelo. Mi abuela no se inmutó. «Es de Prudencia Iguarán para avisar que viene –dijo–. Anoche soñé que ya estaba en camino». Cuando mi abuelo volvió a casa no tuvo ni siquiera que abrir el telegrama. Volvió con Prudencia Iguarán, a quien había encontrado por casualidad en la estación del tren, con un traje de pájaros pintados y un enorme ramo de flores, y convencida de que mi abuelo estaba allí por la magia infalible de su telegrama.

La abuela murió de casi cien años sin ganarse la lotería. Se había quedado ciega y en los últimos tiempos desvariaba de tal modo que era imposible seguir el hilo de su razón. Se negaba a desvestirse para dormir mientras la radio estuviera encendida, a pesar de que le explicábamos todas las noches que el locutor no estaba dentro de la casa. Pensó que la engañábamos, porque nunca pudo creer en una máquina diabólica que permitía oír a alguien que estaba hablando en otra ciudad distante.

25 de noviembre de 1980, *El País*, Madrid

EL NUEVO OFICIO MÁS VIEJO DEL MUNDO

El otoño de París empezó de pronto y tarde este año, con un viento glacial que desplumó a los árboles de sus últimas hojas doradas. Las terrazas de los cafés se cerraron al mediodía, la viada se volvió turbia y el verano radiante que se había prolongado más de la cuenta pasó a ser una veleidad de la memoria. Parecía que en pocas horas hubieran pasado varios meses. El atardecer fue prematuro y lúgubre, pero nadie lo lamentó de veras, pues este tiempo de brumas es el natural de París, el que más le acompaña y el que mejor le sienta.

La más bella de las mujeres de alquiler que hacen su carrera de rutina en las callejuelas de Pigalle era una rubia espléndida que en un lugar menos evidente se hubiera confundido con una estrella de cine. Llevaba el conjunto de chaqueta y pantalón negros, que eran la fiebre de la moda, y a la hora en que empezó el viento helado se puso un abrigo legítimo de nucas de visón. Así estaba, ofreciéndose por doscientos francos frente a un hotel de paso de la calle Duperré, cuando un automóvil se detuvo frente a ella. Desde el puesto del volante, otra mujer hermosa y bien vestida le disparó de frente siete tiros de fusil. Esa noche, cuando la policía encontró al asesino, ya aquel drama de arrabal había retumbado en los periódicos, porque tenía dos elementos nuevos que lo hacían diferente. En efecto, ni la víctima ni el victimario eran rubias y bellas, sino dos hombres hechos y derechos, y ambos eran de Brasil.

La noticia no hizo sino poner en evidencia lo que ya se sabe de sobra en Europa: la prostitución callejera de las grandes ciudades es ahora un oficio de hombres, y los más codiciados de entre ellos, los más caros y los mejor vestidos son jóvenes latinoamericanos disfrazados de mujer. Según datos de prensa, de doscientos travestidos callejeros que hay en Francia, por lo menos la mitad ha llegado de Brasil. En España, Inglaterra, Suiza o Alemania Federal, donde el negocio parece ser todavía más fructífero, el número es mucho mayor y la nacionalidad más variada. El fenómeno tiene matices diversos en cada país, pero en todos se presenta como un cambio de fondo en el oficio más antiguo y conservador del mundo.

Cuando estuve en Europa por primera vez, hace unos veinticinco años, la prostitución era una industria próspera y ordenada, con categorías exactas y territorios muy bien repartidos. Yo llevaba todavía la imagen idílica de los burdeles del Caribe, aquellos patios de baile con guirnaldas de colores en los almendros, con gallinas impávidas que andaban picoteando por entre la música y bellas mulatas sin desbravar que se prostituían más por la fiesta que por la plata y que a veces incurrían en la descomunal inocencia de suicidarse por amor. A veces, uno se quedaba con ellas, no tanto por la vagabundina —como decía mi madre— como por la dicha de sentirlas respirar dormidas. Los desayunos eran más caseros y tiernos que los de la casa, y la verdadera fiesta empezaba a las once de la mañana, bajo los almendros apagados.

Educado en una escuela tan humana, no podía sino deprimirme el rigor comercial de las europeas. En Ginebra merodeaban por las orillas del lago, y lo único que las distinguía de las perfectas casadas eran las sombrillas de colores que llevaban abiertas con lluvia o con sol, de día o de noche, como un estigma de clase. En Roma se las oía silbar como pájaros entre los árboles de la Villa Borghese, y en Londres se volvían invisibles entre la niebla y tenían que encender luces que parecían de navegación para que uno encontrara su rumbo. Las de París, idealizadas por los poetas malditos y el mal cine francés de los años treinta, eran las más inclementes. Sin embargo, en los bares de desvelados de los Campos Elíseos se les descubría de pronto el revés humano: lloraban como novias ante el despotismo de los chulos inconformes con las cuentas de la noche. Costaba trabajo entender semejante mansedumbre de corazón en mujeres curtidas por un oficio tan bárbaro. Fue tal mi curiosidad que, años después, conocí a un chulo y le pregunté cómo era posible dominar con puño de hierro a mujeres tan bravas, y él me contestó, impasible: «Con amor». No volví a preguntar nada, por temor de entender menos.

La irrupción de los travestidos en aquel mundo de explotación y de muerte no ha conseguido sino hacerlo más sórdido. Su revolución consiste en hacer los dos oficios al mismo tiempo: el de prostitutas y el de chulos de sí mismos. Son autónomos y fieros. Muchos territorios nocturnos que las mujeres habían abandonado por su peligrosidad han sido ocupados por ellos a mano armada. Pero en la mayoría de las ciudades se han enfrentado a las mujeres y a sus chulos a golpes de mazo, y están ejerciendo su derecho de conquista en las mejores esquinas de Europa. El hecho de que muchos latinoamericanos estén participando en esta apoteosis del machismo no nos quita ni nos agrega ninguna gloria. Es una prueba más de nuestras perturbaciones sociales y no tiene por qué alarmarnos más que otras más graves.

La mayoría, por supuesto, son homosexuales. Tienen bustos espléndidos de silicón, y algunos terminan por realizar el sueño dorado de una operación drástica que los deja instalados para siempre en el sexo contrario. Pero muchos no lo son, y se han echado a la vida con sus armas prestadas —o usurpadas a golpes— porque es una mala manera de ganársela bien. Algunos son tranquilos padres de familia que hacen de día algún empleo de caridad y por la noche, cuando los niños se duermen, se van para la calle con las ropas dominicales de su mujer. Otros son estudiantes pobres que han resuelto de este modo la culminación de su carrera. Los más diestros se ganan en una buena noche hasta quinientos dólares. Lo cual —según dice mi esposa, aquí a mi lado— es mejor que escribir.

2 de diciembre de 1980, *El País*, Madrid

SÍ, LA NOSTALGIA SIGUE SIENDO
IGUAL QUE ANTES

Ha sido una victoria mundial de la poesía. En un siglo en que los vencedores son siempre los que pegan más fuerte, los que sacan más votos, los que meten más goles, los hombres más ricos y las mujeres más bellas, es alentadora la conmoción que ha causado en el mundo entero la muerte de un hombre que no había hecho nada más que cantarle al amor. Es la apoteosis de los que nunca ganan.

Durante cuarenta y ocho horas no se habló de otra cosa. Tres generaciones –la nuestra, la de nuestros hijos y la de nuestros nietos mayores– teníamos por primera vez la impresión de estar viviendo una catástrofe común, y por las mismas razones. Los reporteros de la televisión le preguntaron en la calle a una señora de ochenta años cuál era la canción de John Lennon que le gustaba más, y ella contestó, como si tuviera quince: «La felicidad es una pistola caliente». Un chico que estaba viendo el programa dijo: «A mí me gustan todas». Mi hijo menor le preguntó a una muchacha de su misma edad por qué habían matado a John Lennon, y ella le contestó, como si tuviera ochenta años: «Porque el mundo se está acabando».

Así es: la única nostalgia común que uno tiene con sus hijos son las canciones de los Beatles. Cada quien por motivos distintos, desde luego, y con un dolor distinto, como ocurre siempre con la poesía. Yo no olvidaré nunca aquel día memorable de 1963, en México, cuando oí por primera vez de un modo consciente una canción de los Beatles. A partir de entonces descubrí que el universo estaba contaminado por ellos. En nuestra casa de San Ángel, donde apenas si teníamos dónde sentarnos, había sólo dos discos: una selección de preludios de Debussy y el primer disco de los Beatles. Por toda la ciudad, a toda hora, se escuchaba un grito de muchedumbres: «Help, I need somebody». Alguien volvió a plantear por esa época el viejo tema de que los músicos mejores son los de la segunda letra del catálogo: Bach, Beethoven, Brahms y Bartók. Alguien volvió a decir la misma tontería de siempre: que se incluyera a Mozart. Álvaro Mutis, que como todo gran erudito de la música tiene una debilidad irremediable por los ladrillos sinfónicos, insistía en incluir a Bruckner. Otro trataba de repetir otra vez la batalla en favor de Berlioz, que yo libraba en contra porque no podía superar la superstición de que es un *oiseau de malheur*, es decir, un pájaro de mal agüero. En cambio, me empeñé, desde entonces, en incluir a los Beatles. Emilio García Riera, que estaba de acuerdo conmigo y que es un crítico e historiador de cine con una lucidez un poco sobrenatural, sobre todo después del segundo trago, me dijo por esos días: «Oigo a los Beatles con un cierto miedo, porque siento que me voy a acordar de ellos por todo el resto de mi vida». Es el único caso que conozco de alguien con bastante clarividencia para darse cuenta de que estaba viviendo el nacimiento de sus nostalgias. Uno entraba entonces en el estudio de Carlos Fuentes, y lo encontraba escribiendo a máquina con un solo dedo de una sola mano, como lo ha hecho siempre, en medio de una densa nube de humo y aislado de los horrores del universo con la música de los Beatles a todo volumen.

Como sucede siempre, pensábamos entonces que estábamos muy lejos de ser felices, y ahora pensamos lo contrario. Es la trampa de la nostalgia, que quita de su lugar a los momentos amargos y los pinta de otro color, y los vuelve a poner donde ya no duelen. Como en los retratos antiguos, que parecen iluminados por el resplandor ilusorio de la felicidad, y en donde sólo vemos con asombro cómo éramos de jóvenes cuando éramos jóvenes, y no sólo los que estábamos allí, sino también la casa y los árboles del fondo, y hasta las sillas en que estábamos sentados. El Che Guevara, conversando con sus hombres alrededor del fuego en las noches vacías de la guerra, dijo alguna vez que la nostalgia empieza por la comida. Es cierto, pero sólo cuando se tiene hambre. En cambio, siempre empieza por la música. En realidad, nuestro pasado personal se aleja de nosotros desde el momento en que nacemos, pero sólo lo sentimos pasar cuando se acaba un disco.

Esta tarde, pensando todo esto frente a una ventana lúgubre donde cae la nieve, con más de cincuenta años encima y todavía sin saber muy bien quién soy, ni qué carajos hago aquí, tengo la impresión de que el mundo fue igual desde mi nacimiento hasta que los Beatles empezaron a cantar. Todo cambió entonces. Los hombres se dejaron crecer el cabello y la barba, las mujeres aprendieron a desnudarse con naturalidad, cambió el modo de vestir y de amar, y se inició la liberación del sexo y de otras drogas para soñar. Fueron los años fragorosos de la guerra de Vietnam y la rebelión universitaria. Pero, sobre todo, fue el duro aprendizaje de una relación distinta entre los padres y los hijos, el principio de un nuevo diálogo entre ellos que había parecido imposible durante siglos.

El símbolo de todo esto —al frente de los Beatles— era John Lennon. Su muerte absurda nos deja un mundo distinto poblado de imágenes hermosas. En «Lucy in the Sky», una de sus canciones más bellas, queda un caballo de papel periódico con una corbata de espejos. En «Eleanor Rigby» —con un bajo obstinado de chelos barrocos— queda una muchacha desolada que recoge el arroz en el atrio de una iglesia donde acaba de celebrarse una boda. «¿De dónde vienen los solitarios?», se pregunta sin respuesta. Queda también el padre McKenzie escribiendo un sermón que nadie ha de oír, lavándose las manos sobre las tumbas, y una muchacha que se quita el rostro antes de entrar en su casa y lo deja en un frasco junto a la puerta para ponérselo otra vez cuando vuelva a salir. Estas criaturas han hecho decir que John Lennon era un surrealista, que es algo que se dice con demasiada facilidad de todo lo que parece raro, como suelen decirlo de Kafka quienes no lo han sabido leer. Para otros, es el visionario de un mundo mejor. Alguien que nos hizo comprender que los viejos no somos los que tenemos muchos años, sino los que no se subieron a tiempo en el tren de sus hijos.

16 de diciembre de 1980, *El País*, Madrid

CUENTO DE HORROR PARA LA NOCHEVIEJA

Llegamos a Arezzo un poco antes del mediodía, y perdimos más de dos horas buscando el castillo medieval que el escritor Miguel Otero Silva había comprado en aquel recodo idílico de la campiña toscana. Era un domingo de principios de agosto, ardiente y bullicioso, y no era fácil encontrar a alguien que supiera algo en las calles invadidas por los turistas. Al cabo de muchas tentativas inútiles volvimos al automóvil, abandonamos la ciudad por un sendero sin indicaciones viales, y una vieja pastora de gansos nos indicó con precisión dónde estaba el castillo. Antes de despedirse nos preguntó si pensábamos dormir allí, y le contestamos —como lo teníamos previsto— que sólo íbamos a almorzar. «Menos mal —dijo ella—, porque esa casa está llena de espantos». Mi esposa y yo, que no creemos en aparecidos a pleno sol, nos burlamos de su credulidad. Pero los niños se pusieron dichosos con la idea de conocer un fantasma de cuerpo presente.

Miguel Otero Silva, que además de buen escritor es un anfitrión espléndido y un comedor riguroso, nos esperaba con un almuerzo de nunca olvidar. Como se nos había hecho tarde, no tuvimos tiempo de conocer el interior del castillo antes de sentarnos a la mesa, pero su aspecto desde fuera no tenía nada de pavoroso, y cualquier inquietud se mitigaba con la visión completa de la ciudad desde la terraza de verano donde estábamos almorzando. Era difícil creer que en aquella colina de casas encaramadas, donde apenas cabían 90.000 personas, hubieran nacido tantas de genio perdurable, como Guido de Arezzo, que inventó una escritura para cantar, o el espléndido Vasari y el deslenguado Aretino, o Julio II y el propio Cayo Clinio Mecenas, los dos grandes padrinos de las artes y las letras de su tiempo. Sin embargo, Miguel Otero Silva nos dijo con su sentido del humor habitual que tan altas cifras históricas no eran las más insignes de Arezzo. «El más importante —nos dijo—, fue Ludovico». Así, sin apellidos: Ludovico, el gran señor de las artes y de la guerra que había construido aquel castillo de su desgracia.

Miguel Otero Silva nos habló de Ludovico durante todo el almuerzo. Nos habló de su poder sin medida, de su amor desgraciado y de su muerte espantosa. Nos contó cómo fue que, en un instante de locura del corazón, había apuñalado a su dama en el lecho donde acababan de amarse, y luego azuzó contra sí mismo a sus feroces perros de guerra, que lo despedazaron a dentelladas. Nos aseguró, muy serio, que a partir de la medianoche el espectro de Ludovico deambulaba por su castillo de tinieblas, tratando de conseguir un instante de sosiego para su purgatorio de amor. Sin embargo, a pleno día, con el estómago lleno y el corazón contento, aquello no podía parecer sino una broma como tantas otras de Miguel Otero Silva para entretener a sus invitados.

El castillo, en realidad, era inmenso y sombrío, como pudimos comprobarlo después de la siesta. Sus dos pisos superiores y sus 82 cuartos habían padecido toda clase de mudanzas de sus dueños sucesivos. Miguel Otero Silva había restaurado por completo la planta baja y se había hecho construir un dormitorio moderno con suelos de mármol e instalaciones para sauna y cultura física, y la terraza de flores intensas donde habíamos almorzado. «Son cosas de Caracas para despistar a Ludovico», nos dijo. Yo había oído decir, en efecto, que lo único que confunde a los fantasmas son los laberintos del tiempo.

La segunda planta estaba sin tocar. Había sido la más usada en el curso de los siglos, pero ahora era una sucesión de cuartos sin ningún carácter, con muebles abandonados de diferentes épocas. La planta superior era la más abandonada de todas, pero se conservaba en ella una habitación intacta, por donde el tiempo se había olvidado de pasar. Era el dormitorio de Ludovico. Fue un instante mágico. Allí estaba la cama de marquesina, con cortinas bordadas en hilos de oro y el sobrecamas de prodigios de pasamanería todavía salpicado con la sangre de la amante sacrificada. Estaba la chimenea con las cenizas heladas y el último leño convertido en piedra, el armario con sus armas bien cebadas y el retrato al óleo del caballero pensativo, pintado por algunos de los maestros florentinos que no tuvieron la fortuna de sobrevivir a su tiempo. Sin embargo, lo que más me impresionó fue el olor a fresas recientes que permanecía, sin explicación posible, en el ámbito de la habitación.

Los días del verano son largos y parsimoniosos en la Toscana, y el horizonte se mantiene en su sitio hasta las nueve de la noche. Después de mostrarnos el interior del castillo, Miguel Otero Silva nos llevó a ver los frescos de Piero della Francesca, en la iglesia de San Francisco; luego nos tomamos un café bien conversado bajo las pérgolas de la plaza embellecidas por los primeros aires de la noche, y cuando volvimos al castillo para recoger las maletas encontramos la cena servida. De modo que nos quedamos a comer. Mientras lo hacíamos, los niños prendieron más antorchas en la cocina y se fueron a explorar las tinieblas en los pisos de arriba. Desde la mesa oíamos sus pasos de caballos cerreros por las escaleras, el crujido lúgubre de las puertas, los gritos felices llamando a Ludovico en los cuartos abandonados. Fue a ellos a quienes se les ocurrió la mala idea de que nos quedáramos a dormir. Miguel Otero Silva los apoyó encantado, y nosotros no tuvimos el valor civil de decirles que no.

Al contrario de lo que yo temía, dormimos muy bien; mi esposa y yo, en un dormitorio de la planta baja, y mis hijos, en el cuarto contiguo. Mientras trataba de conseguir el sueño conté los doce toques insomnes del reloj de péndulo de la sala, y por un instante me acordé de la pastora de gansos. Pero estábamos tan cansados que nos dormimos muy pronto, en un sueño denso y continuo, y desperté, después de las siete, con un sol espléndido. A mi lado, Mercedes navegaba en el mar apacible de los inocentes. «Qué tontería –me dije–, que alguien siga creyendo en fantasmas por estos tiempos». Sólo entonces caí en la cuenta –con un zarpazo de horror– que no estábamos en el cuarto donde nos habíamos acostado la noche anterior, sino en el dormitorio de Ludovico, acostados en su cama de sangre. Alguien nos había cambiado de cuarto durante el sueño.

30 de diciembre de 1980, *El País*, Madrid

CARIBE MÁGICO

Surinam −como no todo el mundo lo sabe− es un país independiente sobre el mar Caribe, que fue hasta hace pocos años una colonia holandesa. Tiene 163.820 kilómetros cuadrados y un poco más de 384.000 habitantes de origen múltiple: indios de la India, indios locales, indonesios, africanos, chinos y europeos. Su capital, Paramaribo −que en castellano pronunciamos como palabra grave y que los nativos pronuncian como esdrújula−, es una ciudad fragorosa y triste, con un espíritu más asiático que americano, en la cual se hablan cuatro idiomas y numerosos dialectos aborígenes, además de la lengua oficial −el holandés−, y se profesan seis religiones: hinduista, católica, musulmana, morava, holandesa reformada y luterana. En la actualidad, el país está gobernado por un régimen de militares jóvenes, de los cuales se sabe muy poco, inclusive en los países vecinos, y nadie se acordaría de él si no fuera porque una vez a la semana es la escala de rutina de un avión holandés que vuela de Ámsterdam a Caracas.

Había oído hablar de Surinam desde muy niño, no por Surinam mismo −que entonces se llamaba Guayana Holandesa−, sino porque estaba en los límites de la Guayana Francesa, en cuya capital, Cayena, estuvo hasta hace poco la tremenda colonia penal conocida, en la vida y en la muerte, como la Isla del Diablo. Los pocos que lograron fugarse de aquel infierno, que lo mismo podían ser criminales bárbaros que idealistas políticos, se dispersaban por las islas numerosas de las Antillas hasta que conseguían volver a Europa o se establecían con la identidad cambiada en Venezuela y la costa caribe de Colombia. El más célebre de todos fue Henri Charrière, autor de *Papillon*, que prosperó en Caracas como promotor de restaurantes y otros oficios menos diáfanos, y que murió hace pocos años en la cresta de una gloria literaria efímera, pero tan meritoria como inmerecida. Esa gloria, en realidad, le correspondía, con mejores títulos, a otro fugitivo francés que describió mucho antes que Papillon los horrores de la Isla del Diablo, y sin embargo no figura hoy en la literatura de ninguna parte, ni su nombre se encuentra en las enciclopedias. Se llamaba René Belbenoît, había sido periodista en Francia antes de ser condenado a cadena perpetua por una causa que ningún periodista de hoy ha podido recordar, y siguió siéndolo en Estados Unidos, donde consiguió asilo y donde murió de una vejez honrada.

Algunos de estos prófugos se refugiaron en el pueblo del Caribe colombiano donde yo nací, en los tiempos de la fiebre del banano, cuando los cigarros no se encendían con fósforos sino con billetes de cinco pesos. Varios se asimilaron a la población y llegaron a ser ciudadanos muy respetables, que se distinguieron siempre por su habla difícil y el hermetismo de su pasado. Uno de ellos, Roger Chantal, que había llegado sin más oficio que el de arrancador de muelas sin anestesia, se volvió millonario de la noche a la mañana sin explicación alguna. Hacía unas fiestas babilónicas –en un pueblo inverosímil que tenía muy poco que envidiarle a Babilonia–, se emborrachaba a muerte y gritaba en su feliz agonía: «Je suis l'homme le plus riche du monde». En medio del delirio le aparecieron unas ínfulas de benefactor que nadie le conocía hasta entonces, y le regaló a la iglesia un santo de yeso de tamaño natural, que fue entronizado con una parranda de tres días. Un martes cualquiera llegaron en el tren de las once tres agentes secretos que fueron de inmediato a su casa. Chantal no estaba ahí, pero los agentes hicieron una requisa minuciosa en presencia de su esposa nativa, que no opuso ninguna resistencia, salvo cuando quisieron abrir el enorme escaparate del dormitorio. Entonces los agentes rompieron los espejos y encontraron más de un millón de dólares en billetes falsos escondidos entre el cristal y la madera. Nunca más se supo de Roger Chantal. Más tarde circuló la leyenda de que el millón de dólares falsos había entrado al país dentro del santo de yeso, que ningún agente de aduana había tenido la curiosidad de registrar.

Todo esto me volvió de golpe a la memoria poco antes de la Navidad de 1957, cuando tuve que hacer una escala de una hora en Paramaribo. El aeropuerto era una pista de tierra aplanada con una caseta de palma, en cuyo horcón central había un teléfono de aquellos de las películas de vaqueros, con una manivela que se hacía girar con fuerza y muchas veces hasta obtener la respuesta. El calor era abrasante, y el aire, polvoriento e inmóvil, tenía el olor de caimán dormido con que se identifica el Caribe cuando uno llega de otro mundo. En un taburete apoyado en el horcón del teléfono estaba una negra muy bella, joven y maciza, con un turbante de muchos colores como los que usan las mujeres en algunos países del África. Estaba encinta, a punto de dar a luz, y fumaba un tabaco en silencio y como sólo he visto hacerlo en el Caribe: con el fuego dentro de la boca y echando humo por el cabo, como una chimenea de buque. Era el único ser humano en el aeropuerto.

Al cabo de un cuarto de hora llegó un jeep decrépito envuelto en una nube de polvo ardiente, del cual descendió un negro de pantalones cortos y casco de corcho con los papeles para despachar el avión. Mientras atendía los trámites, hablaba por teléfono, dando gritos en holandés. Doce horas antes yo estaba en una terraza marítima de Lisboa, frente al inmenso océano portugués, viendo las bandadas de gaviotas que se metían en las cantinas del puerto huyendo del viento glacial. Europa era entonces una tierra decrépita cubierta de nieve, los días de luz no tenían más de cinco horas, y era imposible imaginar que de veras existiera un mundo de sol canicular y guayabas podridas, como aquel donde acabábamos de descender. Sin embargo, la única imagen que persistió de aquella experiencia, y que aún conservo intacta, fue la de la hermosa negra impasible, que tenía en las piernas una canasta con rizomas de jengibre para vendérselas a los pasajeros.

Ahora, viajando otra vez de Lisboa a Caracas, volví a aterrizar en Paramaribo, y mi primera impresión fue que nos habíamos equivocado de ciudad. La terminal del aeropuerto es ahora un edificio luminoso, con grandes ventanales de vidrio, con un aire acondicionado muy tenue, oloroso a medicinas para niños, y esa música enlatada que se repite sin misericordia en todos los lugares públicos del mundo. Hay tiendas de artículos de lujo sin impuestos, tan abundantes y bien surtidas como en el Japón, y una cafetería multitudinaria donde se encuentran revueltas y en ebullición las siete razas del país, sus seis religiones y sus lenguas incontables. Aquel cambio no parecía de veinte años, sino de varios siglos.

Mi profesor Juan Bosch, autor, entre otras muchas cosas, de una historia monumental del Caribe, dijo alguna vez en privado que nuestro mundo mágico es como esas plantas invencibles que renacen debajo del cemento, hasta que lo cuartean y lo desbaratan, y vuelven a florecer en su mismo sitio. Esto lo comprendí mejor que nunca cuando salí por una puerta imprevista del aeropuerto de Paramaribo y encontré una fila de viejas mujeres sentadas impávidas, todas negras, todas con turbantes de colores y todas fumando con la brasa dentro de la boca. Vendían frutas y artesanía del lugar, pero ninguna hacía el menor esfuerzo por convencer a nadie. Sólo una de ellas, que no era la mayor, vendía raíces de jengibre. La reconocí al instante. Sin saber por dónde empezar ni qué hacer en realidad con aquel hallazgo, le compré un puñado de raíces. Mientras lo hacía, recordando su estado de la primera vez, le pregunté sin preámbulos cómo estaba su hijo. Ni siquiera me miró. «No es hijo, sino hija –dijo–, y acaba de darme mi primer nieto a los veintidós años».

6 de enero de 1981, *El País*, Madrid

LA POESÍA, AL ALCANCE DE LOS NIÑOS

Un maestro de literatura le advirtió el año pasado a la hija menor de un gran amigo mío que su examen final versaría sobre *Cien años de soledad*. La chica se asustó, con toda la razón, no sólo porque no había leído el libro, sino porque estaba pendiente de otras materias más graves. Por fortuna, su padre tiene una formación literaria muy seria y un instinto poético como pocos, y la sometió a una preparación tan intensa que, sin duda, llegó al examen mejor armada que su maestro. Sin embargo, éste le hizo una pregunta imprevista: ¿qué significa la letra al revés en el título de *Cien años de soledad*? Se refería a la edición de Buenos Aires, cuya portada fue hecha por el pintor Vicente Rojo con una letra invertida, porque así se lo indicó su absoluta y soberana inspiración. La chica, por supuesto, no supo qué contestar. Vicente Rojo me dijo cuando se lo conté que tampoco él lo hubiera sabido.

Ese mismo año, mi hijo Gonzalo tuvo que contestar un cuestionario de literatura elaborado en Londres para un examen de admisión. Una de las preguntas pretendía establecer cuál era el símbolo del gallo en *El coronel no tiene quien le escriba*. Gonzalo, que conoce muy bien el estilo de su casa, no pudo resistir la tentación de tomarle el pelo a aquel sabio remoto, y contestó: «Es el gallo de los huevos de oro». Más tarde supimos que quien obtuvo la mejor nota fue el alumno que contestó, como se lo había enseñado el maestro, que el gallo del coronel era el símbolo de la fuerza popular reprimida. Cuando lo supe me alegré una vez más de mi buena estrella política, pues el final que yo había pensado para ese libro, y que cambié a última hora, era que el coronel le torciera el pescuezo al gallo e hiciera con él una sopa de protesta.

Desde hace años colecciono estas perlas con que los malos maestros de literatura pervierten a los niños. Conozco uno de muy buena fe para quien la abuela desalmada, gorda y voraz, que explota a la cándida Eréndira para cobrarse una deuda es el símbolo del capitalismo insaciable. Un maestro católico enseñaba que la subida al cielo de Remedios la Bella era una transposición poética de la ascensión en cuerpo y alma de la Virgen María. Otro dictó una clase completa sobre Herbert, un personaje de algún cuento mío que le resuelve problemas a todo el mundo y reparte dinero a manos llenas. «Es una hermosa metáfora de Dios», dijo el maestro. Dos críticos de Barcelona me sorprendieron con el descubrimiento de que *El otoño del patriarca* tenía la misma estructura del tercer concierto de piano de Béla Bartók. Esto me causó una gran alegría por la admiración que le tengo a Béla Bartók, y en especial a ese concierto, pero todavía no he podido entender las analogías de aquellos dos críticos. Un profesor de literatura de la Escuela de Letras de La Habana destinaba muchas horas al análisis de *Cien años de soledad* y llegaba a la conclusión —halagadora y deprimente al mismo tiempo— de que no ofrecía ninguna solución. Lo cual terminó de convencerme de que la manía interpretativa termina por ser a la larga una nueva forma de ficción que a veces encalla en el disparate.

Debo ser un lector muy ingenuo, porque nunca he pensado que los novelistas quieran decir más de lo que dicen. Cuando Franz Kafka dice que Gregorio Samsa despertó una mañana convertido en un gigantesco insecto, no me parece que eso sea el símbolo de nada, y lo único que me ha intrigado siempre es qué clase de animal pudo haber sido. Creo que hubo en realidad un tiempo en que las alfombras volaban y había genios prisioneros dentro de las botellas. Creo que la burra de Balaam habló —como lo dice la Biblia— y lo único lamentable es que no se hubiera grabado su voz, y creo que

Josué derribó las murallas de Jericó con el poder de sus trompetas, y lo único lamentable es que nadie hubiera transcrito su música de demolición. Creo, en fin, que el licenciado Vidriera –de Cervantes– era en realidad de vidrio, como él lo creía en su locura, y creo de veras en la jubilosa verdad de que Gargantúa se orinaba a torrentes sobre las catedrales de París. Más aún: creo que otros prodigios similares siguen ocurriendo, y que si no los vemos es en gran parte porque nos lo impide el racionalismo oscurantista que nos inculcaron los malos profesores de literatura.

Tengo un gran respeto, y sobre todo un gran cariño, por el oficio de maestro, y por eso me duele que ellos también sean víctimas de un sistema de enseñanza que los induce a decir tonterías. Uno de mis seres inolvidables es la maestra que me enseñó a leer a los cinco años. Era una muchacha bella y sabia que no pretendía saber más de lo que podía, y era además tan joven que con el tiempo ha terminado por ser menor que yo. Fue ella quien nos leía en clase los primeros poemas que me pudrieron el seso para siempre. Recuerdo con la misma gratitud al profesor de literatura del bachillerato, un hombre modesto y prudente que nos llevaba por el laberinto de los buenos libros sin interpretaciones rebuscadas. Este método nos permitía a sus alumnos una participación más personal y libre en el prodigio de la poesía. En síntesis, un curso de literatura no debería ser mucho más que una buena guía de lecturas. Cualquier otra pretensión no sirve para nada más que para asustar a los niños. Creo yo, aquí en la trastienda.

27 de enero de 1981, *El País*, Madrid

EL RÍO DE LA VIDA

Por lo único que quisiera volver a ser niño es para viajar otra vez en un buque por el río Magdalena. Quienes no lo hicieron en aquellos tiempos no pueden ni siquiera imaginarse cómo era. Yo tuve que hacerlo dos veces al año —una vez de ida y otra de vuelta— durante los seis años del bachillerato y dos de la universidad, y cada vez aprendí más de la vida que en la escuela, y mejor que en la escuela. En la época en que era bueno el caudal de las aguas, el viaje de subida duraba cinco días de Barranquilla a Puerto Salgar, donde se tomaba el tren hasta Bogotá. En tiempos de sequía, que eran los más y los más divertidos para viajar, podía durar hasta tres semanas.

El tren de Puerto Salgar subía como gateando por las cornisas de rocas durante un día completo. En los tramos más empinados se descolgaba para tomar impulso y volvía a intentar el ascenso resollando como un dragón, y en ocasiones era necesario que los pasajeros se bajaran y subieran a pie hasta la cornisa siguiente, para aligerarlo de su peso. Los pueblos del camino eran helados y tristes, y las vendedoras de toda la vida ofrecían por la ventanilla del vagón unas gallinas grandes y amarillas, cocinadas enteras, y unas papas nevadas que sabían a comida de hospital. A Bogotá se llegaba a las seis de la tarde, que desde entonces era la hora peor para vivir. La ciudad era lúgubre y glacial, con tranvías ruidosos que echaban chispas en las esquinas, y una lluvia de agua revuelta con hollín que no escampaba jamás. Los hombres vestidos de negro, con sombreros negros, caminaban deprisa y tropezando como si anduvieran en diligencias urgentes, y no había una sola mujer en la calle. Pero allí teníamos que quedarnos todo el año, haciendo como si estudiáramos, aunque en realidad sólo esperábamos a que volviera a ser diciembre para viajar otra vez por el río Magdalena.

Eran los tiempos de los barcos de tres pisos con dos chimeneas, que pasaban de noche como un pueblo iluminado, y dejaban un reguero de músicas y sueños quiméricos en los pueblos sedentarios de la ribera. A diferencia de los buques del Misisipí, la rueda de impulso de los nuestros no estaba en la borda, sino en la popa, y en ninguna parte del mundo he vuelto a ver otros iguales. Tenían nombres fáciles e inmediatos: *Atlántico, Medellín, Capitán de Caró, David Arango*. Sus capitanes, como los de Conrad, eran autoritarios y de buen corazón, comían como bárbaros, y nunca durmieron solos en sus camarotes remotos. Los tripulantes se llamaban *marineros* por su extensión, como si fueran del mar. Pero en las cantinas y burdeles de Barranquilla, adonde llegaban revueltos con los marineros de mar, los distinguieron con un nombre inconfundible: vaporinos.

Los viajes eran lentos y sorprendentes durante el día, los pasajeros nos sentábamos por la terraza a ver pasar la vida. Veíamos los caimanes que parecían troncos de árboles en la orilla, con las fauces abiertas, esperando que algo les cayera adentro para comer. Se veían las muchedumbres de garzas que alzaban el vuelo asustadas por la estela del buque, las bandadas de patos silvestres de las ciénagas interiores, los cardúmenes interminables, los manatíes que amamantaban a sus crías y gritaban como si cantaran en los playones. A veces, una tufarada nauseabunda interrumpía la siesta, y era el cadáver de una vaca ahogada, inmensa, que descendía casi inmóvil en el hilo de la corriente con un gallinazo solitario parado en el vientre. A lo largo de todo el viaje, uno despertaba al amanecer, aturdido por el alboroto de los micos y el escándalo de las cotorras.

Ahora es raro que uno conozca a alguien en los aviones. En los buques del río Magdalena, los pasajeros terminábamos por parecer una sola familia, pues nos poníamos de acuerdo todos los años para coincidir en el viaje. Los Eljach se embarcaban en Calamar, los Peña y los Del Toro –paisanos del hombre caimán– se embarcaban en Plato; los Estorninos y los Viñas, en Magangué; los Villafañes, en el Banco. A medida que el viaje avanzaba, la fiesta se hacía más grande. Nuestra vida se vinculaba de un modo efímero, pero inolvidable, a la de los pueblos de las escalas, y muchos se enredaron para siempre con su destino. Vicente Escudero, que era estudiante de Medicina, se metió sin ser invitado en un baile de bodas en Gamarra, bailó sin permiso con la mujer más bonita del pueblo, y el marido lo mató de un tiro. En cambio, Pedro Pablo Guillén se casó en una borrachera homérica con la primera muchacha que le gustó en Barrancabermeja, y todavía es feliz con ella y con sus nueve hijos. El irrecuperable José Palencia, que era un músico congénito, se metió en un concurso de tamboreros en Tenerife y se ganó una vaca que allí mismo vendió por cincuenta pesos: una fortuna de la época. A veces el buque encallaba hasta quince días en un banco de arena. Nadie se preocupaba, pues la fiesta seguía, y una carta del capitán sellada con el escudo de su amigo servía como justificación para llegar tarde al colegio.

Una noche, en mi último viaje de 1948, nos despertó un lamento desgarrador que llegaba a la ribera. El capitán Clímaco Conde Abello, que era uno de los grandes, dio orden de buscar con reflectores el origen de semejante desgarramiento. Era una hembra de manatí que se había enredado en las ramas de un árbol caído. Los vaporinos se echaron al agua, le amarraron con un cabestrante, y lograron desencallarla. Era un animal fantástico y enternecedor, de casi cuatro metros de largo, y su piel era pálida y tersa, y su torso era de mujer, con grandes tetas de madre amantísima, y de sus ojos enormes y tristes brotaban lágrimas humanas. Fue al mismo capitán Conde Abello a quien le oí decir por primera vez que el mundo se iba a acabar si seguían matando a los animales del río, y prohibió disparar desde su barco. «El que quiera matar a alguien, que vaya a matarlo en su casa», gritó. «No en mi barco». Pero nadie le hizo caso. Trece años después —el 19 de enero de 1961—, un amigo me llamó por teléfono en México para contarme que el vapor *David Arango* se había incendiado y convertido en cenizas en el puerto de Magangué. Yo colgué el teléfono con la impresión horrible de que aquel día se había acabado mi juventud, y que todo lo último que quedaba de nuestro río de nostalgias se había ido al carajo.

Se había ido, en efecto. El río Magdalena está muerto, con sus aguas envenenadas y sus animales exterminados. Los trabajos de recuperación de que ha empezado a hablar el gobierno desde que un grupo de periodistas concentrados pusieron de moda el problema, es una farsa de distracción. La rehabilitación del Magdalena sólo será posible con el esfuerzo continuado e intenso de por lo menos cuatro generaciones conscientes: un siglo entero.

Se habla con demasiada facilidad de la reforestación. Esto significa, en realidad, la siembra técnica de 59.110 millones de árboles en las riberas del Magdalena. Lo repito con todas sus letras: cincuenta y nueve mil ciento diez millones de árboles. Pero el problema mayor no es sembrarlos, sino dónde sembrarlos. Pues la casi totalidad de la tierra útil de las riberas es propiedad privada, y la reforestación completa tendría que ocupar el 90 por ciento de ellas. Valdría la pena preguntar cuáles serían los propietarios que tendrían la amabilidad de ceder el 90 por ciento de sus tierras sólo para sembrar árboles y renunciar en consecuencia al 90 por ciento de sus ingresos actuales.

La contaminación, por otra parte, no sólo afecta al río Magdalena, sino a todos sus afluentes. Son alcantarillados de las ciudades y los pueblos ribereños que arrastran y acumulan, además, desechos industriales y agrícolas, animales y humanos, y desembocan en el inmenso mundo de porquerías nacionales de Bocas de Ceniza. En noviembre del año pasado, en Tocaima, dos guerrilleros se arrojaron en el río Bogotá huyendo de las fuerzas armadas. Lograron escapar, pero estuvieron a punto de morir infectados por las aguas. De modo que los habitantes del Magdalena, sobre todo la parte baja, hace mucho tiempo que no toman ni usan agua pura ni comen pescados sanos. Sólo reciben –como dicen las señoras– mierda pura.

La tarea es descomunal, pero esto es tal vez lo mejor que tiene. El proyecto completo de lo que hay que hacer está en un estudio realizado hace algunos años por una comisión mixta de Colombia y Holanda, cuyos treinta volúmenes duermen el sueño de los injustos en los archivos del Instituto de Hidrología y Meteorología (IMAT). El subdirector de ese estudio monumental fue un joven ingeniero antioqueño, Jairo Murillo, que consagró a él media vida, y antes de terminar le entregó la que le quedaba: murió ahogado en el río de sus sueños. En cambio, ningún candidato presidencial de los últimos años ha corrido el riesgo de ahogarse en esas aguas. Los habitantes de los pueblos ribereños –que en los próximos días van a estar en las primeras líneas de la intención nacional con el viaje de la *Caracola*– deberían ser conscientes de eso. Y recordar que desde Honda hasta Bocas de Ceniza, hay suficientes votos para elegir un presidente de la República.

25 de marzo de 1981, *El País*, Madrid

MARÍA DE MI CORAZÓN

Hace unos dos años, le conté un episodio de la vida real al director mexicano de cine Jaime Humberto Hermosillo, con la esperanza de que lo convirtiera en una película, pero no me pareció que le hubiera llamado la atención. Dos meses después, sin embargo, vino a decirme sin ningún anuncio previo que ya tenía el primer borrador del guión, de modo que seguimos trabajándolo juntos hasta su forma definitiva. Antes de estructurar los caracteres de los protagonistas centrales, nos pusimos de acuerdo sobre cuáles eran los dos actores que podían encarnarlos mejor: María Rojo y Héctor Bonilla. Esto nos permitió además contar con la colaboración de ambos para escribir ciertos diálogos, e inclusive dejamos algunos apenas esbozados para que ellos los improvisaran con su propio lenguaje durante la filmación.

Lo único que yo tenía escrito de esa historia –desde que me la contaron muchos años antes en Barcelona– eran unas notas sueltas en un cuaderno de escolar, y un proyecto de título: «No: yo sólo vine a hablar por teléfono». Pero a la hora de registrar el proyecto de guión nos pareció que no era el título más adecuado, y le pusimos otro provisional: *María de mis amores*. Más tarde, Jaime Humberto Hermosillo le puso el título definitivo: *María de mi corazón*. Era el que mejor le sentaba a la historia, no sólo por su naturaleza, sino también por su estilo.

La película se hizo con la aportación de todos. Creadores, actores y técnicos aportamos nuestro trabajo a la producción, y el único dinero líquido de que dispusimos fueron dos millones de pesos de la Universidad Veracruzana; es decir, unos 80.000 dólares, que, en términos de cine, no alcanzan ni para los dulces. Se filmó en dieciséis milímetros y en color, y en 93 días de trabajos forzados en el ambiente febril de la colonia Portales, que me parece ser una de las más definitivas de la Ciudad de México. Yo la conocía muy bien, porque hace más de veinte años trabajé en la sección de armada de una imprenta de esa colonia, y por lo menos un día a la semana, cuando terminábamos de trabajar, me iba con aquellos buenos artesanos y mejores amigos a bebernos hasta el alcohol de las lámparas en las cantinas del barrio. Nos pareció que ése era el ámbito natural de *María de mi corazón*. Acabo de ver la película ya terminada, y me alegré de comprobar que no nos habíamos equivocado. Es excelente, tierna y brutal a la vez, y al salir de la sala me sentí estremecido por una ráfaga de nostalgia.

María –la protagonista– era en la vida real una muchacha de unos veinticinco años, recién casada con un empleado de los servicios públicos. Una tarde de lluvias torrenciales, cuando viajaba sola por una carretera solitaria, su automóvil se descompuso. Al cabo de una hora de señas inútiles a los vehículos que pasaban, el conductor de un autobús se compadeció de ella. No iba muy lejos, pero a María le bastaba con encontrar un sitio donde hubiera un teléfono para pedirle a su marido que viniera a buscarla. Nunca se le habría ocurrido que en aquel autobús de alquiler, ocupado por completo por un grupo de mujeres atónitas, había empezado para ella un drama absurdo e inmerecido que le cambió la vida para siempre.

Al anochecer, todavía bajo la lluvia persistente, el autobús entró en el patio empedrado de un edificio enorme y sombrío, situado en el centro de un parque natural. La mujer responsable de las otras las hizo descender con órdenes un poco infantiles, como si fueran niñas de escuela. Pero todas eran mayores, demacradas y ausentes, y se movían con una andadura que no parecía de este mundo. María fue la última que descendió sin preocuparse de la lluvia, pues de todos modos estaba empapada hasta el alma. La responsable del grupo se lo encomendó entonces a otras, que salieron a recibirlo, y se fue en el autobús. Hasta ese momento, María no se había dado cuenta de que aquellas mujeres eran 32 enfermas pacíficas trasladadas de alguna otra ciudad, y que en realidad se encontraba en un asilo de locas.

En el interior del edificio, María se separó del grupo y preguntó a una empleada dónde había un teléfono. Una de las enfermeras que conducía a las enfermas, la hizo volver a la fila mientras le decía de un modo muy dulce: «Por aquí, linda, por aquí hay un teléfono». María siguió, junto con las otras mujeres, por un corredor tenebroso, y al final entró en un dormitorio colectivo donde las enfermeras empezaron a repartir las camas. También a María le asignaron la suya. Más bien divertida con el equívoco, María le explicó entonces a una enfermera que su automóvil se había descompuesto en la carretera y sólo necesitaba un teléfono para prevenir a su marido. La enfermera fingió escucharla con atención, pero la llevó de nuevo a su cama, tratando de calmarla con palabras dulces.

«De acuerdo, linda —le decía—, si te portas bien, podrás hablar por teléfono con quien quieras. Pero ahora no, mañana».

Comprendiendo de pronto que estaba a punto de caer en una trampa mortal, María escapó corriendo del dormitorio. Pero antes de llegar al portón, un guardia corpulento le dio alcance, le aplicó una llave maestra, y otros dos le ayudaron a ponerle una camisa de fuerza. Poco después, como no dejaba de gritar, le inyectaron un somnífero. Al día siguiente, en vista de que persistía en su actitud insurrecta, la trasladaron al pabellón de las locas furiosas, y la sometieron hasta el agotamiento con una manguera de agua helada a alta presión.

El marido de María denunció su desaparición poco después de la medianoche, cuando estuvo seguro de que no se encontraba en casa de ningún conocido. El automóvil —abandonado y desmantelado por los ladrones— fue recuperado al día siguiente. Al cabo de dos semanas, la policía declaró cerrado el caso, y se tuvo por buena la explicación de que María, desilusionada de su breve experiencia matrimonial, se había fugado con otro.

Para esa época, María no se había adaptado aún a la vida del sanatorio, pero su carácter había sido doblegado. Todavía se negaba a participar en los juegos al aire libre de las enfermas, pero nadie la forzaba. Al fin y al cabo, decían los médicos, así empezaban todas, y tarde o temprano terminaban por incorporarse a la vida de la comunidad. Hacia el tercer mes de reclusión, María logró por fin ganarse la confianza de una visitadora social, y ésta se prestó para llevarle un mensaje a su marido.

El marido de María la visitó el sábado siguiente. En la sala de recibo, el director del sanatorio le explicó en términos muy convincentes cuál era el estado de María y la forma en que él mismo podía ayudarla a recuperarse. Le previno sobre su obsesión dominante —el teléfono— y le instruyó sobre el modo de tratarla durante la visita, para evitar que recayera en sus frecuentes crisis de furia. Todo era cuestión, como se dice, de seguirle la corriente.

A pesar de que él siguió al pie de la letra las instrucciones del médico, la primera visita fue tremenda. María trató de irse con él a toda costa, y tuvieron que recurrir otra vez a la camisa de fuerza para someterla. Pero poco a poco se fue haciendo más dócil en las visitas siguientes. De modo que su marido siguió visitándola todos los sábados, llevándole cada vez una libra de bombones de chocolate, hasta que los médicos le dijeron que no era el regalo más conveniente para María, porque estaba aumentando de peso. A partir de entonces, sólo le llevó rosas.

5 de mayo de 1981, *El País*, Madrid

COMO ÁNIMAS EN PENA

Hace ya muchos años que oí contar por primera vez la historia del viejo jardinero que se suicidó en Finca Vigía, la hermosa casa entre grandes árboles, en un suburbio de La Habana, donde pasaba la mayor parte de su tiempo el escritor Ernest Hemingway. Desde entonces la seguí oyendo muchas veces en numerosas versiones. Según la más corriente, el jardinero tomó la determinación extrema después de que el escritor decidió licenciarlo, porque se empeñaba en podar los árboles contra su voluntad. Se esperaba que en sus memorias, si las escribía, o en uno cualquiera de sus escritos póstumos, Hemingway contara la versión real. Pero, al parecer, no lo hizo.

Todas las variaciones coinciden en que el jardinero, que lo había sido desde antes de que el escritor comprara la casa, desapareció de pronto sin explicación alguna. Al cabo de cuatro días, por las señales inequívocas de las aves de rapiña, descubrieron el cadáver en el fondo de un pozo artificial que abastecía de agua potable a Hemingway y a su esposa de entonces, la bella Martha Gelhorm. Sin embargo, el escritor cubano Norberto Fuentes, que ha hecho un escrutinio minucioso de la vida de Hemingway en La Habana, publicó hace poco otra versión diferente y tal vez mejor fundada de aquella muerte tan controvertida. Se la contó el antiguo mayordomo de la casa, y de acuerdo con ella, el pozo del muerto no suministraba agua para beber, sino para nadar en la piscina. Y a ésta, según contó el mayordomo, le echaban con frecuencia pastillas desinfectantes, aunque tal vez no tantas para desinfectarla de un muerto entero. En todo caso, la última versión desmiente la más antigua, que era también la más literaria, y según la cual los esposos Hemingway habían tomado el agua del ahogado durante tres días. Dicen que el escritor había dicho: «La única diferencia que notamos era que el agua se había vuelto más dulce».

Ésta es una de las tantas y tantas historias fascinantes —escritas o habladas— que se le quedan a uno para siempre, más en el corazón que en la memoria, y de las cuales está llena la vida de todo el mundo. Tal vez sean las ánimas en pena de la literatura. Algunas son perlas legítimas de poesía que uno ha conocido al vuelo sin registrar muy bien quién era el autor, porque nos parecía inolvidable; o que habíamos oído contar sin preguntarnos a quién, y al cabo de cierto tiempo ya no sabíamos a ciencia cierta si eran historias que soñamos. De todas ellas, sin duda la más bella, y la más conocida, es la del ratoncito recién nacido que se encontró con un murciélago al salir por primera vez de su cueva, y regresó asombrado, gritando: «Madre, he visto un ángel». Otra, también de la vida real, pero que supera por muchos cuerpos a la ficción, es la del radioaficionado de Managua que, en el amanecer del 22 de diciembre de 1972, trató de comunicarse con cualquier parte del mundo para informar que un terremoto había borrado a la ciudad del mapa de la Tierra. Al cabo de una hora de explotar un cuadrante en el que sólo se escuchaban los silbidos siderales, un compañero más realista que él lo convenció de desistir. «Es inútil —le dijo—, esto sucedió en todo el mundo.» Otra historia, tan verídica como las anteriores, la padeció la orquesta sinfónica de París, que hace unos diez años estuvo a punto de liquidarse por un inconveniente que no se le ocurrió a Franz Kafka: el edificio que se le había asignado para ensayar sólo tenía un ascensor hidráulico para cuatro personas, de modo que los ochenta músicos empezaban a subir a las ocho de la mañana, y cuatro horas después, cuando todos habían acabado de subir, tenían que bajar de nuevo para almorzar.

Entre los cuentos escritos que lo deslumbran a uno desde la primera lectura, y que uno vuelve a leer cada vez que puede, el primero para mi gusto es *La pata de mono*, de W. W. Jacobs. Sólo recuerdo dos cuentos que me parecen perfectos: ése, y *El caso del doctor Valdemar*, de Edgar Allan Poe. Sin embargo, mientras de este último escritor se puede identificar hasta la calidad de sus ropas privadas, del primero es muy poco lo que se sabe. No conozco muchos eruditos que puedan decir lo que significan sus iniciales repetidas sin consultarlo una vez más en la enciclopedia, como yo lo acabo de hacer: William Wymark. Había nacido en Londres, donde murió en 1943, a la modesta edad de ochenta años, y sus obras completas en dieciocho volúmenes —aunque la enciclopedia no lo diga— ocupan 64 centímetros de una biblioteca. Pero su gloria se sustenta completa en una obra maestra de cinco páginas.

Por último, me gustaría recordar —y sé que algún lector caritativo me lo va a decir en los próximos días— quiénes son los autores de dos cuentos que alborotaron a fondo la fiebre literaria de mi juventud. El primero es el drama del desencantado que se arrojó a la calle desde un décimo piso, y a medida que caía iba viendo a través de las ventanas la intimidad de sus vecinos, las pequeñas tragedias domésticas, los amores furtivos, los breves instantes de felicidad, cuyas noticias no habían llegado nunca hasta la escalera común, de modo que en el instante de reventarse contra el pavimento de la calle había cambiado por completo su concepción del mundo, y había llegado a la conclusión de que aquella vida que abandonaba para siempre por la puerta falsa valía la pena de ser vivida. El otro cuento es el de dos exploradores que lograron refugiarse en una cabaña abandonada, después de haber vivido tres angustiosos días extraviados en la nieve. Al cabo de otros tres días, uno de ellos murió. El sobreviviente excavó una fosa en la nieve, a unos cien metros de la cabaña, y sepultó el cadáver. Al día siguiente, sin embargo, al despertar de su primer sueño apacible, lo encontró otra vez dentro de la casa, muerto y petrificado por el hielo, pero sentado como un visitante formal frente a su cama. Lo sepultó de nuevo, tal vez en una tumba más distante, pero al despertar al día siguiente volvió a encontrarlo sentado frente a su cama. Entonces perdió la razón. Por el diario que había llevado hasta entonces se pudo conocer la verdad de su historia. Entre las muchas explicaciones que trataron de darse al enigma, una parecía ser la más verosímil: el sobreviviente se había sentido tan afectado por su soledad que él mismo desenterraba dormido el cadáver que enterraba despierto.

La historia que más me ha impresionado en mi vida, la más brutal y al mismo tiempo la más humana, se la contaron a Ricardo Muñoz Suay en 1947, cuando estaba preso en la cárcel de Ocaña, provincia de Toledo, España. Es la historia real de un prisionero republicano que fue fusilado en los primeros días de la guerra civil en la prisión de Ávila. El pelotón de fusilamiento lo sacó de su celda en un amanecer glacial, y todos tuvieron que atravesar a pie un campo nevado para llegar al sitio de la ejecución. Los guardias civiles estaban bien protegidos del frío con capas, guantes y tricornios, pero aun así tiritaban a través del yermo helado. El pobre prisionero, que sólo llevaba una chaqueta de lana deshilachada, no hacía más que frotarse el cuerpo casi petrificado, mientras se lamentaba en voz alta del frío mortal. A un cierto momento, el comandante del pelotón, exasperado con los lamentos, le gritó:

—Coño, acaba ya de hacerte el mártir con el cabrón frío. Piensa en nosotros, que tenemos que regresar.

12 de mayo de 1981, *El País*, Madrid

ALGO MÁS SOBRE LITERATURA Y REALIDAD

Un problema muy serio que nuestra realidad desmesurada plantea a la literatura es el de la insuficiencia de las palabras. Cuando nosotros hablamos de un río, lo más lejos que puede llegar un lector europeo es a imaginarse algo tan grande como el Danubio, que tiene 2.790 kilómetros. Es difícil que se imagine, si no se le describe, la realidad del Amazonas, que tiene 5.500 kilómetros de longitud. Frente a Belén del Pará no se alcanza a ver la otra orilla, y es más ancho que el mar Báltico. Cuando nosotros escribimos la palabra «tempestad», los europeos piensan en relámpagos y truenos, pero no es fácil que estén concibiendo el mismo fenómeno que nosotros queremos representar. Lo mismo ocurre, por ejemplo, con la palabra «lluvia». En la cordillera de los Andes, según la descripción que hizo para los franceses otro francés llamado Javier Marimier, hay tempestades que pueden durar hasta cinco meses. «Quienes no hayan visto esas tormentas –dice–, no podrán formarse una idea de la violencia con que se desarrollan. Durante horas enteras los relámpagos se suceden rápidamente a manera de cascadas de sangre y la atmósfera tiembla bajo la sacudida continua de los truenos, cuyos estampidos repercuten en la inmensidad de la montaña». La descripción está muy lejos de ser una obra maestra, pero bastaría para estremecer de horror al europeo menos crédulo.

De modo que sería necesario crear todo un sistema de palabras nuevas para el tamaño de nuestra realidad. Los ejemplos de esa necesidad son interminables. F. W. Up de Graff, un explorador holandés que recorrió el alto Amazonas a principios de siglo, dice que encontró un arroyo de agua hirviendo donde se hacían huevos duros en cinco minutos, y que había pasado por una región donde no se podía hablar en voz alta porque se desataban aguaceros torrenciales. En algún lugar de la costa caribe de Colombia, yo vi a un hombre rezar una oración secreta frente a una vaca que tenía gusanos en la oreja, y vi caer los gusanos muertos mientras transcurría la oración. Aquel hombre aseguraba que podía hacer la misma cura a distancia, siempre que le hicieran la descripción del animal y le indicaran el lugar en que se encontraba. El 8 de mayo de 1902, el volcán Mont Pelée, en la isla Martinica, destruyó en pocos minutos el puerto de Saint-Pierre y mató y sepultó en lava a la totalidad de sus 30.000 habitantes. Salvo uno: Ludger Sylvaris, el único preso de la población, que fue protegido por la estructura invulnerable de la celda individual que le habían construido para que no pudiera escapar.

Sólo en México habría que escribir muchos volúmenes para expresar su realidad increíble. Después de casi veinte años de estar aquí, ya podría pasar todavía horas enteras, como lo he hecho tantas veces, contemplando una vasija de fríjoles saltarines. Nacionalistas benévolos me han explicado que su movilidad se debe a una larva viva que tienen dentro, pero la explicación parece pobre: lo maravilloso no es que los fríjoles se muevan porque tengan una larva dentro, sino que tengan una larva dentro para que puedan moverse. Otra de las extrañas experiencias de mi vida fue mi primer encuentro con el ajolote (*axolotl*). Julio Cortázar cuenta en uno de sus relatos que conoció el ajolote en el Jardin des Plantes de París, un día en que quiso ver los leones. Al pasar frente a los acuarios, cuenta Cortázar, «soslayé los peces vulgares hasta dar pronto con el *axolotl*». Y concluye: «Me quedé mirándolo por una hora, y salí, incapaz de otra cosa». A mí me sucedió lo mismo, en Pátzcuaro, sólo que no lo contemplé por una hora, sino por una tarde entera, y volví varias veces. Pero había allí algo que me impresionó más que el animal mismo, y era el letrero clavado en la puerta de la casa: «Se vende jarabe de ajolote».

Esa realidad increíble alcanza su densidad máxima en el Caribe, que, en rigor, se extiende (por el norte) hasta el sur de Estados Unidos, y por el sur, hasta Brasil. No se piense que es un delirio expansionista. No: es que el Caribe no es sólo un área geográfica, como por supuesto lo creen los geógrafos, sino un área cultural muy homogénea.

En el Caribe, a los elementos originales de las creencias primarias y concepciones mágicas anteriores al descubrimiento, se sumó la profusa variedad de culturas que confluyeron en los años siguientes en un sincretismo mágico cuyo interés artístico y cuya propia fecundidad artística son inagotables. La contribución africana fue forzosa e indignante, pero afortunada. En esa encrucijada del mundo, se forjó un sentido de libertad sin término, una realidad sin Dios ni ley, donde cada quien sintió que le era posible hacer lo que quería sin límites de ninguna clase: y los bandoleros amanecían convertidos en reyes, los prófugos en almirantes, las prostitutas en gobernadoras. Y también lo contrario.

Yo nací y crecí en el Caribe. Lo conozco país por país, isla por isla, y tal vez de allí provenga mi frustración de que nunca se me ha ocurrido nada ni he podido hacer nada que sea más asombroso que la realidad. Lo más lejos que he podido llegar es a trasponerla con recursos poéticos, pero no hay una sola línea en ninguno de mis libros que no tenga su origen en un hecho real. Una de esas trasposiciones es el estigma de la cola de cerdo que tanto inquietaba a la estirpe de los Buendía en *Cien años de soledad*. Yo hubiera podido recurrir a otra imagen cualquiera, pero pensé que el temor al nacimiento de un hijo con cola de cerdo era la que menos probabilidades tenía de coincidir con la realidad. Sin embargo, tan pronto como la novela empezó a ser conocida, surgieron en distintos lugares de las Américas las confesiones de hombres y mujeres que tenían algo semejante a una cola de cerdo. En Barranquilla, un joven se mostró en los periódicos: había nacido y crecido con aquella cola, pero nunca lo había revelado, hasta que leyó *Cien años de soledad*. Su explicación era más asombrosa que su cola. «Nunca quise decir que la tenía porque me daba vergüenza –dijo–, pero ahora, leyendo la novela y oyendo a la gente que la ha leído, me he dado cuenta de que es una cosa natural». Poco después, un lector me mandó el recorte de la foto de una niña de Seúl, capital de Corea del Sur, que nació con una cola de cerdo. Al contrario de lo que yo pensaba cuando escribí la novela, a la niña de Seúl le cortaron la cola y sobrevivió.

Sin embargo, mi experiencia de escritor más difícil fue la preparación de *El otoño del patriarca*. Durante casi diez años leí todo lo que me fue posible sobre los dictadores de América Latina, y en especial del Caribe, con el propósito de que el libro que pensaba escribir se pareciera lo menos posible a la realidad. Cada paso era una desilusión. La intuición de Juan Vicente Gómez era mucho más penetrante que una verdadera facultad adivinatoria. El doctor Duvalier, en Haití, había hecho exterminar los perros negros en el país porque uno de sus enemigos, tratando de escapar de la persecución del tirano, se había escabullido de su condición humana y se había convertido en perro negro. El doctor Francia, cuyo prestigio de filósofo era tan extenso que mereció un estudio de Carlyle, cerró a la República del Paraguay como si fuera una casa, y sólo dejó abierta una ventana para que entrara el correo. Antonio López de Santa Anna enterró su propia pierna en funerales espléndidos. La mano cortada de Lope de Aguirre navegó río abajo durante varios días, y quienes la veían pasar se estremecían de horror, pensando que aun en aquel estado aquella mano asesina podía blandir un puñal. Anastasio Somoza García, en Nicaragua, tenía en el patio de su casa un jardín zoológico con jaulas de dos compartimientos: en uno, estaban las fieras, y en el otro, separado apenas por una reja de hierro, estaban encerrados sus enemigos políticos.

Martínez, el dictador teósofo de El Salvador, hizo forrar con papel rojo todo el alumbrado público del país, para combatir una epidemia de sarampión, y había inventado un péndulo que ponía sobre los alimentos antes de comer, para averiguar si no estaban envenenados. La estatua de Morazán que aún existe en Tegucigalpa es en realidad del mariscal Ney: la comisión oficial que viajó a Londres a buscarla resolvió que era más barato comprar esa estatua olvidada en un depósito, que mandar hacer una auténtica de Morazán.

En síntesis, los escritores de América Latina y el Caribe tenemos que reconocer, con la mano en el corazón, que la realidad es mejor escritor que nosotros. Nuestro destino, y tal vez nuestra gloria, es tratar de imitarla con humildad, y lo mejor que nos sea posible.

1 de julio de 1981, *El País*, Madrid

MI HEMINGWAY PERSONAL

Lo reconocí de pronto, paseando con su esposa, Mary Welsh, por el bulevar de Saint-Michel, en París, un día de la lluviosa primavera de 1957. Caminaba por la acera opuesta en dirección del jardín de Luxemburgo, y llevaba unos pantalones de vaquero muy usados, una camisa de cuadros escoceses y una gorra de pelotero. Lo único que no parecía suyo eran los lentes de armadura metálica, redondos y minúsculos, que le daban un aire de abuelo prematuro. Había cumplido 59 años, y era enorme y demasiado visible, pero no daba la impresión de fortaleza brutal que sin duda él hubiera deseado, porque tenía las caderas estrechas y las piernas un poco escuálidas sobre sus bastos. Parecía tan vivo entre los puestos de libros usados y el torrente juvenil de la Sorbona que era imposible imaginarse que le faltaban apenas cuatro años para morir.

Por una fracción de segundo –como me ha ocurrido siempre– me encontré dividido entre mis dos oficios rivales. No sabía si hacerle una entrevista de prensa o sólo atravesar la avenida para expresarle mi admiración sin reservas. Para ambos propósitos, sin embargo, había el mismo inconveniente grande: yo hablaba desde entonces el mismo inglés rudimentario que seguí hablando siempre, y no estaba muy seguro de su español de torero. De modo que no hice ninguna de las dos cosas que hubieran podido estropear aquel instante, sino que me puse las manos en bocina, como Tarzán en la selva, y grité de una acera a la otra: «Maeeeestro». Ernest Hemingway comprendió que no podía haber otro maestro entre la muchedumbre de estudiantes, y se volvió con la mano en alto, y me gritó en castellano con una voz un tanto pueril: «Adióóóós, amigo». Fue la única vez que lo vi.

Yo era entonces un periodista de veintiocho años, con una novela publicada y un premio literario en Colombia, pero estaba varado y sin rumbo en París. Mis dos maestros mayores eran los dos novelistas norteamericanos que parecían tener menos cosas en común. Había leído todo lo que ellos habían publicado hasta entonces, pero no como lecturas complementarias, sino todo lo contrario: como dos formas distintas y casi excluyentes de concebir la literatura. Uno de ellos era William Faulkner, a quien nunca vi con estos ojos y a quien sólo puedo imaginarme como el granjero en mangas de camisa que se rascaba el brazo junto a dos perritos blancos, en el retrato célebre que le hizo Cartier-Bresson. El otro era aquel hombre efímero que acababa de decirme adiós desde la otra acera, y me había dejado la impresión de que algo había ocurrido en mi vida, y que había ocurrido para siempre.

No sé quién dijo que los novelistas leemos las novelas de los otros sólo para averiguar cómo están escritas. Creo que es cierto. No nos conformamos con los secretos expuestos en el frente de la página, sino que la volteamos al revés, para descifrar las costuras. De algún modo imposible de explicar desarmamos el libro en sus piezas esenciales y lo volvemos a armar cuando ya conocemos los misterios de su relojería personal. Esa tentativa es descorazonadora en los libros de Faulkner, porque éste no parecía tener un sistema orgánico para escribir, sino que andaba a ciegas por su universo bíblico como un tropel de cabras sueltas en una cristalería. Cuando se logra desmontar una página suya, uno tiene la impresión de que le sobran resortes y tornillos y que será imposible devolverla otra vez a su estado original. Hemingway, en cambio, con menos inspiración, con menos pasión y menos locura, pero con un rigor lúcido, dejaba sus tornillos a la vista por el lado de fuera, como en los vagones de ferrocarril. Tal vez por eso Faulkner es un escritor que tuvo mucho que ver con mi alma, pero Hemingway es el que más ha tenido que ver con mi oficio.

No sólo por sus libros, sino por su asombroso conocimiento del aspecto artesanal de la ciencia de escribir. En la entrevista histórica que le hizo el periodista George Plimpton para *Paris Review* enseñó para siempre —contra el concepto romántico de la creación— que la comodidad económica y la buena salud son convenientes para escribir, que una de las dificultades mayores es la de organizar bien las palabras, que es bueno releer los propios libros cuando cuesta trabajo escribir para recordar que siempre fue difícil, que se puede escribir en cualquier parte siempre que no haya visitas ni teléfono, y que no es cierto que el periodismo acabe con el escritor, como tanto se ha dicho, sino todo lo contrario, a condición de que se abandone a tiempo. «Una vez que escribir se ha convertido en el vicio principal y el mayor placer —dijo—, sólo la muerte puede ponerle fin». Con todo, su lección fue el descubrimiento de que el trabajo de cada día sólo debe interrumpirse cuando ya se sabe cómo se va a empezar al día siguiente. No creo que se haya dado jamás un consejo más útil para escribir. Es, ni más ni menos, el remedio absoluto contra el fantasma más temido de los escritores: la agonía matinal frente a la página en blanco.

Toda la obra de Hemingway demuestra que su aliento era genial, pero de corta duración. Y es comprensible. Una tensión interna como la suya, sometida a un dominio técnico tan severo, es insostenible dentro del ámbito vasto y azaroso de una novela. Era una condición personal, y el error suyo fue haber intentado rebasar sus límites espléndidos. Es por eso que todo lo superfluo se nota más en él que en otros escritores. Sus novelas parecen cuentos desmedidos a los que les sobran demasiadas cosas. En cambio, lo mejor que tienen sus cuentos es la impresión que causan de que algo les quedó faltando, y es eso precisamente lo que les confiere su misterio y su belleza. Jorge Luis Borges, que es uno de los grandes escritores de nuestro tiempo, tiene los mismos límites, pero ha tenido la inteligencia de no rebasarlos.

Un solo disparo de Francis Macomber contra el león enseña tanto como una lección de cacería, pero también como un resumen de la ciencia de escribir. En algún cuento suyo escribió que un toro de lidia, después de pasar rozando el pecho del torero, se revolvió «como un gato volteando una esquina». Creo, con toda humildad, que esa observación es una de las tonterías geniales que sólo son posibles en los escritores más lúcidos. La obra de Hemingway está llena de esos hallazgos simples y deslumbrantes, que demuestran hasta qué punto se ciñó a su propia definición de que la escritura literaria —como el iceberg— sólo tiene validez si está sustentada debajo del agua por los siete octavos de su volumen.

Esa conciencia técnica será sin duda la causa de que Hemingway no pase a la gloria por ninguna de sus novelas, sino por sus cuentos más estrictos. Hablando de *Por quién doblan las campanas*, él mismo dijo que no tenía un plan preconcebido para componer el libro, sino que lo inventaba cada día a medida que lo iba escribiendo. No tenía que decirlo: se nota. En cambio, sus cuentos de inspiración instantánea son invulnerables. Como aquellos tres que escribió en la tarde de un 16 de mayo en una pensión de Madrid, cuando una nevada obligó a cancelar la corrida de toros de la feria de San Isidro. Esos cuentos —según él mismo le contó a George Plimpton— fueron *Los asesinos*, *Diez indios* y *Hoy es viernes*, y los tres son magistrales.

Dentro de esa línea, para mi gusto, el cuento donde mejor se condensan sus virtudes es uno de los más cortos: *Un gato bajo la lluvia*. Sin embargo, aunque parezca una burla de su destino, me parece que su obra más hermosa y humana es la menos lograda: *Al otro lado del río y entre los árboles*. Es, como él mismo reveló, algo que comenzó por ser un cuento y se extravió por los manglares de la novela. Es difícil entender tantas grietas estructurales y tantos errores de mecánica literaria en un técnico tan sabio, y unos diálogos tan artificiales y aun tan artificiosos en uno de los más brillantes orfebres de diálogos de la historia de las letras. Cuando el libro se publicó, en 1950, la crítica fue feroz. Porque no fue certera. Hemingway se sintió herido donde más le dolía, y se defendió desde La Habana con un telegrama pasional que no pareció digno de un autor de su tamaño. No sólo era su mejor novela, sino también la más suya, pues había sido escrita en los albores de un otoño incierto, con las nostalgias irreparables de los años vividos y la premonición nostálgica de los pocos años que le quedaban por vivir. En ninguno de sus libros dejó tanto de sí mismo ni consiguió plasmar con tanta belleza y tanta ternura el sentimiento esencial de su obra y de su vida: la inutilidad de la victoria. La muerte de su protagonista, de apariencia tan apacible y natural, era la prefiguración cifrada de su propio suicidio.

Cuando se convive por tanto tiempo con la obra de un escritor entrañable, uno termina sin remedio por revolver su ficción con su realidad. He pasado muchas horas de muchos días leyendo en aquel café de la Place de Saint-Michel que él consideraba bueno para escribir, porque le parecía simpático, caliente, limpio y amable, y siempre he esperado encontrar otra vez a la muchacha que él vio entrar una tarde de vientos helados, que era muy bella y diáfana, con el pelo cortado en diagonal, como un ala de cuervo. «Eres mía y París es mío», escribió para ella, con ese inexorable poder de apropiación que tuvo su literatura. Todo lo que describió, todo instante que fue suyo, le sigue perteneciendo para siempre. No puedo pasar por el número 112 de la calle del Odeón, en París, sin verlo a él conversando con Sylvia Beach en una librería que ya no es la misma, ganando tiempo hasta que fueran las seis de la tarde por si acaso llegaba James Joyce. En las praderas de Kenia, con sólo mirarlas una vez, se hizo dueño de sus búfalos y sus leones, y de los secretos más intrincados del arte de cazar. Se hizo dueño de toreros y boxeadores, de artistas y pistoleros que sólo existieron por un instante, mientras fueron suyos. Italia, España, Cuba, medio mundo está lleno de los sitios de los cuales se apropió con sólo mencionarlos. En Cojímar, un pueblecito cerca de La Habana donde vivía el pescador solitario de *El viejo y el mar*, hay un templete conmemorativo de su hazaña con un busto de Hemingway pintado con barniz de oro. En Finca Vigía, su refugio cubano donde vivió hasta muy poco antes de morir, la casa está intacta entre los árboles sombríos, con sus libros disímiles, sus trofeos de caza, su atril de escribir, sus enormes zapatos de muerto, las incontables chucherías de la vida y del mundo entero que fueron suyas hasta su muerte, y que siguen viviendo sin él con el alma que les infundió por la sola magia de su dominio. Hace unos años entré en el automóvil de Fidel Castro –que es un empecinado lector de literatura– y vi en el asiento un pequeño libro empastado en cuero rojo. «Es el maestro Hemingway», me dijo. En realidad, Hemingway sigue estando donde uno menos se lo imagina –veinte años después de muerto–, tan persistente y a la vez tan efímero como aquella mañana, que quizá fue de mayo, en que me dijo adiós, amigo, desde la acera opuesta del bulevar de Saint-Michel.

29 de julio de 1981, *El País*, Madrid

FANTASMAS DE CARRETERAS

Dos muchachos y dos muchachas que viajaban en un Renault 5 recogieron a una mujer vestida de blanco que les hizo señas en un cruce de caminos poco después de la medianoche. El tiempo era claro, y los cuatro muchachos –como se comprobó después hasta la saciedad– estaban en su sano juicio. La dama viajó en silencio varios kilómetros, sentada en el centro del asiento posterior, hasta un poco antes del puente de Quatre Canaux. Entonces señaló hacia delante con un índice aterrorizado, y gritó: «Cuidado, esa curva es peligrosa», y desapareció en el acto.

Esto ocurrió el pasado 20 de mayo en la carretera de París a Montpellier. El comisario de esa ciudad, a quienes los cuatro muchachos despertaron para contarle el acontecimiento espantoso, llegó hasta admitir que no se trataba de una broma ni una alucinación, pero archivó el caso porque no supo qué hacer con él. Casi toda la prensa de Francia lo comentó en los días siguientes, y numerosos parapsicólogos, ocultistas y reporteros metafísicos concurrieron al lugar de la aparición para estudiar sus circunstancias, y fatigaron con interrogatorios racionalistas a los cuatro elegidos por la dama de blanco. Pero al cabo de pocos días, todo se echó al olvido, y tanto la prensa como los científicos se refugiaron en el análisis de una realidad más fácil. Los más comprensivos admitieron que la aparición pudo ser cierta, pero aun ellos prefirieron olvidarla ante la imposibilidad de entenderla.

A mí –que soy un materialista convencido– no me cabe ninguna duda de que aquél fue un episodio más, y de los más hermosos, en la muy rica historia de la materialización de la poesía. La única falla que le encuentro es que ocurrió de noche, y peor aún, al filo de la medianoche, como en las peores películas de terror. Salvo por eso, no hay un solo elemento que no corresponda a esa metafísica de las carreteras que todos hemos sentido pasar tan cerca en el curso de un viaje, pero ante cuya verdad estremecedora nos negamos a rendirnos. Hemos terminado por aceptar la maravilla de los barcos fantasmas que deambulan por todos los mares buscando su identidad perdida, pero les negamos ese derecho a las tantas y pobres ánimas en pena que se quedaron regadas y sin rumbo a la orilla de las carreteras. Sólo en Francia se registraban hasta hace pocos años unos doscientos muertos semanales en los meses más frenéticos del verano, de modo que no hay por qué sorprenderse de un episodio tan comprensible como el de la dama de blanco, que sin duda seguirá repitiéndose hasta el fin de los siglos, en circunstancias que sólo los racionalistas sin corazón son incapaces de entender.

Siempre he pensado, en mis largos viajes por tantas carreteras del mundo, que la mayoría de los seres humanos de estos tiempos somos sobrevivientes de una curva. Cada una es un desafío al azar. Bastaría con que el vehículo que nos precede sufriera un percance después de la curva para que se nos frustrara para siempre la oportunidad de contarlo. En los primeros años del automóvil, los ingleses promulgaron una ley –*The Locomotive Act*– que obligaba a todo conductor a hacerse preceder de otra persona de a pie, llevando una bandera roja y haciendo sonar una campana, para que los transeúntes tuvieran tiempo de apartarse. Muchas veces, en el momento de acelerar para sumergirme en el misterio insondable de una curva, he lamentado en el fondo de mi alma que aquella disposición sabia de los ingleses haya sido abolida, sobre todo una vez, hace quince años, en que viajaba de Barcelona a Perpiñán con Mercedes y los niños a cien kilómetros por hora, y tuve de pronto la inspiración incomprensible de disminuir la velocidad antes de tomar la curva. Los coches que me seguían, como ocurre siempre en esos casos, nos rebasaron. No lo olvidaremos nunca: eran una camioneta blanca, un Volkswagen rojo y un Fiat azul. Recuerdo hasta el cabello rizado y luminoso de la holandesa rozagante que conducía la camioneta. Después de rebasarnos en un orden perfecto, los tres coches se perdieron en la curva, pero volvimos a encontrarlos un instante después los unos encima de los otros, en un montón de chatarra humeante, e incrustados en un camión sin control que encontraron en sentido contrario. El único sobreviviente fue el niño de seis meses del matrimonio holandés.

He vuelto a pasar muchas veces por ese lugar, y siempre he vuelto a pensar en aquella mujer hermosa que quedó reducida a un montículo de carne rosada en mitad de la carretera, desnuda por completo a causa del impacto, y con su bella cabeza de emperador romano dignificada por la muerte. No sería sorprendente que alguien la encontrara un día de éstos en el lugar de su desgracia, viva y entera, haciendo las señales convencionales de la dama de blanco de Montpellier, para que la sacaran por un instante de su estupor y le dieran la oportunidad de advertir con el grito que nadie lanzó por ella: «Cuidado, esa curva es peligrosa».

Los misterios de las carreteras no son más populares que los del mar, porque no hay nadie más distraído que los conductores aficionados. En cambio, los profesionales —como los antiguos arrieros de mulas— son fuentes infinitas de relatos fantásticos. En las fondas de carreteras, como en las ventas antiguas de los caminos de herradura, los camioneros curtidos, que no parecen creer en nada, relatan sin descanso los episodios sobrenaturales de su oficio, sobre todo los que ocurren a pleno sol, y aun en los tramos más concurridos. En el verano de 1974, viajando con el poeta Álvaro Mutis y su esposa por la misma carretera donde ahora apareció la dama de blanco, vimos un pequeño automóvil que se desprendió de la larga fila embotellada en sentido contrario, y se vino de frente a nosotros a una velocidad desatinada. Apenas si tuve tiempo de esquivarlo, pero nuestro automóvil saltó en el vacío y quedó incrustado en el fondo de una cuneta. Varios testigos alcanzaron a fijar la imagen del automóvil fugitivo: era un Skoda blanco, cuyo número de placas fue anotado por tres personas distintas. Hicimos la denuncia correspondiente en la inspección de policía de Aix-en-Provence, y al cabo de unos meses la policía francesa había comprobado sin ninguna duda que el Skoda blanco con las placas indicadas existía en realidad. Sin embargo, había comprobado también que a la hora de nuestro accidente estaba en el otro extremo de Francia, guardado en su garaje, mientras su dueño y conductor único agonizaba en el hospital cercano.

De éstas, y de otras muchas experiencias, he aprendido a tener un respeto casi reverencial por las carreteras. Con todo, el episodio más inquietante que recuerdo me ocurrió en pleno centro de la Ciudad de México, hace muchos años. Había esperado un taxi durante casi media hora, a las dos de la tarde, y ya estaba a punto de renunciar cuando vi acercarse uno que a primera vista me pareció vacío y que además llevaba la bandera levantada. Pero ya un poco más cerca vi sin ninguna duda que había una persona junto al conductor. Sólo cuando se detuvo, sin que yo se lo indicara, caí en la cuenta de mi error: no había ningún pasajero junto al chofer. En el trayecto le conté a éste mi ilusión óptica, y él me escuchó con toda naturalidad. «Siempre sucede —me dijo—. A veces me paso el día entero dando vueltas, sin que nadie me pare, porque casi todos ven a ese pasajero fantasma en el asiento de al lado». Cuando le conté esta historia a don Luis Buñuel, le pareció tan natural como al chofer. «Es un buen principio para una película», me dijo.

19 de agosto de 1981, *El País*, Madrid

BOGOTÁ 1947

En aquella época todo el mundo era joven. Pero había algo peor: a pesar de nuestra juventud inverosímil, siempre encontrábamos a otros que eran más jóvenes que nosotros, y eso nos causaba una sensación de peligro y una urgencia de terminar las cosas que no nos dejaban disfrutar con calma de nuestra bien ganada juventud. Las generaciones se empujaban unas a otras, sobre todo entre los poetas y los criminales, y apenas si uno había acabado de hacer algo cuando ya se perfilaba alguien que amenazaba con hacerlo mejor. A veces me encuentro por casualidad con alguna fotografía de aquellos tiempos y no puedo reprimir un estremecimiento de lástima, porque no me parece que en realidad los retratados fuéramos nosotros, sino que fuéramos los hijos de nosotros mismos.

Bogotá era entonces una ciudad remota y lúgubre, donde estaba cayendo una llovizna inclemente desde principios del siglo XVI. Yo padecí esa amargura por primera vez en una funesta tarde de enero, la más triste de mi vida, en que llegué de la costa con trece años mal cumplidos, con un traje de manta negra que me habían recortado de mi padre, y con chaleco y sombrero, y un baúl de metal que tenía algo del esplendor del santo sepulcro. Mi buena estrella, que pocas veces me ha fallado, me hizo el inmenso favor de que no exista ninguna foto de aquella tarde.

Lo primero que me llamó la atención de esa capital sombría fue que había demasiados hombres deprisa en la calle, que todos estaban vestidos como yo, con trajes negros y sombreros, y que, en cambio, no se veía ninguna mujer. Me llamaron la atención los enormes percherones que tiraban de los carros de cerveza bajo la lluvia, las chispas de pirotecnia de los tranvías al doblar las esquinas bajo la lluvia, y los estorbos del tránsito para dar paso a los entierros interminables bajo la lluvia. Eran los entierros más lúgubres del mundo, con carrozas de altar mayor y caballos engringolados de terciopelo y morriones de plumones negros, y cadáveres de buenas familias que se sentían los inventores de la muerte. Bajo la llovizna tenue de la plaza de las Nieves, a la salida de un funeral, vi por primera vez una mujer en las calles de Bogotá, y era esbelta y sigilosa, y con tanta prestancia como una reina de luto, pero quedé para siempre con la mitad de la ilusión, porque llevaba la cara cubierta con un velo infranqueable.

La imagen de esa mujer, que todavía me inquieta, es una de mis escasas nostalgias de aquella ciudad de pecado, en la que casi todo era posible, menos hacer el amor. Por eso he dicho alguna vez que el único heroísmo de mi vida, y el de mis compañeros de generación, es haber sido jóvenes en la Bogotá de aquel tiempo. Mi diversión más salaz era meterme los domingos en los tranvías de vidrios azules, que por cinco centavos giraban sin cesar desde la plaza de Bolívar hasta la avenida de Chile, y pasar en ellos esas tardes de desolación que parecían arrastrar una cola interminable de otros muchos domingos vacíos. Lo único que hacía durante el viaje de círculos viciosos era leer libros de versos y versos y versos, a razón quizá de una cuadra de versos por cada cuadra de la ciudad, hasta que se encendían las primeras luces en la lluvia eterna, y entonces recorría los cafés taciturnos de la ciudad vieja en busca de alguien que me hiciera la caridad de conversar conmigo sobre los versos y versos y versos que acababa de leer. A veces encontraba a alguien, que era siempre un hombre, y nos quedábamos hasta pasada la medianoche tomando café y fumando las colillas de los cigarrillos que nosotros mismos habíamos consumido, y hablando de versos y versos y versos, mientras en el resto del mundo la humanidad entera hacía el amor.

Una noche en que regresaba de mis solitarios festivales poéticos en los tranvías, me ocurrió por primera vez algo que merecía contarse. Ocurrió que en una de las estaciones del norte había subido un fauno en el tranvía. He dicho bien: un fauno. Según el diccionario de la Real Academia Española, un fauno es «un semidiós de los campos y las selvas». Cada vez que releo esa definición desdichada lamento que su autor no hubiera estado allí aquella noche en que un fauno de carne y hueso subió en el tranvía. Iba vestido a la moda de la época, como un señor canciller que regresara de un funeral, pero lo delataban sus cuernos de becerro y sus barbas de chivo, y las pezuñas muy bien cuidadas por debajo del pantalón de fantasía. El aire se impregnó de su fragancia personal, pero nadie pareció advertir que era agua de «lavanda», tal vez porque el mismo diccionario había repudiado la palabra lavanda como un galicismo para querer decir agua de espliego.

Los únicos amigos a quienes yo les contaba estas cosas eran Álvaro Mutis, porque le parecían fascinantes aunque no las creyera, y Gonzalo Mallarino, porque sabía que eran verdad aunque no fueran ciertas. En una ocasión, los tres habíamos visto en el atrio de la iglesia de San Francisco a una mujer que vendía unas tortugas de juguete cuyas cabezas se movían con una naturalidad asombrosa. Gonzalo Mallarino le preguntó a la vendedora si esas tortugas eran de plástico o si estaban vivas, y ella le contestó:

—Son de plástico, pero están vivas.

Sin embargo, la noche en que vi al fauno en el tranvía ninguno de los dos estaba en su teléfono, y yo me sofocaba con las ansias de contárselo a alguien. De modo que escribí un cuento —el cuento del fauno en el tranvía—, y lo mandé por correo al suplemento dominical de *El Tiempo*, cuyo director, don Jaime Posada, no lo publicó nunca. La única copia que conservaba se incendió en la pensión donde yo vivía el 9 de abril de 1948, día del bogotazo, y de ese modo la historia patria hizo un favor por partida doble: a mí y a la literatura.

No he podido eludir estos recuerdos personales leyendo el libro encantador que Gonzalo Mallarino acaba de publicar en Bogotá: *Historias de caleños y bogoteños*. Gonzalo y yo estábamos al mismo tiempo en la facultad de Derecho de la Universidad Nacional, pero no éramos tan asiduos en las clases como en el cafetín universitario, donde sorteábamos el sopor de los códigos intercambiando versos y versos y versos de la vasta poesía universal que ambos podíamos decir de memoria. Al final de las clases, él se iba a su casa familiar, que era grande y apacible entre los eucaliptus. Yo me iba a mi pensión lúgubre de la calle de Florián, con mis amigos costeños, con mis libros prestados y mis tumultuosos bailes de los sábados. En realidad, nunca se me ocurrió preguntarme qué hacía Gonzalo Mallarino en las muchas horas en que no estábamos en la universidad, dónde carajo estaba mientras yo daba la vuelta completa a la ciudad leyendo versos y versos y versos en los tranvías. He necesitado más de treinta años para saberlo, leyendo este libro ejemplar, donde él revela con tanta sencillez y tanta humanidad esa otra mitad de su vida de aquellos tiempos.

21 de octubre de 1981, *El País*, Madrid

«CUENTOS DE CAMINOS»

Hace muchos años estaba esperando un taxi en una avenida central de México, a pleno día, cuando vi acercarse uno que no pensé detener, porque había una persona sentada junto al conductor. Sin embargo, cuando estuvo más cerca comprendí que era una ilusión óptica: el taxi estaba libre.

Minutos después le conté al conductor lo que había visto, y él me dijo con una naturalidad absoluta que no era ni mucho menos una alucinación mía. «Siempre ocurre lo mismo, sobre todo de noche —me dijo—. A veces paso horas enteras dando vueltas por la ciudad sin que nadie me detenga, porque siempre ven una persona en el asiento de al lado». En ese asiento confortable y peligroso que en algunos países se llama «el puesto del muerto», porque es el más afectado en los accidentes, y que nunca merecía tanto su nombre como en aquel caso del taxi.

Cuando le conté el episodio a Luis Buñuel, me dijo, con un grande entusiasmo: «Eso puede ser el principio de algo muy bueno». Siempre he pensado que tenía razón. Pues el episodio no es en sí mismo un cuento completo, pero es, sin duda, un magnífico punto de partida para un relato escrito o cinematográfico. Con un inconveniente grave, por supuesto, y es que todo lo que ocurra después tendría que ser mejor. Tal vez por eso no lo he usado nunca.

Lo que me interesa ahora, sin embargo, y al cabo de tantos años, es que alguien me lo ha vuelto a contar como si acabara de sucederle a él mismo en Londres. Es curioso, además, que hubiera sido allí, porque los taxis londinenses son distintos a los del resto del mundo. Parecen unas carrozas mortuorias, con cortinillas de encajes y alfombras moradas, con mullidos asientos de cuero y taburetes suplementarios hasta para siete personas, y un silencio interior que tiene algo del olvido funerario. Pero en el lugar del muerto, que no está a la derecha, sino a la izquierda del chofer, no hay una silla para otro pasajero, sino un espacio destinado al equipaje. El amigo que me lo contó en Londres me aseguró, sin embargo, que fue en ese lugar donde vio a la persona inexistente, pero que el chofer le había dicho —al contrario de lo que dijo el de México— que tal vez había sido una alucinación. Ahora bien: ayer le conté todo esto a un amigo de París, y éste se quedó convencido de que yo le estaba tomando el pelo, pues dice que fue a él a quien le ocurrió el episodio. Además, según me dijo, le sucedió de un modo más grave, pues le refirió al chofer del taxi cómo era la persona que había visto a su lado, le describió la forma de su sombrero y el color de su corbatín de lazo, y el chofer lo reconoció como el espectro de un hermano suyo que había sido muerto por los nazis durante los años de la ocupación alemana de Francia.

No creo que ninguno de estos amigos mienta, como no le mentí yo a Luis Buñuel, sino que me interesa señalar el hecho de que hay cuentos que se repiten en el mundo entero, siempre del mismo modo, y sin que nadie pueda nunca establecer a ciencia cierta si son verdades o fantasías, ni descifrar jamás su misterio. De todos ellos, tal vez el más antiguo y recurrente lo oí por primera vez en México.

Es el eterno cuento de la familia a la cual se le muere la abuelita durante las vacaciones en la playa. Pocas diligencias son tan difíciles y costosas y requieren tantos trámites y papeleos legales como trasladar un cadáver de un estado a otro. Alguien me contaba en Colombia que tuvo que sentar a su muerto entre dos vivos, en el asiento posterior de su automóvil, e inclusive le puso en la boca un tabaco encendido en el momento de pasar los controles de carretera, para burlar las incontables barreras del traslado legal. De modo que la familia de México enrolló a la abuela muerta en una alfombra, la amarraron con cuerdas y la pusieron bien atada en la baca del techo del automóvil. En una parada del camino, mientras la familia almorzaba, el automóvil fue robado con el cadáver de la abuelita encima, y nunca más se encontró ningún rastro. La explicación que se daba a la desaparición era que los ladrones tal vez habían enterrado el cadáver en despoblado y habían desmantelado el coche para quitarse, literalmente, el muerto de encima.

Durante una época, este cuento se repetía en México por todas partes, y siempre con nombres distintos. Pero las distintas versiones tenían algo en común: el que la contaba decía siempre ser amigo de los protagonistas. Algunos, además, daban sus nombres y direcciones. Pasados tantos años, he vuelto a escuchar este cuento en los lugares más distantes del mundo, inclusive en Vietnam, donde me lo repitió un intérprete como si le hubiera ocurrido a un amigo suyo en los años de la guerra. En todos los casos las circunstancias son las mismas, y si uno insiste, le dan los nombres y la dirección de los protagonistas.

Un tercer cuento recurrente lo conocí hace menos tiempo que los otros, y quienes tienen la paciencia de leer esta columna todas las semanas tal vez lo recuerden. Es la historia escalofriante de cuatro muchachos franceses que en el verano pasado recogieron a una mujer vestida de blanco en la carretera de Montpellier. De pronto, la mujer señaló hacia el frente con un índice aterrorizado, y gritó: «¡Cuidado!, esa curva es peligrosa». Y desapareció en el instante. El caso lo conocí publicado en diversos periódicos de Francia, y me impresionó tanto que escribí una nota sobre él. Me parecía asombroso que las autoridades de Francia no le hubieran prestado atención a un acontecimiento de tanta belleza literaria, y que además lo hubieran archivado por no encontrarle una explicación racional. Sin embargo, un amigo periodista me contó hace unos días en París que la razón de la indiferencia oficial era otra: en Francia, esa historia se repite y se cuenta desde hace muchos años, incluso desde mucho antes de la invención del automóvil, cuando los fantasmas errantes de los caminos nocturnos pedían el favor de ser llevados en las diligencias. Esto me hizo recordar que, en efecto, también entre los cuentos de la conquista del oeste de Estados Unidos se repetía la leyenda del viajero solitario que viajaba toda la noche en la carreta de pasajeros, junto con el viejo banquero, el juez novato y la bella muchacha del norte, acompañada por su gobernanta, y al día siguiente amanecía sólo su lugar vacío. Pero lo que más me ha sorprendido es descubrir que el cuento de la dama de blanco, tal como lo tomé de la prensa francesa, y tal como yo lo conté en esta columna, estaba ya contado por el más prolífico de todos nosotros, que es Manolo Vázquez Montalbán, en uno de los pocos libros suyos que no he leído: *La soledad del manager.* Conocí la coincidencia por la fotocopia que me mandó un amigo, que además ya conocía el cuento de tiempo atrás y por fuentes distintas.

El problema de derechos con Vázquez Montalbán no me preocupa: ambos tenemos el mismo agente literario de todos *els altres catalans,* y ya se encargará éste de repartir los derechos del cuento como a bien corresponda. Lo que me preocupa es la otra casualidad de que este cuento recurrente –el tercero que descubro– sea también un episodio de carretera. Siempre había conocido una expresión que ahora no he podido encontrar en tantos y tantos diccionarios inútiles como tengo en mi biblioteca, y es una expresión que de seguro tiene algo que ver con estas historias: «Son cuentos de caminos». Lo malo es que esta expresión quiere decir que son cuentos de mentiras, y estos tres que me persiguen son, sin duda, verdades completas que se repiten sin cesar en distintos lugares y con distintos protagonistas, para que nadie olvide que también la literatura tiene sus ánimas en pena.

27 de enero de 1982, *El País,* Madrid

MI OTRO YO

Hace poco, al despertar en mi cama de México, leí en un periódico que yo había dictado una conferencia literaria el día anterior en Las Palmas de Gran Canaria, al otro lado del océano, y el acucioso corresponsal no sólo había hecho un recuento pormenorizado del acto, sino también una síntesis muy sugestiva de mi exposición. Pero lo más halagador para mí fue que los temas de la reseña eran mucho más inteligentes de lo que se me hubiera podido ocurrir, y la forma en que estaban expuestos era mucho más brillante de lo que yo hubiera sido capaz. Sólo había una falla: yo no había estado en Las Palmas ni el día anterior ni en los veintidós años precedentes, y nunca había dictado una conferencia sobre ningún tema en ninguna parte del mundo.

Sucede a menudo que se anuncia mi presencia en lugares donde no estoy. He dicho por todos los medios que no participo en actos públicos, ni pontifico en la cátedra, ni me exhibo en televisión, ni asisto a promociones de mis libros, ni me presto para ninguna iniciativa que pueda convertirme en un espectáculo. No lo hago por modestia, sino por algo peor: por timidez. Y no me cuesta ningún trabajo, porque lo más importante que aprendí a hacer después de los cuarenta años fue a decir que no cuando es no. Sin embargo, nunca falta un promotor abusivo que anuncia por la prensa, o en las invitaciones privadas, que estaré el martes próximo, a las seis de la tarde, en algún acto del cual no tengo noticia. A la hora de la verdad, el promotor se excusa ante la concurrencia por el incumplimiento del escritor que prometió venir y no vino, agrega unas gotas de mala leche sobre los hijos de los telegrafistas a quienes se les sube la fama a la cabeza, y termina por conquistarse la benevolencia del público para hacer con él lo que le da la gana. Al principio de esta desdichada vida de artista, aquel truco malvado había empezado a causarme erosiones en el hígado. Pero me he consolado un poco leyendo las memorias de Graham Greene, quien se queja de lo mismo en su divertido capítulo final, y me ha hecho comprender que no hay remedio, que la culpa no es de nadie, porque existe otro yo que anda suelto por el mundo, sin control de ninguna índole, haciendo todo lo que uno debiera hacer y no se atreve.

En ese sentido, lo más curioso que me ha ocurrido no fue la conferencia inventada de Canarias, sino el mal rato que pasé hace unos años con Air France, a propósito de una carta que nunca escribí. En realidad, Air France había recibido una protesta altisonante y colérica, firmada por mí, en la cual yo me quejaba del mal trato de que había sido víctima en el vuelo regular de esa compañía entre Madrid y París, y en una fecha precisa. Después de una investigación rigurosa, la empresa había impuesto a la azafata las sanciones del caso, y el departamento de relaciones públicas me mandó a Barcelona una carta de excusas, muy amable y compungida, que me dejó perplejo, porque en realidad yo no había estado nunca en ese vuelo. Más aún: siempre vuelo tan asustado que ni siquiera me doy cuenta de cómo me tratan, y todas mis energías las consagro a sostener mi silla con las manos para ayudar a que el avión se sostenga en el aire, o a tratar de que los niños no corran por los pasillos por temor de que desfonden el piso. El único incidente indeseable que recuerdo fue en un vuelo desde Nueva York en un avión tan sobrecargado y opresivo que costaba trabajo respirar. En pleno vuelo, la azafata le dio a cada pasajero una rosa roja. Yo estaba tan asustado que le abrí mi corazón. «En vez de darnos una rosa – le dije–, sería mejor que nos dieran cinco centímetros más de espacio para las rodillas.» La hermosa muchacha, que era de la estirpe brava de los conquistadores, me contestó impávida: «Si no le gusta, bájese». No se me ocurrió, por supuesto, escribir ninguna carta de protesta a una compañía de cuyo nombre no quiero acordarme, sino que me fui comiendo la rosa, pétalo por pétalo, masticando sin prisa sus fragancias medicinales contra la ansiedad, hasta que recobré el aliento. De modo que cuando recibí la carta de la compañía francesa me sentí tan avergonzado por algo que no había hecho, que fui en persona a sus oficinas para aclarar las cosas, y allí me mostraron la carta de protesta. No hubiera podido repudiarla, no sólo por su estilo, sino porque a mí mismo me hubiera costado trabajo descubrir que la firma era falsa.

El hombre que escribió esa carta es, sin duda, el mismo que dictó la conferencia de Canarias, y el que hace tantas cosas de las cuales apenas si tengo noticias por casualidad. Muchas veces, cuando llego a una casa de amigos, busco mis libros en la biblioteca con aire distraído, y les escribo una dedicatoria sin que ellos se den cuenta. Pero más de dos veces me ha ocurrido encontrar que los libros estaban ya dedicados, con mi propia letra, con la misma tinta negra que uso siempre y el mismo estilo fugaz, y firmados con un autógrafo al cual lo único que le faltaba para ser mío es que yo lo hubiera escrito.

Igual sorpresa me he llevado al leer en periódicos improbables alguna entrevista mía que yo no concedí jamás, pero que no podría reprobar con honestidad, porque corresponde línea por línea a mi pensamiento. Más aún: la mejor entrevista mía que se ha publicado hasta hoy, la que expresaba mejor y de un modo más lúcido los recovecos más intrincados de mi vida, no sólo en literatura, sino también en política, en mis gustos personales y en los alborozos e incertidumbres de mi corazón, fue publicada hace unos dos años en una revista marginal de Caracas, y era inventada hasta el último aliento. Me causó una gran alegría, no sólo por ser tan certera, sino porque estaba firmada con su nombre completo por una mujer que yo no conocía, pero que debía amarme mucho para conocerme tanto aunque sólo fuera a través de mi otro yo.

Algo semejante me ocurre con gentes entusiastas y cariñosas que me encuentro por el mundo entero. Siempre es alguien que estuvo conmigo en un lugar donde yo no estuve nunca, y que conserva un recuerdo grato de aquel encuentro. O que es muy amigo de algún miembro de mi familia, al cual no conoce en realidad, porque el otro yo parece tener tantos parientes como yo mismo, aunque tampoco ellos son los verdaderos, sino que son los dobles de los parientes míos.

En México me encuentro con frecuencia con alguien que me cuenta las pachangas babilónicas que suele hacer con mi hermano Humberto en Acapulco. La última vez que lo vi me agradeció el favor que le hice a través de él, y no me quedó más remedio que decirle que de nada, hombre, ni más faltaba, porque nunca he tenido corazón para confesarle que no tengo ningún hermano que se llame Humberto ni viva en Acapulco.

Hace unos tres años acababa de almorzar en mi casa de México cuando llamaron a la puerta, y uno de mis hijos, muerto de risa, me dijo: «Padre, ahí te buscas tú mismo». Salté del asiento, pensando con una emoción incontenible: «Por fin, ahí está». Pero no era el otro, sino el joven arquitecto mexicano Gabriel García Márquez, un hombre reposado y pulcro, que sobrelleva con un grande estoicismo la desgracia de figurar en el directorio telefónico. Había tenido la gentileza de averiguar mi dirección para llevarme la correspondencia que se había acumulado durante años en su oficina.

Hacía poco, alguien que estaba de paso en México buscó nuestro teléfono en el directorio, y le contestaron que estábamos en la clínica, porque la señora acababa de tener una niña. ¡Qué más hubiera querido yo! El hecho es que la esposa del arquitecto debió de recibir un ramo de rosas espléndidas, y además muy merecidas, para celebrar el feliz advenimiento de la hija con que soñé toda la vida y que no tuve nunca.

No. Tampoco el joven arquitecto era mi otro yo, sino alguien mucho más respetable: un homónimo. El otro yo, en cambio, no me encontrará jamás, porque no sabe dónde vivo, ni cómo soy, ni podría concebir que seamos tan distintos. Seguirá disfrutando de su existencia imaginaria, deslumbrante y ajena, con su yate propio, su avión privado y sus palacios imperiales donde baña con champaña a sus amantes doradas y derrota a trompadas a sus príncipes rivales. Seguirá alimentándose de mi leyenda, rico hasta más no poder, joven y bello para siempre y feliz hasta la última lágrima, mientras yo sigo envejeciendo sin remordimientos frente a mi máquina de escribir, ajeno a sus delirios y desafueros, y buscando todas las noches a mis amigos de toda la vida para tomarnos los tragos de siempre y añorar sin consuelo el olor de la guayaba. Porque lo más injusto es eso: que el otro es el que goza de la fama, pero yo soy el que se jode viviendo.

17 de febrero de 1982, *El País*, Madrid

LOS POBRES TRADUCTORES BUENOS

Alguien ha dicho que traducir es la mejor manera de leer. Pienso también que es la más difícil, la más ingrata y la peor pagada. *Traduttore, traditore*, dice el tan conocido refrán italiano, dando por supuesto que quien nos traduce nos traiciona. Maurice-Edgar Coindreau, uno de los traductores más inteligentes y serviciales de Francia, hizo en sus memorias habladas algunas revelaciones de cocina que permiten pensar lo contrario. «El traductor es el mono del novelista», dijo, parafraseando a Mauriac, y queriendo decir que el traductor debe hacer los mismos gestos y asumir las mismas posturas del escritor, le gusten o no. Sus traducciones al francés de los novelistas norteamericanos, que eran jóvenes y desconocidos en su tiempo –William Faulkner, John Dos Passos, Ernest Hemingway, John Steinbeck–, no sólo son recreaciones magistrales, sino que introdujeron en Francia a una generación histórica, cuya influencia entre sus contemporáneos europeos –incluidos Sartre y Camus– es más que evidente. De modo que Coindreau no fue un traidor, sino todo lo contrario: un cómplice genial. Como lo han sido los grandes traductores de todos los tiempos, cuyos aportes personales a la obra traducida suelen pasar inadvertidos, mientras se suelen magnificar sus defectos.

Cuando se lee a un autor en una lengua que no es la de uno se siente un deseo casi natural de traducirlo. Es comprensible, porque uno de los placeres de la lectura –como de la música– es la posibilidad de compartirla con los amigos. Tal vez esto explica que Marcel Proust se murió sin cumplir uno de sus deseos recurrentes, que era traducir del inglés a alguien tan extraño a él mismo como lo era John Ruskin. Dos de los escritores que me hubiera gustado traducir por el solo gozo de hacerlo son André Malraux y Antoine de Saint-Exupéry, los cuales, por cierto, no disfrutan de la más alta estimación de sus compatriotas actuales. Pero nunca he ido más allá del deseo. En cambio, desde hace mucho traduzco gota a gota los *Cantos* de Giacomo Leopardi, pero lo hago a escondidas y en mis pocas horas sueltas, y con la plena conciencia de que no será ése el camino que nos lleve a la gloria ni a Leopardi ni a mí. Lo hago sólo como uno de esos pasatiempos de baños que los padres jesuitas llamaban placeres solitarios. Pero la sola tentativa me ha bastado para darme cuenta de qué difícil es, y qué abnegado, tratar de disputarles la sopa a los traductores profesionales.

Es poco probable que un escritor quede satisfecho con la traducción de una obra suya. En cada palabra, en cada frase, en cada énfasis de una novela hay casi siempre una segunda intención secreta que sólo el autor conoce. Por eso es sin duda deseable que el propio escritor participe en la traducción hasta donde le sea posible. Una experiencia notable en ese sentido es la excepcional traducción de *Ulysses*, de James Joyce, al francés. El primer borrador básico lo hizo completo y solo August Morell, quien trabajó luego hasta la versión final con Valery Larbaud y el propio James Joyce. El resultado es una obra maestra, apenas superada —según testimonios sabios— por la que hizo Antonio Houaiss al portugués de Brasil. La única traducción que existe en castellano, en cambio, es casi inexistente. Pero su historia le sirve de excusa. La hizo para sí mismo, sólo por distraerse, el argentino J. Salas Subirat, que en la vida real era un experto en seguros de vida. El editor Santiago Rueda, de Buenos Aires, la descubrió en mala hora, y la publicó a fines de los años cuarenta. Por cierto, que a Salas Subirat lo conocí pocos años después en Caracas trepado en el escritorio anónimo de una compañía de seguros y pasamos una tarde estupenda hablando de novelistas ingleses, que él conocía casi de memoria. La última vez que lo vi parece un sueño: estaba bailando, ya bastante mayor y más solo que nunca, en la rueda loca de los carnavales de Barranquilla. Fue una aparición tan extraña que no me decidí a saludarlo.

Otras traducciones históricas son las que hicieron al francés Gustav Jean-Aubry y Phillipe Neel de las novelas de Joseph Conrad. Este gran escritor de todos los tiempos –que en realidad se llamaba Jozef Teodor Konrad Korzeniowski– había nacido en Polonia, y su padre era precisamente un traductor de escritores ingleses y, entre otros, de Shakespeare. La lengua de base de Conrad era el polaco, pero desde muy niño aprendió el francés y el inglés, y llegó a ser escritor en ambos idiomas. Hoy lo consideramos, con razón o sin ella, como uno de los maestros de la lengua inglesa. Se cuenta que les hizo la vida invivible a sus traductores franceses tratando de imponerles su propia perfección, pero nunca se decidió a traducirse a sí mismo. Es curioso, pero no se conocen muchos escritores bilingües que lo hagan. El caso más cercano a nosotros es el de Jorge Semprún, que escribe lo mismo en castellano o en francés, pero siempre por separado. Nunca se traduce a sí mismo. Más raro aún es el irlandés Samuel Beckett, Premio Nobel de Literatura, que escribe dos veces la misma obra en dos idiomas, pero su autor insiste en que la una no es la traducción de la otra, sino que son dos obras distintas en dos idiomas diferentes.

Hace unos años, en el ardiente verano de Pantelaria, tuve una enigmática experiencia de traductor. El conde Enrico Cicogna, que fue mi traductor al italiano hasta su muerte, estaba traduciendo en aquellas vacaciones la novela *Paradiso*, del cubano José Lezama Lima. Soy un admirador devoto de su poesía, lo fui también de su rara personalidad, aunque tuve pocas ocasiones de verlo, y en aquel tiempo quería conocer mejor su novela hermética. De modo que ayudé un poco a Cicogna, más que en la traducción, en la dura empresa de descifrar la prosa. Entonces comprendí que, en efecto, traducir es la manera más profunda de leer. Entre otras cosas, encontramos una frase cuyo sujeto cambiaba de género y de número varias veces en menos de diez líneas, hasta el punto de que al final no era posible saber quién era, ni cuándo era, ni dónde estaba. Conociendo a Lezama Lima, era posible que aquel desorden fuera deliberado, pero sólo él hubiera podido decirlo, y nunca pudimos preguntárselo. La pregunta que se hacía Cicogna era si el traductor tenía que respetar en italiano aquellos disparates de concordancia o si debía verterlos con rigor académico. Mi opinión era que debía conservarlos, de modo que la obra pasara al otro idioma tal como era, no sólo con sus virtudes, sino también con sus defectos. Era un deber de lealtad con el lector en el otro idioma.

Para mí no hay curiosidad más aburrida que la de leer las traducciones de mis libros en los tres idiomas en que me sería posible hacerlo. No me reconozco a mí mismo, sino en castellano. Pero he leído alguno de los libros traducidos al inglés por Gregory Rabassa y debo reconocer que encontré algunos pasajes que me gustaban más que en castellano. La impresión que dan las traducciones de Rabassa es que se aprende el libro de memoria en castellano y luego lo vuelve a escribir completo en inglés: su fidelidad es más compleja que la literalidad simple. Nunca hace una explicación en pie de página, que es el recurso menos válido y por desgracia el más socorrido en los malos traductores. En este sentido, el ejemplo más notable es el del traductor brasileño de uno de mis libros, que le hizo a la palabra *astromelia* una explicación en pie de página: «Flor imaginaria inventada por García Márquez». Lo peor es que después leí no sé dónde que las astromelias no sólo existen, como todo el mundo lo sabe, en el Caribe, sino que su nombre es portugués.

21 de julio de 1982, *El País*, Madrid

EL AVIÓN DE LA BELLA DURMIENTE

Era bella, elástica, con una piel tierna del color del pan y los ojos de almendras verdes, y tenía el cabello liso y negro y largo hasta la espalda, y un aura de antigüedad oriental que lo mismo podía ser de Bolivia que de Filipinas. Estaba vestida con un gusto sutil: una chaqueta de lince, una blusa de seda de flores muy tenues, unos pantalones de lino crudo, y unos zapatos lineales del color de las buganvillas. «Ésta es la mujer más bella que he visto en mi vida», pensé, cuando la vi en la cola para abordar el avión de Nueva York en el aeropuerto Charles de Gaulle, de París. Le cedí el paso, y cuando llegué al asiento que me habían asignado en la tarjeta de embarque, la encontré instalándose en el asiento vecino. Casi sin aliento alcancé a preguntarme de cuál de los dos sería la mala suerte de aquella casualidad aterradora.

Se instaló como si fuera para vivir muchos años, poniendo cada cosa en su lugar en un orden perfecto, hasta que su espacio personal quedó tan bien dispuesto como una casa ideal donde todo estaba al alcance de la mano. Mientras lo hacía, el oficial de servicio nos ofreció champaña de bienvenida. Ella no quiso, y trató de explicar algo en un francés rudimentario. El oficial le habló entonces en inglés, y ella se lo agradeció con una sonrisa estelar, y le pidió un vaso de agua, con la súplica de que no la despertaran para nada durante el vuelo. Después abrió sobre las rodillas un neceser grande y cuadrado, con esquinas de cobre como los baúles de viaje de las abuelas, y se tomó dos pastillas doradas que sacó de un estuche donde llevaba muchas de diversos colores. Hacía todo de un modo metódico y parsimonioso, como si no hubiera nada que no estuviera previsto para ella desde su nacimiento.

Por último, puso la almohadita en el rincón de la ventanilla, se cubrió con la manta hasta la cintura sin quitarse los zapatos, y se acomodó de medio lado en la silla, casi en estado fetal, y durmió sin una sola pausa, sin un suspiro, sin un cambio mínimo de posición, durante las siete horas pavorosas y los doce minutos de sobra que duró el vuelo hasta Nueva York.

Siempre he creído que no hay nada más hermoso en la naturaleza que una mujer hermosa. De modo que me fue imposible escapar ni un instante al hechizo de aquella criatura fabulosa que dormía a mi lado. Era un sueño tan estable, que en cierto momento tuve la inquietud de que las pastillas que se había tomado no eran para dormir, sino para morir. La contemplé muchas veces centímetro a centímetro, y la única señal de vida que pude percibir fueron las sombras de los sueños que pasaban por su frente como las nubes en el agua. Tenía en el cuello una cadena tan fina que era casi invisible sobre su piel de oro, tenía las orejas perfectas sin perforaciones para los aretes, y tenía un anillo liso en la mano izquierda. Como no parecía tener más de veintidós años, me consolé con la idea de que no fuera un anillo de matrimonio, sino el de un noviazgo efímero y feliz. No llevaba ningún perfume: su piel exhalaba un hálito tenue que no podía ser otro que el olor natural de su belleza. «Tú por tu sueño y por el mar las naves», pensé, a 20.000 pies de altura sobre el océano Atlántico, tratando de recordar en orden el soneto inolvidable de Gerardo Diego. «Saber que duermes tú, cierta, segura, cauce fiel de abandono, línea pura, tan cerca de mis brazos maniatados». Mi realidad se parecía de tal modo a la del soneto, que al cabo de media hora lo había reconstruido de memoria hasta el final: «Qué pavorosa esclavitud de isleño, yo insomne, loco, en los acantilados, las naves por el mar, tú por tu sueño». Sin embargo, al cabo de cinco horas de vuelo había contemplado tanto a la bella durmiente, y con tanta ansiedad sin destino, que comprendí de pronto que mi estado de gracia no era el del soneto de Gerardo Diego, sino el de otra obra maestra de la literatura contemporánea, *La casa de las bellas durmientes*, del japonés Yasunari Kawabata.

Descubrí esta hermosa novela por un camino largo y distinto, pero que de todos modos concluye con la bella dormida del avión. Hace varios años, en París, el escritor Alain Jouffroy me llamó por teléfono para decirme que quería presentarme a unos escritores japoneses que estaban en su casa. Lo único que yo conocía entonces de la literatura japonesa, aparte de los tristes haikais del bachillerato, eran algunos cuentos de Junichiro Tanizaki que habían sido traducidos al castellano. En realidad, lo único que sabía a ciencia cierta de los escritores japoneses era que todos, tarde o temprano, terminarían por suicidarse. Había oído hablar de Kawabata por primera vez cuando le concedieron el Premio Nobel en 1968, y entonces traté de leer algo suyo, pero me quedé dormido. Poco después se destripó con un sable ritual, tal como lo había hecho en 1946 otro novelista notable, Osamu Dazai, después de varias tentativas frustradas. Dos años antes que Kawabata, y también después de varias tentativas frustradas, el novelista Yukio Mishima, que es tal vez el más conocido en Occidente, se había hecho el harakiri completo después de dirigir una arenga patriótica a los soldados de la guardia imperial. De modo que cuando Alain Jouffroy me llamó por teléfono, lo primero que me vino a la memoria fue el culto a la muerte de los escritores japoneses. «Voy con mucho gusto —le dije a Alain—, pero con la condición de que no se suiciden». No se suicidaron, en efecto, sino que pasamos una noche encantadora, en la cual lo mejor que aprendí fue que todos estaban locos. Ellos estuvieron de acuerdo. «Por eso queríamos conocerte», me dijeron. Al final, me dejaron convencido de que para los lectores japoneses no hay ninguna duda de que yo soy un escritor japonés.

Tratando de entender lo que quisieron decirme fui al día siguiente a una librería especializada de París y compré todos los libros de los autores disponibles: Shusako Endo, Kenzaburo Oé, Yasushi Inoue, Akutagwa Ryunosuke, Masuji Ibusi, Osamu

Dazai, además de los obvios de Kawabata y Mishima. Durante casi un año no leí otra cosa, y ahora yo también estoy convencido: las novelas japonesas tienen algo en común con las mías. Algo que no podría explicar, que no sentí en la vida del país durante mi única visita al Japón, pero que a mí me parece más que evidente.

Sin embargo, la única que me hubiera gustado escribir es *La casa de las bellas durmientes*, de Kawabata, que cuenta la historia de una rara mansión de los suburbios de Kioto donde los ancianos burgueses pagaban sumas enormes para disfrutar de la forma más refinada del último amor: pasar la noche contemplando a las muchachas más bellas de la ciudad, que yacían desnudas y narcotizadas en la misma cama. No podían despertarlas, ni tocarlas siquiera, aunque tampoco lo intentaban, porque la satisfacción más pura de aquel placer senil era que podían soñar a su lado.

Viví esa experiencia junto a la bella durmiente del avión de Nueva York, pero no me alegro. Al contrario: lo único que deseaba en la última hora del vuelo era que el oficial la despertara para que yo pudiera recobrar mi libertad, y tal vez hasta mi juventud. Pero no fue así. Se despertó sola cuando ya la nave estaba en tierra, se arregló y se levantó sin mirarme, y fue la primera que salió del avión y se perdió para siempre en la muchedumbre. Yo seguí en el mismo vuelo hasta México, pastoreando las primeras nostalgias de su belleza junto al asiento todavía tibio por su sueño, sin poder quitarme de la cabeza lo que me habían dicho de mis libros los escritores locos de París. Antes de aterrizar, cuando me dieron la ficha de inmigración, la llené con un sentimiento de amargura. Profesión: escritor japonés. Edad: 92 años.

20 de septiembre de 1982,
Proceso, Ciudad de México

SE NECESITA UN ESCRITOR

Me preguntan con frecuencia qué es lo que me hace más falta en la vida, y siempre contesto la verdad: «Un escritor». El chiste no es tan bobo como parece. Si alguna vez me encontrara con el compromiso ineludible de escribir un cuento de quince cuartillas para esta noche, acudiría a mis incontables notas atrasadas y estoy seguro de que llegaría a tiempo a la imprenta. Tal vez sería un cuento muy malo, pero el compromiso quedaría cumplido, que al fin y al cabo es lo único que he querido decir con este ejemplo de pesadilla. En cambio, no sería capaz de escribir un telegrama de felicitación ni una carta de pésame sin reventarme el hígado durante una semana. Para estos deberes indeseables, como para tantos otros de la vida social, la mayoría de los escritores que conozco quisieron apelar a los buenos oficios de otros escritores. Una buena prueba del sentido casi bárbaro del honor profesional lo es sin duda esta nota que escribo todas las semanas, y que por estos días de octubre va a cumplir sus primeros dos años de soledad. Sólo una vez ha faltado en este rincón, y no fue por culpa mía: por una falla de última hora en los sistemas de transmisión. La escribo todos los viernes, desde las nueve de la mañana hasta las tres de la tarde, con la misma voluntad, la misma conciencia, la misma alegría y muchas veces con la misma inspiración con que tendría que escribir una obra maestra. Cuando no tengo el tema bien definido me acuesto mal la noche del jueves, pero la experiencia me ha enseñado que el drama se resolverá por sí solo durante el sueño y que empezará a fluir por la mañana, desde el instante en que me siento ante la máquina de escribir. Sin embargo, casi siempre tengo varios temas pensados con anticipación, y poco a poco voy recogiendo y ordenando los datos de distintas fuentes y comprobándolos con mucho rigor, pues tengo la impresión de que los lectores no son tan indulgentes con mis metidas de pata como tal vez lo serían con el otro escritor que me hace falta. Mi primer propósito con estas notas es que cada semana les enseñen algo a los lectores comunes y corrientes, que son los que me interesan, aunque esas enseñanzas les parezcan obvias y tal vez pueriles a los sabios doctores que todo lo saben. El otro propósito —el más difícil— es que siempre estén tan bien escritas como yo sea capaz de hacerlo sin la ayuda del otro, pues siempre he creído que la buena escritura es la única felicidad que se basta de sí misma.

Esta servidumbre me la impuse porque sentía que entre una novela y otra me quedaba mucho tiempo sin escribir, y poco a poco —como los peloteros— iba perdiendo la calentura del brazo. Más tarde, esa decisión artesanal se convirtió en un compromiso con los lectores, y hoy es un laberinto de espejos del cual no consigo salir. A no ser que encontrara, por supuesto, al escritor providencial que saliera por mí. Pero me temo que ya sea demasiado tarde, pues las tres únicas veces en que tomé la determinación de no escribir más estas notas me lo impidió, con su autoritarismo implacable, el pequeño argentino que también yo llevo dentro.

La primera vez que lo decidí fue cuando traté de escribir la primera, después de más de veinte años de no hacerlo, y necesité una semana de galeote para terminarla. La segunda vez fue hace más de un año, cuando pasaba unos días de descanso con el general Omar Torrijos en la base militar de Farallón, y estaba el día tan diáfano y tan pacífico el océano que daban más ganas de navegar que de escribir. «Le mando un telegrama al director diciendo que hoy no hay nota, y ya está», pensé, con un suspiro de alivio. Pero no pude almorzar por el peso de la mala conciencia y, a las seis de la tarde, me encerré en el cuarto, escribí en una hora y media lo primero que se me ocurrió y le entregué la nota a un edecán del general Torrijos para que la enviara por télex a Bogotá, con el ruego de que la mandaran desde allí a Madrid y a México. Sólo al día siguiente supe que el general Torrijos había tenido que ordenar el envío en un avión militar hasta el aeropuerto de Panamá, y desde allí, en helicóptero, al palacio presidencial, desde donde me hicieron el favor de distribuir el texto por algún canal oficial.

La última vez, hace ahora seis meses, cuando descubrí al despertar que ya tenía madura en el corazón la novela de amor que tanto había anhelado escribir desde hacía tantos años, y que no tenía otra alternativa que no escribirla nunca o sumergirme en ella de inmediato y de tiempo completo. Sin embargo, a la hora de la verdad, no tuve suficientes riñones para renunciar a mi cautiverio semanal, y por primera vez estoy haciendo algo que siempre me pareció imposible: escribo la novela todos los días, letra por letra, con la misma paciencia, y ojalá con la misma suerte, con que picotean las gallinas en los patios, y oyendo cada día más cerca los pasos temibles de animal grande del próximo viernes. Pero aquí estamos otra vez, como siempre, y ojalá para siempre.

Ya sospechaba yo que no escaparía jamás de esta jaula desde la tarde en que empecé a escribir esta nota en mi casa de Bogotá y la terminé al día siguiente bajo la protección diplomática de la embajada de México; lo seguí sospechando en la oficina de telégrafos de la isla de Creta, un viernes del pasado julio, cuando logré entenderme con el empleado de turno para que transmitiera el texto en castellano. Lo seguí sospechando en Montreal, cuando tuve que comprar una máquina de escribir de emergencia porque el voltaje de la mía no era el mismo del hotel. Acabé de sospecharlo para siempre hace apenas dos meses, en Cuba, cuando tuve que cambiar dos veces las máquinas de escribir porque se negaban a entenderse conmigo. Por último, me llevaron una electrónica de costumbres tan avanzadas que terminé escribiendo de mi puño y letra y en un cuaderno de hojas cuadriculadas, como en los tiempos remotos y felices de la escuela primaria de Aracataca. Cada vez que me ocurría uno de estos percances apelaba con más ansiedad a mis deseos de tener alguien que se hiciera cargo de mi buena suerte: un escritor.

Con todo, nunca he sentido esa necesidad de un modo tan intenso como un día de hace muchos años en que llegué a la casa de Luis Alcoriza, en México, para trabajar con él en el guión de una película. Lo encontré consternado a las diez de la mañana, porque su cocinera le había pedido el favor de escribirle una carta para el director de la Seguridad Social. Alcoriza, que es un escritor excelente, con una práctica cotidiana de cajero de banco, que había sido el escritor más inteligente de los primeros guiones para Luis Buñuel y, más tarde, para sus propias películas, había pensado que la carta sería un asunto de media hora. Pero lo encontré, loco de furia, en medio de un montón de papeles rotos, en los cuales no había mucho más que todas las variaciones concebidas de la fórmula inicial: por medio de la presente, tengo el gusto de dirigirme a usted para... Traté de ayudarlo, y tres horas después seguíamos haciendo borradores y rompiendo papel, ya medio borrachos de ginebra con vermut y atiborrados de chorizos españoles, pero sin haber podido ir más allá de las primeras letras convencionales. Nunca olvidaré la cara de misericordia de la buena cocinera cuando volvió por su carta a las tres de la tarde y le dijimos sin pudor que no habíamos podido escribirla. «Pero si es muy fácil —nos dijo, con toda su humildad—. Mire usted». Entonces empezó a improvisar la carta con tanta precisión y tanto dominio que Luis Alcoriza se vio en apuros para copiarla en la máquina con la misma fluidez con que ella la dictaba. Aquel día —como todavía hoy— me quedé pensando que tal vez aquella mujer, que envejecía sin gloria en el limbo de la cocina, era el escritor secreto que me hacía falta en la vida para ser un hombre feliz.

6 de octubre de 1982, *El País*, Madrid

OBREGÓN O LA VOCACIÓN DESAFORADA

Hace muchos años, un amigo le pidió a Alejandro Obregón que lo ayudara a buscar el cuerpo del patrón de su bote, que se había ahogado al atardecer, mientras pescaban sábalos de veinte libras en la ciénaga grande. Ambos recorrieron durante toda la noche aquel inmenso paraíso de aguas marchitas, explorando sus recodos menos pensados con luces de cazadores, siguiendo la deriva de los objetos flotantes, que suelen conducir a los pozos donde se quedan a dormir los ahogados. De pronto, Obregón lo vio: estaba sumergido hasta la coronilla, casi sentado dentro del agua, y lo único que flotaba en la superficie eran las hebras errantes de su cabellera. «Parecía una medusa», me dijo Obregón. Agarró el mazo de pelos con las dos manos y, con su fuerza descomunal de pintor de toros y tempestades, sacó al ahogado entero, con los ojos abiertos, enorme, chorreando lodo de anémonas y mantarrayas, y lo tiró como un sábalo muerto en el fondo del bote.

Este episodio, que Obregón me vuelve a contar porque yo se lo pido cada vez que nos emborrachamos a muerte —y que además me dio la idea para un cuento de ahogados—, es tal vez el instante de su vida que más se parece a su arte. Así pinta, en efecto, como pescando ahogados en la oscuridad. Su pintura con horizontes de truenos sale chorreando minotauros de lidia, cóndores patrióticos, chivos arrechos, barracudas berracas. En medio de la fauna tormentosa de su mitología personal anda una mujer coronada de guirnaldas florentinas, la misma de siempre y de nunca, que merodea por sus cuadros con las claves cambiadas, pues en realidad es la criatura imposible por la que este romántico de cemento armado se quisiera morir. Porque él lo es como lo somos todos los románticos, y como hay que serlo: sin ningún pudor.

La primera vez que vi a esa mujer fue el mismo día en que conocí a Obregón, hace ahora 32 años, en su taller de la calle de San Blas, en Barranquilla. Eran dos aposentos grandes y escuetos por cuyas ventanas despernancadas subía el fragor babilónico de la ciudad. En un rincón distinto, entre los últimos bodegones picassianos y las primeras águilas de su corazón, estaba ella con sus lotos colgados, verde y triste, sosteniéndose el alma con la mano. Obregón, que acababa de regresar de París y andaba como atarantado por el olor de la guayaba, era ya idéntico a este autorretrato suyo que me mira desde el muro mientras escribo, y que él trató de matar una noche de locos con cinco tiros de grueso calibre. Sin embargo, lo que más me impresionó cuando lo conocí no fueron esos ojos diáfanos de corsario que hacían suspirar a los maricas del mercado, sino sus manos grandes y bastas, con las cuales lo vimos tumbar media docena de marineros suecos en una pelea de burdel. Son manos de castellano viejo, tierno y bárbaro a la vez, como don Rodrigo Díaz de Vivar, que cebaba sus halcones de presa con las palomas de la mujer amada.

Esas manos son el instrumento perfecto de una vocación desaforada que no le ha dado un instante de paz. Obregón pinta desde antes de tener uso de razón, a toda hora, sea donde sea, con lo que tenga a mano. Una noche, por los tiempos del ahogado, habíamos ido a beber gordolobo en una cantina de vaporinos todavía a medio hacer. Las mesas estaban amontonadas en los rincones, entre sacos de cemento y bultos de cal, y los mesones de carpintería, para hacer las puertas. Obregón estuvo un largo rato como en el aire, trastornado por el tufo de la trementina, hasta que se trepó en una mesa con un tarro de pintura, y de un solo trazo maestro pintó a brocha gorda en la pared limpia un unicornio verde. No fue fácil convencer al propietario de que aquel brochazo único costaba mucho más que la misma casa. Pero lo conseguimos. La cantina sin nombre siguió llamándose El Unicornio desde aquella noche, y fue atracción de turistas gringos y cachacos pendejos hasta que se la llevaron al carajo los vientos inexorables que se llevan al tiempo.

En otra ocasión, Obregón se fracturó las dos piernas en un accidente de tránsito, y durante las dos semanas de hospital esculpió sus animales totémicos en el yeso de la entablilladura con un bisturí que le prestó la enfermera. Pero la obra maestra no fue la suya, sino la que tuvo que hacer el cirujano para quitarle el yeso de las dos piernas esculpidas, que ahora están en una colección particular en Estados Unidos. Un periodista que lo visitó en su casa le preguntó con fastidio qué le pasaba a su perrita de aguas que no tenía un instante de sosiego, y Obregón le contestó: «Es que está nerviosa porque ya sabe que la voy a pintar». La pintó, por supuesto, como pinta todo lo que encuentra a su paso, porque piensa que todo lo que existe en el mundo se hizo para ser pintado. En su casa de virrey de Cartagena de Indias, donde todo el mar Caribe se mete por una sola ventana, uno encuentra su vida cotidiana y además otra vida pintada por todas partes: en las lámparas, en la tapa del inodoro, en la luna de los espejos, en la caja de cartón de la nevera. Muchas cosas que en otros artistas son defectos son en él virtudes legítimas, como el sentimentalismo, como los símbolos, como los arrebatos líricos, como el fervor patriótico. Hasta algunos de sus fracasos quedan vivos, como esa cabeza de mujer que se quemó en el horno de fundición, pero que Obregón conserva todavía en el mejor sitio de su casa, con medio lado carcomido y una diadema de reina en la frente. No es posible pensar que aquel fracaso no fue querido y calculado cuando uno descubre en ese rostro sin ojos la tristeza inconsolable de la mujer que nunca llegó.

A veces, cuando hay amigos en casa, Obregón se mete en la cocina. Es un gusto verlo ordenando en el mesón las mojarras azules, la trompa de cerdo con un clavel en la nariz, el costillar de ternera todavía con la huella del corazón, los plátanos verdes de Arjona, la yuca de San Jacinto, el ñame de Turbaco. Es un gusto ver cómo prepara todo, cómo lo corta y lo distribuye según sus formas y colores, y cómo lo pone a hervir a grandes aguas con el mismo ángel con que pinta. «Es como echar todo el paisaje dentro de la olla», dice. Luego, a medida que hierve, va probando el caldo con un cucharón de palo y vaciándole dentro botellas y botellas y botellas de ron Tres Esquinas, de modo que éste termina por sustituir en la olla el agua que se evapora. Al final, uno comprende por qué ha habido que esperar tanto con semejante ceremonial de sumo pontífice, y es que aquel sancocho de la edad de piedra que Obregón sirve en hojas de bijao no es un asunto de cocina, sino pintura para comer. Todo lo hace así, como pinta, porque no sabe hacer nada de otro modo. No es que sólo viva para pintar. No: es que sólo vive cuando pinta. Siempre descalzo, con una camiseta de algodón que en otro tiempo debió servirle para limpiar pinceles y unos pantalones recortados por él mismo con un cuchillo de carnicero, y con un rigor de albañil que ya hubiera querido Dios para sus curas.

20 de octubre de 1982, *El País*, Madrid

LA LITERATURA SIN DOLOR

Hace poco incurrí en la frivolidad de decirle a un grupo de estudiantes que la literatura universal se aprende en una tarde. Una muchacha del grupo –fanática de las bellas letras y autora de versos clandestinos– me concretó de inmediato: «¿Cuándo podemos venir para que nos enseñe?». De modo que vinieron el viernes siguiente a las tres de la tarde y hablamos de literatura hasta las seis, pero no pudimos pasar del romanticismo alemán, porque también ellos incurrieron en la frivolidad de irse para una boda. Les dije, por supuesto, que una de las condiciones para aprender toda la literatura en una tarde era no aceptar al mismo tiempo una invitación para una boda, pues para casarse y ser felices hay mucho más tiempo disponible que para conocer la poesía. Todo había empezado y continuado y terminado en broma, pero al final yo quedé con la misma impresión que ellos: si bien no habíamos aprendido la literatura en tres horas, por lo menos nos habíamos formado una noción bastante aceptable sin necesidad de leer a Jean-Paul Sartre.

Cuando uno escucha un disco o lee un libro que lo deslumbra, el impulso natural es buscar a quién contárselo. Esto me sucedió cuando descubrí por casualidad el *Quinteto para cuarteto de cuerdas y piano*, de Béla Bartók, que entonces no era muy conocido, y me volvió a suceder cuando escuché en la radio del automóvil el muy bello y raro *Concierto gregoriano para violín y orquesta*, de Ottorino Respighi. Ambos eran muy difíciles de encontrar, y mis amigos melómanos más cercanos no tenían noticias de ellos, de modo que recorrí medio mundo tratando de conseguirlos para escucharlos con alguien. Algo similar me está sucediendo desde hace muchos años con la novela *Pedro Páramo*, de Juan Rulfo, de la cual creo haber agotado ya una edición entera sólo por tener siempre ejemplares disponibles para que se los lleven los amigos. La única condición es que nos volvamos a encontrar lo más pronto posible para hablar de aquel libro entrañable.

Por supuesto, lo primero que les expliqué a mis buenos estudiantes de literatura fue la idea, tal vez demasiado personal y simplista, que tengo de su enseñanza. En efecto, siempre he creído que un buen curso de literatura no debe ser más que una guía de los buenos libros que se deben leer. Cada época no tiene tantos libros esenciales como dicen los maestros que se complacen en aterrorizar a sus alumnos, y de todos ellos se puede hablar en una tarde, siempre que no se tenga un compromiso ineludible para una boda. Leer estos libros esenciales con placer y con juicio es ya un asunto distinto para muchas tardes de la vida, pero si los alumnos tienen la suerte de poder hacerlo terminarán por saber tanto de literatura como el más sabio de sus maestros. El paso siguiente es algo más temible: la especialización. Y un paso más adelante es lo más detestable que se puede hacer en este mundo: la erudición. Pero si lo que desean los alumnos es lucirse en las visitas, no tienen que pasar por ninguno de esos tres purgatorios, sino comprar los dos tomos de una obra providencial que se llama *Mil libros*. La escribieron Luis Nueda y don Antonio Espina, allá por 1940, y allí están resumidos por orden alfabético más de un millar de libros básicos de la literatura universal, con su argumento y su interpretación, y con noticias impresionantes de sus autores y su época. Son muchos más libros, desde luego, de los que harían falta para el curso de una tarde, pero tienen sobre éstos la ventaja de que no hay que leerlos. Ni tampoco hay que avergonzarse: yo tengo estos dos tomos salvadores en la mesa donde escribo, los tengo desde hace muchos años, y me han sacado de graves apuros en el paraíso de los intelectuales, y por tenerlos y conocerlos puedo asegurar que también los tienen y los usan muchos de los pontífices de las fiestas sociales y las columnas de periódicos.

Por fortuna, los libros de la vida no son tantos. Hace poco, la revista *Pluma*, de Bogotá, le preguntó a un grupo de escritores cuáles habían sido los libros más significativos para ellos. Sólo decían citarse cinco, sin incluir a los de lectura obvia, como la *Biblia*, *La Odisea* o *El Quijote*. Mi lista final fue ésta: *Las mil y una noches*; *Edipo rey*, de Sófocles; *Moby-Dick*, de Melville; *Floresta de lírica española*, que es una antología de don José Manuel Blecua que se lee como una novela policíaca, y un *Diccionario de la lengua castellana* que no sea, desde luego, el de la Real Academia. La lista es discutible, por supuesto, como todas las listas, y ofrece tema para hablar muchas horas, pero mis razones son simples y sinceras: si sólo hubiera leído esos cinco libros —además de los obvios, desde luego—, con ellos me habría bastado para escribir lo que he escrito. Es decir, es una lista de carácter profesional. Sin embargo, no llegué a *Moby-Dick* por un camino fácil. Al principio había puesto en su lugar a *El conde de Montecristo*, de Alejandro Dumas, que, a mi juicio, es una novela perfecta, pero sólo por razones estructurales, y este aspecto ya estaba más que satisfecho por *Edipo rey*. Más tarde pensé en *Guerra y paz*, de Tolstói, que, en mi opinión, es la mejor novela que se ha escrito en la historia del género, pero en realidad lo es tanto que me pareció justo omitirla como uno de los libros obvios. *Moby-Dick*, en cambio, cuya estructura anárquica es uno de los más bellos desastres de la literatura, me infundió un aliento mítico que sin duda me habría hecho falta para escribir.

En todo caso, tanto el curso de literatura en una tarde como la encuesta de los cinco libros conducen a pensar, una vez más, en tantas obras inolvidables que las nuevas generaciones han olvidado. Tres de ellas, hace poco más de veinte años, eran de primera línea: *La montaña mágica*, de Thomas Mann; *La historia de San Michele*, de Axel Munthe, y *El gran Meaulnes*, de Alain Fournier. Me pregunto cuántos estudiantes de literatura de hoy, aun los más acuciosos, se han tomado siquiera el trabajo de preguntarse qué puede haber dentro de estos tres libros marginados. Uno tiene la impresión de que tuvieron un destino hermoso, pero momentáneo, como algunos de Eça de Queiroz y de Anatole France, y como *Contrapunto*, de Aldous Huxley, que fue una especie de sarampión de nuestros años azules; o como *El hombrecillo de los gansos*, de Jacobo Wassermann, que tal vez le deba más a la nostalgia que a la poesía; o como *Los monederos falsos*, de André Gide, que acaso fueran más falsos de lo que pensó su propio autor. Sólo hay un caso sorprendente en este asilo de libros jubilados, y es el de Hermann Hesse, que fue una especie de explosión deslumbrante cuando le concedieron el Premio Nobel en 1946, y luego se precipitó en el olvido. Pero en estos últimos años sus libros han sido rescatados con tanta fuerza como antaño por una generación que tal vez encuentra en ellos una metafísica que coincide con sus propias dudas.

Claro que todo esto no es preocupante sino como enigma de salón. La verdad es que no debe haber libros obligatorios, libros de penitencia, y que el método saludable es renunciar a la lectura en la página en que se vuelva insoportable. Sin embargo, para los masoquistas que prefieran seguir adelante a pesar de todo hay una fórmula certera: poner los libros ilegibles en el retrete. Tal vez con varios años de buena digestión puedan llegar al término feliz de *El paraíso perdido*, de Milton.

8 de diciembre de 1982, *El País*, Madrid

DESDE PARÍS, CON AMOR

Vine a París por primera vez una helada noche de diciembre de 1955. Llegué en el tren de Roma a una estación adornada con luces de Navidad, y lo primero que me llamó la atención fueron las parejas de enamorados que se besaban por todas partes. En el tren, en el metro, en los cafés, en los ascensores, la primera generación después de la guerra se lanzaba con todas sus energías al consumo público del amor, que era todavía el único placer barato después del desastre. Se besaban en plena calle, sin preocuparse de no estorbar a los peatones, que se apartaban sin mirarlos ni hacerles caso, como ocurre con esos perros callejeros de nuestros pueblos que se quedan colgados los unos de las otras, haciendo cachorros en mitad de la plaza. Aquellos besos de intemperie no eran frecuentes en Roma –que era la primera ciudad europea donde yo había vivido–, ni tampoco, por supuesto, en la brumosa y pudibunda Bogotá de aquellos tiempos, donde era difícil besarse aun en los dormitorios.

Eran los tiempos oscuros de la guerra de Argelia. Al fondo de las músicas nostálgicas de los acordeones en las esquinas, más allá del olor callejero de las castañas asadas en los braseros, la represión era un fantasma insaciable. De pronto, la policía bloqueaba la salida de un café o de uno de los bares de árabes del Boulevard Saint-Michel y se llevaban a golpes a todo el que no tenía cara de cristiano. Uno de ellos, sin remedio, era yo. No valían explicaciones: no sólo la cara, sino también el acento con que hablábamos el francés, eran motivos de perdición. La primera vez que me metieron en la jaula de los argelinos, en la comisaría de Saint-Germain-des-Prés, me sentí humillado. Era un prejuicio latinoamericano: la cárcel era entonces una vergüenza, porque de niños no teníamos una distinción muy clara entre las razones políticas y las comunes, y nuestros adultos conservadores se encargaban de inculcarnos y mantenernos la confusión. Mi situación era todavía más peligrosa, porque, si bien los policías me arrastraban porque me creían argelino, éstos desconfiaban de mí dentro de la jaula cuando se daban cuenta de que, a pesar de mi cara de vendedor de telas a domicilio, no entendía ni la jota de sus algarabías. Sin embargo, tanto ellos como yo seguimos siendo visitantes tan asiduos de las comisarías nocturnas que terminamos por entendernos. Una noche, uno de ellos me dijo que para ser preso inocente era mejor serlo culpable, y me puso a trabajar para el Frente de Liberación Nacional de Argelia. Era el médico Amed Tebbal, que por aquellos tiempos fue uno de mis grandes amigos de París, pero que murió de una muerte distinta de la guerra después de la independencia de su país. Veinticinco años después, cuando fui invitado a las fiestas de aquel aniversario en Argel, declaré a un periodista algo que pareció difícil de creer: la revolución argelina es la única por la cual he estado preso.

Sin embargo, el París de entonces no era sólo el de la guerra de Argelia. Era también el del exilio más generalizado que ha tenido Latinoamérica en mucho tiempo. En efecto, Juan Domingo Perón –que entonces no era el mismo de los años siguientes– estaba en el poder en Argentina, el general Odría estaba en Perú, el general Rojas Pinilla estaba en Colombia, el general Pérez Jiménez estaba en Venezuela, el general Anastasio Somoza estaba en Nicaragua, el general Rafael Leónidas Trujillo estaba en Santo Domingo, el general Fulgencio Batista estaba en Cuba. Éramos tantos los fugitivos de tantos patriarcas simultáneos, que el poeta Nicolás Guillén se asomaba todas las madrugadas a su balcón del Hotel Grand Saint-Michel, en la calle Cujas, y gritaba en castellano las noticias de Latinoamérica que acababa de leer en los periódicos. Una madrugada gritó: «Se cayó el hombre». El que se había caído era sólo uno, por supuesto, pero todos nos despertamos ilusionados con la idea de que el caído fuera el de nuestro propio país.

Cuando llegué a París, yo no era más que un caribe crudo. Lo que más le agradezco a esta ciudad, con la cual tengo tantos pleitos viejos, y tantos amores todavía más viejos, es que me hubiera dado una perspectiva nueva y resuelta de Latinoamérica. La visión de conjunto, que no teníamos en ninguno de nuestros países, se volvía muy clara aquí en torno a una mesa de café, y uno terminaba por darse cuenta de que, a pesar de ser de distintos países, todos éramos tripulantes de un mismo barco. Era posible hacer un viaje por todo el continente y encontrarse con sus escritores, con sus artistas, con sus políticos en desgracia o en ciernes, con sólo hacer un recorrido por los cafetines populosos de Saint-Germain-des-Prés. Algunos no llegaban, como me ocurrió con Julio Cortázar –a quien ya admiraba desde entonces por sus hermosos cuentos de *Bestiario*–, y a quien esperé durante casi un año en el Old Navy, donde alguien me había dicho que solía ir. Unos quince años después lo encontré, por fin, también en París, y era todavía como lo imaginaba desde mucho antes: el hombre más alto del mundo, que nunca se decidió a envejecer. La copia fiel de aquel latinoamericano inolvidable que, en uno de sus cuentos, gustaba de ir en los amaneceres brumosos a ver las ejecuciones en la guillotina.

Las canciones de Brassens se respiraban con el aire. La bella Tachia Quintana, una vasca temeraria a quien los latinoamericanos de todas partes habíamos convertido en una exiliada de las nuestras, realizaba el milagro de hacer una suculenta paella para diez en un reverbero de alcohol. Paul Coulaud, otro de nuestros franceses conversos, había encontrado un nombre para aquella vida: *la misère dorée*: la miseria dorada. Yo no había tenido una conciencia muy clara de mi situación hasta una noche en que me encontré de pronto por los lados del jardín de Luxemburgo sin haber comido ni una castaña durante todo el día y sin lugar donde dormir. Estuve merodeando largas horas por los bulevares, con la esperanza de que pasara la patrulla que se llevaba a los árabes para que me llevara a mí también a dormir a una jaula cálida, pero por más que la busqué no pude encontrarla. Al amanecer, cuando los palacios del Sena empezaron a perfilarse entre la niebla espesa, me dirigí hacia la Cité con pasos largos y decididos y con una cara de obrero honrado que acababa de levantarse para ir a su fábrica. Cuando atravesaba el puente de Saint-Michel sentí que no estaba solo entre la niebla, porque alcancé a percibir los pasos nítidos de alguien que se acercaba en sentido contrario. Lo vi perfilarse en la niebla, por la misma acera y con el mismo ritmo que yo, y vi muy cerca su chaqueta escocesa de cuadros rojos y negros, y en el instante en que nos cruzamos en medio del puente vi su cabello alborotado, su bigote de turco, su semblante triste de hambres atrasadas y mal dormir, y vi sus ojos anegados de lágrimas. Se me heló el corazón, porque aquel hombre parecía ser yo mismo que ya venía de regreso.

Ése es mi recuerdo más intenso de aquellos tiempos, y lo he evocado con más fuerza que nunca ahora que he vuelto a París de regreso de Estocolmo. La ciudad no ha cambiado desde entonces. En 1968, cuando me trajo la curiosidad de ver qué había pasado después de la maravillosa explosión de mayo, encontré que los enamorados no se besaban en público, y habían repuesto los adoquines en las calles, y habían borrado los letreros más bellos que se escribieron jamás en las paredes: «La imaginación al poder»; «Debajo del pavimento está la playa»; «Amaos los unos encima de los otros». Ayer, después de recorrer los sitios que alguna vez fueron míos, sólo pude percibir una novedad: unos hombres del municipio vestidos de verde, que recorren las calles en motocicletas verdes y llevan unas manos mecánicas de exploradores siderales para recoger en la calle la caca que un millón de perros cautivos expulsan cada veinticuatro horas en la ciudad más bella del mundo.

29 de diciembre de 1982, *El País*, Madrid

REGRESO A MÉXICO

Alguna vez dije en una entrevista: «De la Ciudad de México, donde hay tantos amigos que quiero, no me va quedando más que el recuerdo de una tarde increíble en que estaba lloviendo con sol por entre los árboles del bosque de Chapultepec, y me quedé tan fascinado con aquel prodigio que se me trastornó la orientación y me puse a dar vueltas en la lluvia, sin encontrar por dónde salir».

Diez años después de esa declaración he vuelto a buscar aquel bosque encantado y lo encontré podrido por la contaminación del aire y con la apariencia de que nunca más ha vuelto a llover entre sus árboles marchitos. Esta experiencia me reveló de pronto cuánta vida mía y de los míos se ha quedado en esta ciudad luciferina, que hoy es una de las más extensas y pobladas del mundo, y cuánto hemos cambiado juntos, la ciudad y nosotros, desde que llegamos sin nombre y sin un clavo en el bolsillo, el 2 de julio de 1961, a la polvorienta estación del ferrocarril central.

La fecha no se me olvidará nunca, aunque no estuviera en un sello de un pasaporte inservible, porque al día siguiente muy temprano un amigo me despertó por el teléfono y me dijo que Hemingway había muerto. En efecto, se había desbaratado la cabeza con un tiro de fusil en el paladar, y esa barbaridad se quedó para siempre en mi memoria como el principio de una nueva época. Mercedes y yo, que teníamos dos años de casados, y Rodrigo, que todavía no tenía uno de nacido, habíamos vivido los meses anteriores en un cuarto de hotel en Manhattan. Yo trabajaba como corresponsal en la agencia cubana de noticias de Nueva York, y no había conocido hasta entonces un lugar más idóneo para morir asesinado. Era una oficina sórdida y solitaria en un viejo edificio de Rockefeller Center, con un cuarto de teletipos y una sala de redacción con una ventana única que daba a un patio abismal, siempre triste y oloroso a hollín helado, de cuyo fondo subía a toda hora el estruendo de las ratas disputándose las sobras en los tarros de basura. Cuando aquel lugar se hizo insoportable, metimos a Rodrigo en una canasta y nos subimos en el primer autobús que salió para el sur. Todo nuestro capital en el mundo eran trescientos dólares, y otros cien que Plinio Apuleyo Mendoza nos mandó desde Bogotá al consulado colombiano en Nueva Orleans. No dejaba de ser una bella locura: tratábamos de llegar a Colombia a través de los algodonales y los pueblos de negros de Estados Unidos, llevando como única guía mi memoria reciente de las novelas de William Faulkner.

Como experiencia literaria, todo aquello era fascinante, pero en la vida real —aun siendo tan jóvenes— era un disparate. Fueron catorce días de autobús por carreteras marginales, ardientes y tristes, comiendo en fondas de mala muerte y durmiendo en hoteles de peores compañías. En los grandes almacenes de las ciudades del sur conocimos por primera vez la ignominia de la discriminación: había dos máquinas públicas para beber agua, una para blancos y otra para negros, con el letrero marcado en cada una. En Alabama pasamos una noche entera buscando un cuarto de hotel, y en todos nos dijeron que no había lugar, hasta que algún portero nocturno descubrió por casualidad que no éramos mexicanos. Sin embargo, como siempre, lo que más nos fatigaba no eran las jornadas interminables bajo el calor ardiente de junio ni las malas noches en los hoteles de paso, sino la mala comida. Cansados de hamburguesas de cartón molido y de leche malteada, terminamos por compartir con el niño las compotas en conservas. Al término de aquella travesía heroica habíamos logrado confrontar una vez más la realidad y la ficción. Los partenones inmaculados en medio de los campos de algodón, los granjeros haciendo la siesta sentados bajo el alero fresco de las ventas de caminos, las barracas de los negros sobreviviendo en la miseria, los herederos blancos del tío Gavin Stevens, que pasaban para la misa dominical con sus mujeres lánguidas vestidas de muselina: la vida terrible del condado de Yocknapatawpha había desfilado ante nuestros ojos desde la ventanilla de un autobús, y era tan cierta y humana como en las novelas del viejo maestro.

Sin embargo, toda la emoción de aquella vivencia se fue al carajo cuando llegamos a la frontera de México, al sucio y polvoriento Laredo que ya nos era familiar por tantas películas de contrabandistas. Lo primero que hicimos fue entrar en una fonda para comer caliente. Nos sirvieron para empezar, a manera de sopa, un arroz amarillo y tierno, preparado de un modo distinto que en el Caribe. «Bendito sea Dios —exclamó Mercedes al probarlo—. Me quedaría aquí para siempre aunque sólo fuera para seguir comiendo este arroz». Nunca se hubiera podido imaginar hasta qué punto su deseo de quedarse sería cumplido. Y no por aquel plato de arroz frito, sin embargo, porque el destino había de jugarnos una broma muy divertida: el arroz que comemos en casa lo hacemos traer de Colombia, casi de contrabando, en las maletas de los amigos que vienen, porque hemos aprendido a sobrevivir sin las comidas de nuestra infancia, menos sin ese arroz patriótico cuyos granos nevados se pueden contar uno por uno en el plato.

Llegamos a la Ciudad de México en un atardecer malva, con los últimos veinte dólares y sin nada en el porvenir. Sólo teníamos aquí cuatro amigos. Uno era el poeta Álvaro Mutis, que ya había pasado las verdes en México, pero que todavía no había encontrado las maduras. El otro era Luis Vicens, un catalán de los grandes que se había venido poco antes de Colombia, fascinado por la vida cultural de México. El otro era el escultor Rodrigo Arenas Betancur, que estaba sembrando cabezas monumentales a todo lo ancho de este país interminable. El cuarto era el escritor Juan García Ponce, a quien había conocido en Colombia como jurado de un concurso de pintura, pero apenas si nos recordábamos el uno del otro, por el estado de densidad etílica en que ambos nos encontrábamos la noche en que nos vimos por primera vez. Fue él quien me llamó por teléfono tan pronto como supo de mi llegada, y me gritó con su verba florida: «El cabrón de Hemingway se partió la madre de un escopetazo». Ése fue el momento exacto —y no las seis de la tarde del día anterior— en que llegué de veras a la Ciudad de México, sin saber muy bien por qué, ni cómo, ni hasta cuándo. De eso hace ahora veintiún años y todavía no lo sé, pero aquí estamos. Como lo dije en una memorable ocasión reciente, aquí he escrito mis libros, aquí he criado a mis hijos, aquí he sembrado mis árboles.

He revivido este pasado —enrarecido por la nostalgia, es cierto— ahora que he vuelto a México como tantas y tantas veces, y por primera vez me he encontrado en una ciudad distinta. En el bosque de Chapultepec no quedan ni siquiera los enamorados de antaño, y nadie parece creer en el sol radiante de enero, porque en verdad es raro en estos tiempos. Nunca, desde nunca, había encontrado tanta incertidumbre en el corazón de los amigos. ¿Será posible?

26 de enero de 1983, *El País*, Madrid

ESTÁ BIEN, HABLEMOS DE LITERATURA

Jorge Luis Borges dijo en una vieja entrevista que el problema de los jóvenes escritores de entonces era que en el momento de escribir pensaban en el éxito o el fracaso. En cambio, cuando él estaba en sus comienzos sólo pensaba en escribir para sí mismo. «Cuando publiqué mi primer libro –contaba–, en 1923, hice imprimir trescientos ejemplares y los distribuí entre mis amigos, salvo cien ejemplares, que llevé a la revista *Nosotros*». Uno de los directores de la publicación, Alfredo Bianchi, miró aterrado a Borges y le dijo: «Pero ¿usted quiere que yo venda todos esos libros?». «Claro que no –le contestó Borges–, a pesar de haberlos escrito no estoy completamente loco». Por cierto que el autor de la entrevista, Alex J. Zisman, que entonces era un estudiante peruano en Londres, contó al margen que Borges le había sugerido a Bianchi que metiera copias del libro en los bolsillos de los sobretodos que dejaran colgados en el ropero de sus oficinas, y así consiguieron que se publicaran algunas notas críticas.

Pensando en este episodio recordé otro tal vez demasiado conocido, de cuando la esposa del ya famoso escritor norteamericano Sherwood Anderson encontró al joven William Faulkner escribiendo a lápiz con el papel apoyado en una vieja carretilla. «¿Qué escribe?», le preguntó ella. Faulkner, sin levantar la cabeza, le contestó: «Una novela». La señora Anderson sólo acertó a exclamar: «¡Dios mío!». Sin embargo, unos días después Sherwood Anderson le mandó decir al joven Faulkner que estaba dispuesto a llevarle su novela a un editor, con la única condición de no tener que leerla. El libro debió ser *Soldier's Pay*, que se publicó en 1926 −o sea, tres años después del primer libro de Borges−, y Faulkner había publicado cuatro más antes de que se le considerara como un autor conocido, cuyos libros fueran aceptados por los editores sin demasiadas vueltas. El propio Faulkner declaró alguna vez que después de esos primeros cinco libros se vio forzado a escribir una novela sensacionalista, ya que los anteriores no le habían producido bastante dinero para alimentar a su familia. Ese libro forzoso fue *Santuario*, y vale la pena señalarlo, porque esto indica muy bien cuál era la idea que tenía Faulkner de una novela sensacionalista.

Me he acordado de estos episodios en los orígenes de los grandes escritores en el curso de una conversación de casi cuatro horas que sostuve ayer con Ron Sheppard, uno de los redactores literarios de la revista *Time*, que está preparando un estudio sobre la literatura de América Latina. Dos cosas me dejaron muy complacido de esa entrevista. La primera es que Sheppard sólo me habló y sólo me hizo hablar de literatura, y demostró, sin el menor asomo de pedantería, que sabe muy bien lo que es. La segunda es que había leído con mucha atención todos mis libros y había estudiado muy bien, no sólo por separado, sino también en su orden y en su conjunto, y además se había tomado el trabajo arduo de leer numerosas entrevistas mías para no recaer en las mismas preguntas de siempre. Este último punto no me interesó tanto por halagar mi vanidad −cosa que, de todos modos, no se puede ni se debe descartar cuando se habla con cualquier escritor, aun con los que parecen más modestos−, sino porque me permitió explicar mejor, con mi experiencia propia, mis concepciones personales del oficio de escribir. Todo escritor entrevistado descubre de inmediato −por cualquier descuido ínfimo− si su entrevistador no ha leído un libro del cual le está hablando, y desde ese instante, y acaso sin que el otro lo advierta, lo coloca en situación de desventaja. En cambio, conservo un recuerdo muy grato de un periodista español, muy joven, que me hizo una entrevista minuciosa sobre mi vida creyendo que yo era el autor de la canción de las mariposas amarillas, que por aquella época sonaba por todas partes, pero que no tenía la menor idea de que aquella música había tenido origen en un libro y que, además, era yo quien lo había escrito.

Sheppard no hizo ninguna pregunta concreta, ni utilizó una grabadora, sino que cada cierto tiempo tomaba notas muy breves en un cuaderno de escolar, ni le importó qué premios me habían dado antes o ahora, ni trató de saber cuál era el compromiso del escritor, ni cuántos libros había vendido, ni cuánto dinero me había ganado. No voy a hacer una síntesis de nuestra conversación, porque todo cuanto en ella se habló le pertenece ahora a él y no a mí. Pero no he podido resistir a la tentación de señalar el hecho como un acontecimiento alentador en el río revuelto de mi vida privada de hoy, donde no hago casi nada más que contestar varias veces al día las mismas preguntas con las mismas respuestas de siempre. Y peor aún: las mismas preguntas, que cada día tienen menos que ver con mi oficio de escritor. Sheppard, en cambio, y con la misma naturalidad con que respiraba, se movía sin tropiezos con los misterios más densos de la creación literaria, y cuando se despidió me dejó ensopado en la nostalgia de los tiempos en que la vida era más simple y uno disfrutaba del placer de perder horas y horas hablando de nada más que de literatura.

Sin embargo, nada de lo que hablamos se me fijó de un modo más intenso que la frase de Borges: «Ahora, los escritores piensan en el fracaso y en el éxito». De un modo o de otro, les he dicho lo mismo a tantos escritores jóvenes que encuentro por esos mundos. No a todos, por fortuna, los he visto tratando de terminar una novela a la topa tolondra para llegar a tiempo a un concurso. Los he visto precipitándose en abismos de desmoralización por una crítica adversa, o por el rechazo de sus originales en una casa editorial. Alguna vez le oí decir a Mario Vargas Llosa una frase que me desconcertó de entrada: «En el momento de sentarse a escribir, todo escritor decide si va a ser un buen escritor o un mal escritor». Sin embargo, varios años después llegó a mi casa de México un muchacho de veintitrés años que había publicado su primera novela seis meses antes y que aquella noche se sentía triunfante porque acababa de entregar al editor su segunda novela. Le expresé mi perplejidad por la prisa que llevaba en su prematura carrera, y él me contestó, con un cinismo que todavía quiero recordar como involuntario: «Es que tú tienes que pensar mucho antes de escribir porque todo el mundo está pendiente de lo que escribes. En cambio, yo puedo escribir muy rápido, porque muy poca gente me lee». Entonces entendí, como una revelación deslumbrante, la frase de Vargas Llosa: aquel muchacho había decidido ser un mal escritor, como, en efecto, lo fue hasta que consiguió un buen empleo en una empresa de automóviles usados, y no volvió a perder el tiempo escribiendo. En cambio –pienso ahora–, tal vez su destino sería otro si antes de aprender a escribir hubiera aprendido a hablar de literatura. Por estos días hay una frase de moda: «Queremos menos hechos y más palabras». Es una frase, por supuesto, cargada de una muy grande perfidia política. Pero sirve también para los escritores.

Hace unos meses le dije a Jomi García Ascot que lo único mejor que la música era hablar de música, y anoche estuve a punto de decirle lo mismo sobre la literatura. Pero luego lo pensé con más cuidado. En realidad, lo único mejor que hablar de literatura es hacerla bien.

9 de febrero de 1983, *El País*, Madrid

AQUEL TABLERO DE LAS NOTICIAS

Desde la tercera década de este siglo, y durante unos diez años, existió en Bogotá un periódico que tal vez no tenía muchos antecedentes en el mundo. Era un tablero como el de las escuelas de la época, donde las noticias de última hora estaban escritas con tiza de escuela, y que era colocado dos veces al día en el balcón de *El Espectador*. Aquel crucero de la avenida de Jiménez de Quesada y la Carrera Séptima –conocido durante muchos años como la mejor esquina de Colombia– era el sitio más concurrido de la ciudad, sobre todo a las horas en que aparecía el tablero de las noticias: las doce del día y las cinco de la tarde. El paso de los tranvías se volvía difícil, si no imposible, por el estorbo de la muchedumbre, que esperaba impaciente.

Además, aquellos lectores callejeros tenían una posibilidad que no tenemos los de ahora, y era la de aplaudir con una ovación cerrada las noticias que les parecían buenas, de rechiflar las que no les satisfacían por completo y de tirar piedras contra el tablero cuando las consideraban contrarias a sus intereses. Era una forma de participación activa e inmediata, mediante la cual *El Espectador* –el vespertino que patrocinaba el tablero– tenía un termómetro más eficaz que cualquier otro para medirle la fiebre a la opinión pública.

Aún no existía la televisión, y había noticieros de radio muy completos, pero a horas fijas, de modo que antes de ir a almorzar o a cenar, uno se quedaba esperando la aparición del tablero para llegar a casa con una visión más completa del mundo. Una tarde se supo –con un murmullo de estupor–

que Carlos Gardel había muerto en Medellín, en el choque de dos aviones. Cuando eran noticias muy grandes, como ésa, el tablero se cambiaba varias veces fuera de sus horas previstas, para alimentar con boletines extraordinarios la ansiedad del público. Esto se hacía casi siempre en tiempos de elecciones, y se hizo de un modo ejemplar e inolvidable cuando el vuelo resonante del Concha Venegas entre Lima y Bogotá, cuyas peripecias se vieron reflejadas, hora tras hora, en el balcón de las noticias. El 9 de abril de 1948 —a la una de la tarde—, el líder popular Jorge Eliécer Gaitán cayó fulminado por tres balazos certeros. Nunca, en la tormentosa historia del tablero, una noticia tan grande había ocurrido tan cerca de él. Pero no pudo registrarla, porque ya *El Espectador* había cambiado de lugar y se habían modernizado los sistemas y los hábitos informativos, y sólo unos pocos nostálgicos atrasados nos acordábamos de los tiempos en que uno sabía cuándo eran las doce del día o las cinco de la tarde porque veíamos aparecer en el balcón el tablero de las noticias.

Nadie recuerda ahora en *El Espectador* de quién fue la idea original de aquella forma directa y estremecedora de periodismo moderno en una ciudad remota y lúgubre como la Bogotá de entonces. Pero se sabe que el redactor responsable, en términos generales, era un muchacho que apenas andaba por los 20 años y que iba a ser, sin duda, uno de los mejores periodistas de Colombia sin haber ido más allá de la escuela primaria. Hoy —al cumplir cincuenta años de actividad profesional—, todos sus compatriotas sabemos que se llamaba, y sigue llamándose, José Salgar.

La otra noche, en un homenaje interno del periódico, José Salgar dijo, más en serio que en broma, que con motivo de este aniversario había recibido en vida todos los elogios que suelen hacerse a los muertos. Tal vez no ha oído decir que lo más sorprendente de su vida de periodista no es haber cumplido medio siglo —cosa que le ha sucedido a muchos viejos—, sino al revés: el haber empezado a los doce años en el mismo periódico, y cuando ya llevaba casi dos buscando trabajo de periodista. En efecto, siempre que volvía de la escuela, por allá por 1939, José Salgar se demoraba contemplando por la ventana las prensas de pedal donde se imprimía el *Mundo al Día*, un periódico de variedades muy solicitado en su tiempo, cuya sección más leída era ya un periodismo puro. Se llamaba «Lo vi con mis propios ojos», y eran experiencias de los lectores contadas por ellos mismos. Por cada nota enviada y publicada, *Mundo al Día* pagaba cinco centavos, en una época en que casi todo costaba cinco centavos: el diario, una taza de café, lustrarse los zapatos, el viaje en tranvía, una gaseosa, una cajetilla de cigarrillos, la entrada al cine infantil y muchas otras cosas de primera y segunda necesidad. Pues bien, José Salgar, desde los diez años cumplidos, empezó a mandar sus experiencias escritas, no tanto por el interés de los cinco centavos como por el de verlas publicadas, y nunca lo consiguió. Por fortuna, pues de haber sido así habría cumplido el medio siglo de periodista desde hace dos años, lo cual hubiera sido casi un abuso.

Empezó en orden: por lo más bajo. Un amigo de la familia que trabajaba en los talleres de *El Espectador* –donde se imprimía entonces *El Espectador*– lo llevó a trabajar con él en un turno que empezaba a las cuatro de la madrugada. A José Salgar le asignaron la dura tarea de fundir las barras de metal para las linotipias, y su seriedad le llamó la atención a un linotipista estrella –de aquellos que ya no se hacen–, el cual, a su vez, llamaba la atención de sus compañeros por dos virtudes distinguidas: porque se parecía como un hermano gemelo al presidente de la República, don Marco Fidel Suárez, y porque era tan sabio como él en los secretos de la lengua castellana, hasta el punto de que llegó a ser candidato a la Academia de la Lengua. Seis meses después de estar fundiendo plomo de linotipias, José Salgar fue mandado a una escuela de aprendizaje rápido por el jefe de redacción –Alberto Galindo– aunque fuera para aprender las normas elementales de la ortografía, y lo ascendió a mensajero de redacción. A partir de allí hizo toda la carrera por dentro, hasta ser lo que es hoy, subdirector del periódico y su empleado más antiguo. En los tiempos en que empezó a escribir el tablero de noticias le hicieron una foto callejera con un vestido negro de solapas anchas cruzadas y un sombrero de ala inclinada, según la moda del tiempo impuesta por Carlos Gardel. En sus fotos de hoy no se parece a nadie más que a sí mismo.

Cuando yo ingresé en la redacción de *El Espectador* –en 1953–, José Salgar fue el jefe de redacción desalmado que me ordenó como regla de oro del periodismo: «Tuérzale el cuello al cisne». Para un novato de provincia que estaba dispuesto a hacerse matar por la literatura, aquella orden era poco menos que un insulto. Pero tal vez el mérito mayor de José Salgar ha sido el saber dar órdenes sin dolor, porque no las da con cara de jefe, sino de subalterno. No sé si le hice caso o no, pero en vez de sentirme ofendido le agradecí el consejo, y desde entonces –hasta el sol de hoy– nos hicimos cómplices.

Tal vez lo que más nos agradecemos el uno al otro es que mientras trabajamos juntos no dejábamos de hacerlo ni siquiera en las horas de descanso. Recuerdo que no nos separábamos ni un minuto durante aquellas tres semanas históricas en que al papa Pío XII le dio un hipo que no se le quitaba con nada, y José Salgar y yo nos declaramos en guardia permanente, esperando que ocurriera cualquiera de los dos extremos de la noticia: que al Papa se le quitara el hipo o que se muriera. Los domingos nos íbamos en el carro por las carreteras de la sabana, con la radio conectada, para seguir sin pausa el ritmo del hipo del Papa, pero sin alejarnos demasiado, para poder regresar a la redacción tan pronto como se conociera el desenlace. Me acordaba de esos tiempos la noche de la semana pasada en que asistimos a la cena de su jubileo, y creo que hasta entonces no había descubierto que tal vez aquel sentido insomne del oficio le venía a José Salgar de la costumbre incurable del tablero de las noticias.

21 de septiembre de 1983, *El País*, Madrid

VUELTA A LA SEMILLA

Al contrario de lo que han hecho tantos escritores buenos y
malos en todos los tiempos, nunca he idealizado el pueblo
donde nací y donde crecí hasta los ocho años. Mis recuerdos
de esa época —como tantas veces lo he dicho— son los más
nítidos y reales que conservo, hasta el extremo de que puedo
evocar como si hubiera sido ayer no sólo la apariencia de cada
una de las casas que aún se conservan, sino incluso descubrir una grieta que no existía en un muro durante mi infancia. Los árboles de los pueblos suelen durar más que los seres
humanos, y siempre he tenido la impresión de que también
ellos nos recuerdan, tal vez mejor que como nosotros los re-
cordamos a ellos.

Pensaba todo esto, y mucho más, mientras recorría las calles polvorientas y ardientes de Aracataca, el pueblo donde
nací y donde volví hace algunos días después de dieciséis años
de mi última visita. Un poco trastornado por el reencuentro
con tantos amigos de la niñez, aturdido por un tropel de niños entre los cuales parecía reconocerme a mí mismo cuando
llegaba el circo, tenía, sin embargo, bastante serenidad para
sorprenderme de que nada había cambiado en la casa del
general José Rosario Durán —donde ya, por supuesto, no queda nadie de su familia ilustre—; que debajo de los camellones
con que han adornado las plazas, éstas siguen siendo las mismas, con su polvo sediento y sus almendros tristes como lo
fueron siempre, y que la iglesia ha sido pintada y repintada
muchas veces en medio siglo, pero el cuadrante del reloj de la

torre es el mismo. «Y eso no es nada —me precisó alguien—: El hombre que lo arregla sigue también siendo el mismo».

Es mucho —yo diría que demasiado— lo que se ha escrito sobre las afinidades entre Macondo y Aracataca. La verdad es que cada vez que vuelvo al pueblo de la realidad encuentro que se parece menos al de la ficción, salvo algunos elementos externos, como su calor irresistible a las dos de la tarde, su polvo blanco y ardiente y los almendros que aún se conservan en algunos rincones de las calles. Hay una similitud geográfica que es evidente, pero que no llega mucho más lejos. Para mí hay más poesía en la historia de los animes que en toda la que he tratado de dejar en mis libros. La misma palabra —animes— es un misterio que me persigue desde aquellos tiempos. El diccionario de la Real Academia dice que el anime es una planta y su resina. De igual modo define esta voz, aunque con muchas más precisiones, el excelente lexicón de colombianismos de Mario Alario di Filippo. El padre Pedro María Revollo, en sus *Costeñismos colombianos*, ni siquiera la menciona. En cambio, Sundenheim, en su *Vocabulario costeño*, publicado en 1922 y al parecer olvidado para siempre, le consagra una nota muy amplia que transcribo en la parte que más nos interesa: «El anime, entre nosotros, es una especie de duende bienhechor que auxilia a sus protegidos en lances difíciles y apurados, y de ahí que cuando se afirme de alguien que tiene animes se dé a entender que cuenta con alguna persona o fuerza misteriosa que le ha prestado su concurso». Es decir, Sundenheim los identifica con los duendes, y de modo más preciso, con los descritos por Michelet.

Los animes de Aracataca eran otra cosa: unos seres minúsculos, de no más de una pulgada, que vivían en el fondo de las tinajas. A veces se les confundía con los gusarapos, que algunos llamaban sarapicos, y que eran en realidad las larvas de los mosquitos jugueteando en el fondo del agua de beber. Pero los buenos conocedores no los confundían: los animes tenían la facultad de escapar de su refugio natural, aun si la tinaja se tapaba con buen seguro, y se divertían haciendo toda clase de travesuras en la casa. No eran más que eso: espíritus traviesos, pero benévolos, que cortaban la leche, cambiaban el color de los ojos de los niños, oxidaban las cerraduras o causaban sueños enrevesados. Sin embargo, había épocas en que se les trastornaba el humor, por razones que nunca fueron comprensibles, y les daba por apedrear la casa donde vivían. Yo los conocí en la de don Antonio Daconte, un emigrado italiano que llevó grandes novedades a Aracataca: el cine mudo, el salón de billar, las bicicletas alquiladas, los gramófonos, los primeros receptores de radio. Una noche corrió la voz por todo el pueblo de que los animes estaban apedreando la casa de don Antonio Daconte, y todo el pueblo fue a verlo. Al contrario de lo que pudiera parecer, no era un espectáculo de horror, sino una fiesta jubilosa que de todos modos no dejó un vidrio intacto. No se veía quién las tiraba, pero las piedras surgían de todas partes y tenían la virtud mágica de no tropezar con nadie, sino de dirigirse hacia sus objetivos exactos: las cosas de cristal. Mucho tiempo después de aquella noche encantada, los niños seguíamos con la costumbre de meternos en la casa de don Antonio Daconte para destapar la tinaja del comedor y ver los animes —quietos y casi transparentes— aburriéndose en el fondo del agua.

Tal vez la casa más conocida del pueblo era una en una esquina como tantas otras, contigua a la de mis abuelos, que todo el mundo conocía como *la casa del muerto*. En ella vivió varios años el párroco que bautizó a toda nuestra generación. Francisco C. Angarita, que era famoso por sus tremendos sermones moralizadores. Eran muchas las cosas buenas y malas que se murmuraban del padre Angarita, cuyos raptos de cólera eran temibles; pero hace apenas unos años supe que había asumido una posición muy definida y consecuente durante la huelga y la matanza de los trabajadores del banano.

Muchas veces oí decir que *la casa del muerto* se llamaba así porque allí se veía deambular en la noche el fantasma de alguien que en una sesión de espiritismo dijo llamarse Alfonso Mora. El padre Angarita contaba el cuento con un realismo que erizaba la piel. Describía al aparecido como un hombre corpulento, con las mangas de la camisa enrolladas hasta los codos, y el cabello corto y apretado, y los dientes perfectos y luminosos como los de los negros. Todas las noches, al golpe de las doce, después de recorrer la casa, desaparecía debajo del árbol de totumo que crecía en el centro del patio. Los contornos del árbol, por supuesto, habían sido excavados muchas veces en busca de un tesoro enterrado. Un día, a pleno sol, pasé a la casa vecina de la nuestra persiguiendo un conejo, y traté de alcanzarlo en el excusado, donde se había escondido. Empujé la puerta, pero en vez del conejo vi al hombre acuclillado en la letrina, con el aire de tristeza pensativa que todos tenemos en esas circunstancias. Lo reconocí de inmediato, no sólo por las mangas enrolladas hasta los codos, sino por sus hermosos dientes de negro que alumbraban en la penumbra.

Estas y muchas otras cosas recordaba hace unos días en aquel pueblo ardiente, mientras los viejos y los nuevos amigos, y los que apenas empezaban a serlo, parecían de veras alegres de que estuviéramos otra vez juntos después de tanto tiempo. Era el mismo manantial de poesía cuyo nombre de redoblante he oído resonar en medio mundo, en casi todos los idiomas, y que, sin embargo, parece existir más en la memoria que en la realidad. Es difícil imaginar otro lugar más olvidado, más abandonado, más apartado de los caminos de Dios. ¿Cómo no sentirse con el alma torcida por un sentimiento de revuelta?

21 de diciembre de 1983, *El País*, Madrid

¿CÓMO SE ESCRIBE UNA NOVELA?

Ésta es, sin duda, una de las preguntas que se hacen con más frecuencia a un novelista. Según sea quien la haga, uno tiene siempre una respuesta de complacencia. Más aún: es útil tratar de contestarla, porque no sólo en la variedad está el placer, como se dice, sino que también en ella están las posibilidades de encontrar la verdad. Porque una cosa es cierta: creo que quienes más se hacen a sí mismos la pregunta de cómo se escribe una novela son los propios novelistas. Y también a nosotros mismos nos damos cada vez una respuesta distinta.

Me refiero, por supuesto, a los escritores que creen en que la literatura es un arte destinado a mejorar el mundo. Los otros, los que piensan que es un arte destinado a mejorar sus cuentas de banco, tienen fórmulas para escribir que no sólo son certeras, sino que pueden resolverse con tanta precisión como si fueran fórmulas matemáticas. Los editores lo saben. Uno de ellos se divertía hace poco explicándome cómo era de fácil que su casa editorial se ganara el Premio Nacional de Literatura. En primer término, había que hacer un análisis de los miembros del jurado, de su historia personal, de su obra, de sus gustos literarios. El editor pensaba que la suma de todos esos elementos terminaría por dar un promedio del gusto general del jurado. «Para eso están las computadoras», decía. Una vez establecido cuál era la clase de libro que tenía mayores posibilidades de ser premiado, había que proceder con un método contrario al que suele utilizar la vida: en vez de buscar dónde estaba ese libro, había que investigar cuál era el escritor, bueno o malo, que estuviera mejor dotado para fabricarlo. Todo lo demás era cuestión de firmarle un contrato para que se sentara a escribir sobre medida el libro que recibiría el año siguiente el Premio Nacional de Literatura. Lo alarmante es que el editor había sometido este juego al molino de las computadoras, y éstas le habían dado una posibilidad de acierto de un ochenta y seis por ciento.

De modo que el problema no es escribir una novela —o un cuento corto—, sino escribirla en serio, aunque después no se venda ni gane ningún premio. Ésa es la respuesta que no existe, y si alguien tiene razones para saberlo en estos días es el mismo que está escribiendo esta columna con el propósito recóndito de encontrar su propia solución al enigma. Pues he vuelto a mi estudio de México, donde hace un año justo dejé varios cuentos inconclusos y una novela empezada, y me siento como si no encontrara el cabo para desenrollar el ovillo. Con los cuentos no hubo problemas: están en el cajón de la basura. Después de leerlos con la saludable distancia de un año, me atrevo a jurar —y tal vez sería cierto— que no fui yo quien los escribió. Formaban parte de un viejo proyecto de sesenta o más cuentos sobre la vida de los latinoamericanos en Europa, y su principal defecto era el fundamental para romperlos: ni yo mismo me los creía.

No tendré la soberbia de decir que no me tembló la mano al hacerlos trizas y luego dispersar las serpentinas para impedir que fueran reconstruidos. Me tembló, y no sólo la mano, pues en esto de romper papeles tengo un recuerdo que podría parecer alentador pero que a mí me resulta deprimente. Es un recuerdo que se remonta a una noche de julio de 1955, a la víspera del viaje a Europa del enviado especial de *El Espectador*, cuando el poeta Jorge Gaitán Durán llegó a mi cuarto de Bogotá a pedirme que le dejara algo para publicar en la revista *Mito*. Yo acababa de revisar mis papeles, había puesto a buen seguro los que creía dignos de ser conservados y había roto los desahuciados. Gaitán Durán, con esa voracidad insaciable que sentía ante la literatura, y sobre todo ante la posibilidad de descubrir valores ocultos, empezó a revisar en el canasto los papeles rotos, y de pronto encontró algo que le llamó la atención. «Pero esto es muy publicable», me dijo. Yo le expliqué por qué lo había tirado: era un capítulo entero que había sacado de mi primera novela, *La hojarasca* −ya publicada en aquel momento−, y no podía tener otro destino honesto que el canasto de la basura. Gaitán Durán no estuvo de acuerdo. Le parecía que en realidad el texto hubiera sobrado dentro de la novela, pero que tenía un valor diferente por sí mismo. Más por tratar de complacerlo que por estar convencido, lo autoricé para que remendara las hojas rotas con cinta pegante y publicara el capítulo como si fuera un cuento.

«¿Qué títulos le ponemos?», me preguntó, usando un plural que muy pocas veces había sido tan justo como en aquel caso. «No sé −le dije−. Porque eso no era más que un monólogo de Isabel viendo llover en Macondo.» Gaitán Durán escribió en el margen superior de la primera hoja casi al mismo tiempo que yo lo decía: «Monólogo de Isabel viendo llover en Macondo». Así se recuperó de la basura uno de mis cuentos que ha recibido los mejores elogios de la crítica y, sobre todo, de los lectores. Sin embargo, esa experiencia no me sirvió para no seguir rompiendo los originales que no me parecen publicables, sino que me enseñó que es necesario romperlos de tal modo que no se puedan remendar nunca.

Romper los cuentos es algo irremediable, porque escribirlos es como vaciar concreto. En cambio, escribir una novela es como pegar ladrillos. Quiere esto decir que si un cuento no fragua en la primera tentativa es mejor no insistir. Una novela es más fácil: se vuelve a empezar. Esto es lo que ha ocurrido ahora. Ni el tono, ni el estilo, ni el carácter de los personajes eran los adecuados para la novela que había dejado a medias. Pero aquí también la explicación es una sola, ni yo mismo me la creía. Tratando de encontrar la solución volví a leer dos libros que suponía útiles. El primero fue *La educación sentimental*, de Flaubert, que no leía desde los remotos insomnios de la universidad, y sólo me sirvió ahora para eludir algunas analogías que hubieran resultado sospechosas. Pero no me resolvió el problema. El otro libro que volví a leer fue *La casa de las bellas durmientes*, de Yasunari Kawabata, que me había golpeado en el alma hace unos tres años y que sigue siendo un libro hermoso. Pero esta vez no me sirvió de nada, porque yo andaba buscando pistas sobre el comportamiento sexual de los ancianos, pero el que encontré en el libro es el de los ancianos japoneses, que al parecer es tan raro como todo lo japonés, y desde luego no tiene nada que ver con el comportamiento sexual de los ancianos caribes. Cuando conté mis preocupaciones en la mesa, uno de mis hijos —el que tiene más sentido práctico— me dijo: «Espera unos años más y lo averiguarás por tu propia experiencia». Pero el otro, que es artista, fue más concreto: «Vuelve a leer *Los sufrimientos del joven Werther*», me dijo, sin el menor rastro de burla en la voz. Lo intenté, en efecto, no sólo porque soy un padre muy obediente, sino porque de veras pensé que la famosa novela de Goethe podía serme útil. Pero la verdad es que en esta ocasión no terminé llorando en su entierro miserable, como me ocurrió la primera vez, sino que no logré pasar de la octava carta, que es aquella en que el joven atribulado le cuenta a su amigo Guillermo cómo empieza a sentirse feliz en su cabaña solitaria. En este punto me encuentro, de modo que no es raro que tenga que morderme la lengua para no preguntar a todo el que me encuentro: «Dime una cosa, hermano: ¿cómo carajo se escribe una novela?».

Auxilio

Alguna vez leí un libro, o vi una película, o alguien me contó un hecho real, con el siguiente argumento: un oficial de marina metió de contrabando a su amada en el camarote de un barco de guerra, y vivieron un amor desaforado dentro de aquel recinto opresivo, sin que nadie los descubriera durante varios años. A quien sepa quién es el autor de esta bellísima historia le ruego que me lo haga saber de urgencia, pues lo he preguntado a tantos y tantos que no lo saben, que ya empiezo a sospechar que a lo mejor se me ocurrió a mí alguna vez y ya no lo recuerdo. Gracias.

25 de enero de 1984, *El País*, Madrid